DU MÊME AUTEUR

Aux Éditions Gallimard

LE VIEIL HOMME ET LA MORT, 1996 (Folio n° 2972).

MORT D'UN BERGER, 2002 (Folio n° 3978).

L'ABATTEUR, 2003 (« La Noire » ; Folio policier n° 410).

L'AMÉRICAIN, 2004 (Folio n° 4343).

LE HUITIÈME PROPHÈTE ou Les aventures extraordinaires d'Amros le Celte, 2008 (Folio n° 4985).

UN TRÈS GRAND AMOUR, 2010 (Folio n° 5221).

DIEU, MA MÈRE ET MOI, 2012 (Folio n° 5624).

LA CUISINIÈRE D'HIMMLER, 2013. Prix Épicure (Folio n° 5854).

L'ARRACHEUSE DE DENTS, 2016. Prix des écrivains du Sud, prix Récamier du roman et prix Charette (Folio n° 6434).

BELLE D'AMOUR, 2017. Prix européen du roman médiéval, Terres des Templiers (Folio n° 6660).

LA DERNIÈRE FOIS QUE J'AI RENCONTRÉ DIEU, 2018 (Folio n° 6756).

LE SCHMOCK, 2019 (Folio n° 6901).

DERNIER ÉTÉ, 2020 (Folio n° 7050).

HISTOIRE INTIME DE LA Ve RÉPUBLIQUE, t. I, Le Sursaut, 2021.

Aux Éditions Grasset

L'AFFREUX, 1992. Grand Prix du roman de l'Académie française (Folio n° 4753).

LA SOUILLE, 1995. Prix Interallié (Folio n° 4682).

LE SIEUR DIEU, 1998 (Folio n° 4527).

Aux Éditions du Seuil

FRANÇOIS MITTERRAND OU LA TENTATION DE L'HISTOIRE, 1977. Prix Aujourd'hui.

MONSIEUR ADRIEN, 1982.

Suite des œuvres de Franz-Olivier Giesbert en fin de volume

HISTOIRE INTIME DE LA Ve RÉPUBLIQUE

★★

FRANZ-OLIVIER GIESBERT

HISTOIRE INTIME DE LA Ve RÉPUBLIQUE

LA BELLE ÉPOQUE

nrf

GALLIMARD

Prologue

La France allait-elle tomber dans le néant après de Gaulle ? La chute n'a pas commencé sitôt que son cercueil fut recouvert de pelletées de terre. Je déteste entendre dire que « c'était mieux avant », mais si on compare les années 1970, post-gaulliennes, à notre époque, cela n'a rien d'un propos de vieillard dépassé ou acariâtre, même quand, en ce qui me concerne, l'âge vient. Depuis, quelque chose s'est déglingué dans notre pays.

En ce temps-là, le monde était à nous, à moi, tout semblait possible. Quand, à l'automne 1968, je suis monté de ma Normandie à Paris, dans ma 2 CV jaune citron, pour habiter une chambre de bonne avec les toilettes sur le palier, au sixième étage d'un immeuble haussmannien, j'étais grisé, comme si l'avenir m'appartenait, même si me manquaient, le matin, les odeurs d'herbe de la ferme familiale. Aucun de mes enfants n'a pu en dire autant.

Après la mort du Général, on se sentait pupille de la nation, mais on avait le sentiment d'être toujours partie prenante d'un grand pays, d'une grande histoire. On était convaincu que notre développement serait dopé jusqu'à la fin des temps par l'Europe, le progrès, l'éducation, la mondialisation. Le dieu Ploutos s'était établi en France et on ne doutait pas que tout le monde, y compris les plus pauvres, pourrait un jour se gorger à sa corne d'abondance.

Nous savions qui nous étions. Entre deux joutes politiques, la France semblait quasiment une et indivisible. Un demi-siècle plus tard, elle est en train de partir en morceaux comme les pôles à l'heure de la fonte des glaces. Ici, on dirait une « démocratie populaire » après la chute du communisme ; là-bas, une oasis touristique ; ailleurs, des pépinières de start-up, des enclaves du tiers-monde et des zones de non-droit interdites à la police, aux pompiers. Que nous est-il arrivé ?

Rien n'est écrit, pourtant, comme rien n'était écrit quand le général de Gaulle revint au pouvoir, en 1958, dans une France au bord de la guerre civile. Il la redressa rapidement, d'une main ferme, avec une méthode qui résume le gaullisme : « Quand on veut, on peut. » Après son règne qui dura onze ans, deux hommes se partagèrent les douze années suivantes, deux fils plus ou moins prodigues auxquels le fondateur de la Ve République avait tout appris : Georges Pompidou et Valéry Giscard d'Estaing.

Malgré les aléas politiques ou économiques, Pompidou et Giscard ont tous deux agi et prouvé, comme de Gaulle avant eux, que la France était gouvernable. Même si, à son couchant, ils avaient pu bousculer le grand homme, ils ont veillé à se conformer à presque tous ses grands principes et à préserver son héritage, ce qu'on peut appeler le patrimoine gaullien qui, aujourd'hui, fait penser à ces vieux tapis mités que l'on ne se résout pas à jeter, après qu'on a vécu tant de choses dessus.

Ces années 1970 ne furent certes pas idylliques mais, à cette époque, le travail n'était pas une denrée rare. Après le bac, j'étais comme la plupart de mes camarades de lycée : même si les Trente Glorieuses (1946-1975) touchaient à leur fin, les propositions pleuvaient de tous les côtés, je ne savais pas où donner de la tête. En plus des études et de piges dans les journaux, j'enchaînais depuis mes dix-huit ans les petits boulots de serveur, toujours au noir. La France était comme un bolide lancé à pleine vitesse : de la fin 1969 à la fin 1971, la croissance du PIB s'élevait à 14 %, une croissance stupéfiante, à la chinoise.

La France brillait de mille feux. Capitale mondiale de la culture, Paris n'avait pas encore été détrônée par New York et Londres. Camus et Giacometti étaient morts et enterrés, mais la France restait au zénith avec des étoiles internationales, vénérées sur tous les continents, comme Pablo Picasso, Claude Lévi-Strauss, Brigitte Bardot, Jean-Paul Sartre, Marguerite Duras, J.M.G. Le Clézio ou Alain Delon. C'était une époque où tout le monde était fier d'être français.

Certains soirs, j'adore regarder, le cœur serré par la nostalgie, les vieilles émissions de Bernard Pivot, « Ouvrez les guillemets », « Apostrophes », puis « Bouillon de culture » où, de 1973 à 2001, il confessait les héros de ma génération : l'extrahumain Alexandre Soljenitsyne, le merveilleux Vladimir Nabokov, la sublime Marguerite Yourcenar, l'impressionnant Claude Lévi-Strauss, le monstrueux Georges Simenon. On ne savait trop ce qu'était cette émission, un temple, un salon, un fumoir, le dernier refuge de la culture, mais aujourd'hui que les lampes se sont éteintes, tout semble vide et triste.

Ce qui rend passionnante cette décennie « prodigieuse » où, sur le papier, tout semble aller bien, c'est qu'elle est la matrice des folies et des bêtises germées en mai 68, qui allaient se déployer à la fin du deuxième millénaire et au début du suivant, jusqu'à aujourd'hui : la perte de l'autorité, le déni des réalités, les délires maoïstes, une sorte d'hystérie mémorielle, l'avènement d'une nouvelle pensée magique en économie. Sans parler des chocs pétroliers, de la désindustrialisation ou du chômage de masse qui suivirent et de la renaissance de la gauche autour d'un prestidigitateur de haute volée, François Mitterrand.

C'est aussi le début de la fin. Ai-je vu venir les nuages sombres qui s'amassaient à l'horizon ? Trop occupé à vivre – c'était de mon âge – je courais les fêtes de Bacchus, de Flore ou d'Éros, avec la certitude, comme tous les humains, que le passé était du présent qui continuait et que notre pays resterait toujours au centre du monde. Il a toujours été schizophrène mais c'est dans les dernières années de cette décennie que j'ai fini par comprendre que deux France irréconciliables étaient désormais face à face. L'une croyait en elle-même, à la croissance éternelle ; l'autre, celle de mon milieu d'origine, s'idéologisait de plus en plus, quand elle ne s'infantilisait pas.

Bienvenue dans les années 1970 !

I

L'HOMME BLESSÉ

> L'amour-propre est ce qu'il y a au monde de plus inflexible.
>
> MADAME DE STAËL

Quand la France était encore une personne, comme disait Michelet, et non un ramas de communautés, je l'ai vue pleurer à l'annonce de la nouvelle. Après le décès du Général, le ciel est tombé sur nos têtes, les nuages nous ont dégringolé dessus et l'on marchait dedans, tels des morts-vivants, sans savoir où l'on allait. Le pays était à la renverse. C'était comme si nous étions devenus orphelins d'un père tyrannique et foutraque. On aurait dit que la guerre avait été déclarée.

Survenue un an et demi après son élection, la disparition du grand homme avait été une aubaine pour Georges Pompidou : elle le libérait psychologiquement ; il n'était plus sous tutelle et n'avait rien à craindre de la statue du Commandeur. De Gaulle avait placé la barre si haut que son successeur pouvait toujours douter d'être à la hauteur, même quand il l'était, ce qui arrivait. Mais après que l'ombre portée du Général eut gâché son début de mandat, il ne passerait plus pour un fossoyeur, un héritier ingrat.

Il n'avait même pas à craindre le dernier tome des *Mémoires* du Général qui, avant d'être fauché par la mort, y travaillait d'arrache-pied, comme l'écrivit Yvonne de Gaulle dans une lettre de vœux inédite à son neveu Jacques-Philippe Vendroux et à son épouse Françoise, datée du 6 janvier 1970 : « Votre Oncle ne s'intéresse qu'à la rédaction de la seconde partie de ses Mémoires. Si Dieu le veut bien, ce travail très important pour la Vérité et pour l'Histoire se fera en cinq ou six ans. Pour ma part, je fais tout en mon pouvoir, pour maintenir ici l'atmosphère de calme et de sérénité qui lui est indispensable pour mener à bien cette grande œuvre. »

Pompidou l'a donc échappé belle. Peut-il souffler pour autant ? « Je les couillonnerai, avait dit le Général à Jacques Foccart, son conseiller de l'ombre, avant un voyage en Afrique, il y a longtemps. S'il m'arrive quelque chose, ils vont essayer de s'emparer de mon cadavre et de mobiliser à leur profit ce que je représente. Mais je les couillonnerai. » Et de montrer le papier où figuraient ses dernières volontés et qu'il allait remettre à Pompidou avec copie pour son gendre, Alain de Boissieu : pas de cérémonie à Paris, pas de funérailles nationales.

Il y eut quand même une cérémonie à Paris. Cinglant démenti à l'opposition qui avait tant reproché au Général d'isoler la France, l'émotion, à l'annonce de sa mort, submergea la planète. Le 12 novembre 1970, toutes les grandes figures du gotha mondial se pressaient le matin, avec les anonymes, à Notre-Dame de Paris pour la messe présidée par Pompidou, avant les obsèques religieuses de

Colombey-les-Deux-Églises sans fanfare ni ministres, dans l'après-midi.

Pudeur ou embarras de Pompidou, il manqua une voix, la sienne, belle et chaude, pour rappeler au monde tout ce que de Gaulle avait apporté aux Français. Pas un mot sur lui, ni dans la cathédrale, ni à l'Élysée où les personnalités furent reçues en fin d'après-midi. Ce silence présidentiel scandalisa Michel Debré. « J'ai eu honte, écrit-il dans ses *Mémoires*, et par la suite, chaque fois que ma pensée est revenue sur ces jours de deuil, ma honte était plus forte[1]. » Debré n'aurait-il pas eu honte aussi si le « dauphin » honni avait osé prononcer un éloge funèbre ?

Sans doute Pompidou garde-t-il toujours, selon son expression, un « goût de cendres » dans la bouche, depuis que de Gaulle l'a « sorti » de Matignon après Mai 68. Il n'arrive pas à tourner la page. Il ressasse, il rumine ses mauvaises pensées. Il a ainsi demandé par écrit à ses héritiers – son épouse Claude et leur fils Alain – de publier des fragments de Mémoires post mortem où il règle ses comptes[2]. Il s'y révèle assassin sur les défaillances du Général qui, pendant « les évènements », fut en effet souvent « absent », pour ne pas dire hors-sol, avant de le limoger sans oser le lui dire d'homme à homme. Il comprend le désir du président de changer de Premier ministre, mais pourquoi ne le lui avoir pas dit en face ? « Je me sentis tout à coup blessé », écrit-il.

1. Michel Debré, *Mémoires*, Albin Michel, 1993, 4 vol., t. IV, *Gouverner autrement, 1962-1970*.

2. Georges Pompidou, *Pour rétablir une vérité*, Flammarion, 1982.

« Pompidou n'a pas de couilles et ça, on n'y peut rien ! »

Longtemps auparavant, de Gaulle avait songé à se séparer de Pompidou. Le 13 octobre 1967, alors que montaient des vents mauvais au Palais-Bourbon, il avait dit à Jacques Foccart, au cours de leur rencontre quotidienne, en fin de journée, qu'il comptait dissoudre l'Assemblée nationale élue sept mois plus tôt[1]. Si la majorité était battue, ajouta-t-il, il ferait jouer l'article 16 qui lui donnerait les pleins pouvoirs et permettrait de promulguer le budget par décret.

Foccart, accablé, considéra que cette stratégie serait « désastreuse ». Mais le pire était à venir.

« Voyez-vous, dit de Gaulle, tout cela vient de la faiblesse du gouvernement. Pompidou maintenant, c'est terminé, je vais le démissionner, je vais le changer, je ne peux pas continuer comme cela.

— Mon Général, ne faites pas cela, protesta Foccart. Pompidou exécute bien la politique que vous menez.

— Il n'a pas de couilles et ça, on n'y peut rien. [...] Il ne se rend pas compte que, le voyant faire des concessions comme cela, les autres vont se ruer en disant : "Ça y est, on tient le bon bout, ils commencent à céder." »

Et de s'exclamer devant Foccart éberlué : « C'est maintenant décidé : Pompidou, c'est fini, c'est fini ! »

Le jugement du Général contredisait celui des « élites », y compris des moins gaullistes : à ses yeux, Pompidou n'était en rien un homme d'État, qu'il définissait comme une personne qui dit « tout le temps "non", tout le temps, tout le

1. Jacques Foccart, *Journal de l'Élysée*, Fayard-Jeune Afrique, 5 vol., t. I, *Tous les soirs avec de Gaulle (1965-1967)*, 1997.

temps », et qui ne voit « que par sa conscience », qui « ne se préoccupe pas des risques, des inconvénients politiques à droite, à gauche ».

Foccart fut frappé par le ton serein du grand homme quand il prononça ces paroles et, même s'il pensait que ça lui passerait avant que ça le reprenne, il se hâta de rapporter la conversation à Pompidou pour que celui-ci ne réagisse pas mal s'il advenait que de Gaulle décide un jour d'avoir une explication de gravure avec lui : il faudrait qu'il se batte pour rester. « Nous n'avons pas le droit, dit Foccart au Premier ministre, par considération pour le Général et pour l'œuvre qui est la sienne, de lâcher la partie maintenant. [...] Vous devez donc surmonter votre amertume [...] et faire face. »

À la suite de la démission « forcée » de Pompidou en 1968, l'affaire Marković finira par consommer la rupture entre les deux hommes. Après la découverte du cadavre de ce Serbe, ancien délinquant, garde du corps et homme à tout faire d'Alain Delon, par ailleurs très proche de Nathalie, l'épouse de celui-ci, la machine médiatique s'emballe et déraille. Le fait-divers devient une affaire d'État. Pensez ! La victime aurait organisé des soirées coquines pour le Tout-Paris. S'y seraient pressées des personnalités très importantes, suivez mon regard.

Même s'il a parlé de « ragots », pourquoi de Gaulle n'a-t-il pas balayé d'un revers de main les accusations immondes proférées contre Claude, l'épouse de son ancien Premier ministre, de participer à des orgies, montages photographiques à l'appui, alors qu'il la connaissait « depuis si longtemps » ? Pourquoi n'a-t-il pas fait taire les siens, au lieu de les laisser cancaner ? Pompidou raconte avoir dit un jour au Général, apparemment gêné : « Ni place Vendôme, chez M. Capitant, ni à Matignon, chez M. Couve de Murville, ni à l'Élysée, il n'y a eu la moindre réaction d'homme d'honneur. »

Des mois durant, il remâche la liste des calomniateurs. Il croit savoir que Pierre Lefranc, résistant de la première heure et proche du Général dont il dirigea avec Foccart la campagne présidentielle en 1965, est l'un de ceux qui propagent les rumeurs sur les prétendues partouzes de son épouse. Il en veut pour les mêmes raisons à un autre intime du grand homme, Jacques Vendroux, le frère d'Yvonne de Gaulle, député du Pas-de-Calais, ainsi qu'à Couve de Murville qui l'a remplacé à Matignon.

Au fil du temps, ses soupçons se portent sur la noria des gaullistes de gauche, souvent affairistes, francs-maçons et plus ou moins liés au SDECE, les services secrets. Notamment sur l'ancien résistant Gilbert Beaujolin, roi de l'import-export avec l'Afrique, ponte de l'immobilier et des ventes d'armes. C'est ce qui pourrait expliquer l'enquête au vitriol qui lui est consacrée dans *Le Figaro* sur six colonnes, le 24 novembre 1971, avec une brève allusion à l'affaire Marković.

Chose étrange, l'article n'est pas signé et la page fut arrachée, peu après sa parution, dans la collection du journal, au service des archives. D'autre part, dans une déclaration en forme d'exécution qui figure au pied du texte, Jacques Foccart assure n'avoir aucun lien avec la cible du jour : « J'oppose le démenti le plus formel aux rumeurs selon lesquelles j'aurais confié la gestion de mes affaires à M. Beaujolin. »

Depuis, la légende dit, au *Figaro*, que l'article avait été inspiré d'en haut, ce qui veut tout dire ou rien, mais il n'est pas interdit d'y voir la main de Pompidou, comme dans les affaires judiciaires qui tombèrent, par la suite, sur plusieurs gaullistes de gauche comme Philippe Dechartre, secrétaire d'État au Travail au début de sa présidence, un gaulliste de gauche, ami de Mitterrand et, surtout, de Beaujolin.

Si Pompidou veut régler ses comptes avec les calomniateurs, pourquoi en veut-il autant à de Gaulle qui l'a couvé si longtemps et qui l'avait quasiment béni au couchant de son règne en lui disant qu'il était « archi-naturel » qu'il se préparât à la succession ? Le Général n'avait jamais eu d'autres dauphins que lui. Michel Debré ? Il l'avait nommé à la tête du gouvernement en 1959 parce que l'ancien pamphlétaire du *Courrier de la colère* rassurait les partisans de « l'Algérie française » : il était donc le mieux placé pour mener le pays à l'indépendance. Sitôt qu'elle fut en vue, il l'avait remplacé par Pompidou afin de lui donner le temps de préparer la suite.

Dès 1960, soit deux ans avant sa nomination à Matignon, de Gaulle lui avait laissé entendre que Debré, « méritant mais instable », avait fait son temps et qu'il serait bientôt Premier ministre. Au point que cette année-là, quand Pompidou apprit la mise en vente du domicile familial du 24, quai de Béthune, dans l'île Saint-Louis, qu'il louait à Helena Rubinstein, la reine des cosmétiques, il déclara à son épouse et à son fils, alors qu'il travaillait encore à la banque Rothschild : « Un futur Premier ministre n'acquiert pas son appartement, sauf s'il a de la fortune personnelle. On ne fait pas d'affaire quand on est aux affaires. »

Malgré les apparences, Pompidou reste un provincial qui supporte mal les violences de la société parisienne : c'est un écorché vif, hypersensible. « Mon père, dit son fils Alain, me faisait penser à un sanglier, un de ces grands solitaires, rois de la forêt, que l'on croit invincibles. Quand ils ont pris une vingtaine de balles et qu'on les dépèce, on est toujours surpris d'observer que la peau du ventre est lisse, comme vierge. Il pouvait encaisser tous les coups, sauf quand ils étaient portés contre sa famille. Ma mère était son point faible : entre eux, c'était à la vie, à la mort, et il est sans doute, après de Gaulle, le seul président de la Ve République qui n'a jamais trompé sa femme. Il ne supportait pas qu'on la calomnie mais, pendant l'affaire Marković, c'est elle qui l'a soutenu à bout de bras, l'obligeant à sortir dans le Tout-Paris pour affronter le regard des autres. »

Pompidou tiendra parce qu'il tient toujours. Même s'il lui arrive parfois de céder à sa pente auvergnate et de sombrer dans la mélancolie, rapporte son fils, il est comme Forrest Gump, l'homme qui ne s'arrête jamais. Sauf qu'au lieu de courir, il travaille. *No sport*, comme disait Churchill. Il travaille tout le temps. « Même le soir, après le dîner, dans son lit, raconte Alain. Toujours à l'écoute, il ne restait cependant pas dans son monde, il s'intéressait aux autres. Quand j'étais petit et que j'avais du mal à m'endormir, il trouvait le temps de venir dans ma chambre et de me raconter des histoires, celles de l'*Iliade* et l'*Odyssée* par exemple, de sa belle voix grave. »

Les enfants et les successeurs, victimes des grands hommes

Même si la mort du Général ne l'a apparemment pas réconcilié avec celui-ci, Pompidou est aux petits soins pour la famille du grand homme. Le lendemain de l'enterrement, il annonce à Foccart qu'il suit de près le cas de Mme de Gaulle : « Je vais voir comment on peut lui éviter des impôts, comment on peut combiner une retraite de veuve de général et une retraite de chef d'État. Il faut qu'elle ait une voiture, un chauffeur... Nous ferons ce qu'il faut, rassurez-les. »

Cinq mois plus tard, Foccart reçoit le capitaine de vaisseau Philippe de Gaulle qui, non sans raison, se sent « brimé » : s'il reconnaît qu'il n'est « peut-être pas un aigle », le fils du Général observe qu'il devrait « être amiral depuis longtemps ». Et de citer les exemples des fils de Staline ou Eisenhower, le premier ayant été promu général de corps d'armée à vingt-six ans et l'autre élevé plus tard au rang de brigadier général.

« Ils ne se sont jamais battus, plaide Philippe de Gaulle – ce qui est faux, soit dit en passant –, tandis que moi, j'ai patrouillé plusieurs fois par semaine pendant la guerre avant la libération de la France, j'ai pris des risques, j'ai commandé, et maintenant je suis au tableau. » Puis il montre une lettre de son père : avant de quitter le pouvoir, en 1969, ce dernier avait pris des dispositions pour qu'il monte en grade. Il avait promis à son fils qu'il aurait ses étoiles avant la fin de 1970 ou, au plus tard, au début de 1971. « On me laisse croupir, s'indigne-t-il. C'est intolérable. »

Quand Foccart rapporte les doléances justifiées du capitaine de vaisseau à Pompidou, le cas est réglé en deux temps, trois mouvements. « J'ai le plus profond respect pour Mme de Gaulle et, au fond, de l'affection pour Philippe, affirme le président avec une étrange méchanceté. Je ne le prends pas pour un aigle et il est souvent maladroit, mais il est le fils du Général. Il faut que l'on fasse quelque chose pour lui [...]. Cela dit, il n'est pas malin. Debré m'a montré une lettre absolument ahurissante dans laquelle Philippe de Gaulle lui écrit : "Vous comprenez, maintenant, avec la mort de mon père, je suis amené à correspondre avec des chefs d'État. Il faut, par conséquent, que je sois amiral." »

Les grands hommes font deux catégories de victimes : leurs enfants et leurs successeurs. Même mort, de Gaulle a martyrisé son fils et son successeur. Le premier, homme de grande valeur, souvent maltraité par la presse, rongera son frein en triant les archives paternelles, puis en travaillant sur un livre, *De Gaulle, mon père*[1]. L'autre, tout en recuisant ses rancœurs, prendra néanmoins de la hauteur. Peu de temps avant sa mort, en 1974, Pompidou a publié un livre prophétique, d'une incontestable qualité, *Le nœud gordien*[2], sur lequel il a travaillé pendant les premières années de sa présidence et où il tire, entre autres, les leçons de Mai 68.

Celle-ci, par exemple : « On a beaucoup souligné le caractère quasi sexuel de cette excitation collective. Il y a là plus d'une similitude. Même s'ils croyaient chercher le plaisir, je suis sûr qu'ils cherchaient l'amour. Mais quel amour et l'amour de quoi ? Quelques-uns ont cédé au rêve "étrange et pénétrant" de l'inconnu et ce qu'ils connaissaient le moins, bien sûr, c'était la condition ouvrière. Seulement, les ouvriers les ont accueillis avec des sarcasmes [...] comme les profiteurs d'une société dont ils se croyaient les ennemis, si ce n'est les victimes. »

Après des considérations classiques sur la France, « pays changeant », « la maladie endémique de Paris, *la légèreté* » ou encore l'effondrement des « contraintes traditionnelles » – religieuse, familiale, sociale, sexuelle –, Pompidou émet une prédiction qui, longtemps après, est toujours d'actua-

1. Philippe de Gaulle, *De Gaulle, mon père*, entretiens avec Michel Tauriac, Plon, 2003-2004, 2 vol.

2. Georges Pompidou, *Le Nœud gordien*, Plon, 1974.

lité : entre « l'anarchie des mœurs » provoquée par l'essor de l'individualisme et « l'accroissement illimité du pouvoir étatique », il faudra arbitrer avant la collision qui pourrait déboucher sur « un totalitarisme de gauche ou de droite ».

« Nous sommes arrivés, conclut-il, à un point extrême où il faudra, n'en doutons pas, mettre fin aux spéculations et recréer un ordre social. Quelqu'un tranchera le nœud gordien. La question est de savoir si ce sera en imposant une discipline garante des libertés ou si quelque homme fort et casqué tirera l'épée comme Alexandre. Le fascisme n'est pas si improbable... »

Tel était Pompidou : pas seulement rancunier mais aussi visionnaire, cultivé, profond et l'un des présidents les moins narcissiques de la Vᵉ République avec Chirac et Hollande. « Ce que le peuple demande à ses gouvernants, observe-t-il, c'est la sincérité et l'humanité. » « Mieux que les hommes, assure-t-il, les femmes lisent sur un visage le calcul, l'ambition, l'hypocrisie. » Comme elles montent en puissance dans la société, l'heure ne sera bientôt plus, selon lui, aux habiles, ce que l'avenir démentira.

« Moi, dit un jour Pompidou à Foccart, je n'ai pas du tout la prétention d'être un grand homme. D'ailleurs, les grands hommes et les grands destins sont façonnés par l'histoire, et non par eux-mêmes. Pétain ou Foch seraient restés inconnus s'il n'y avait eu des évènements historiques qui ne dépendaient pas d'eux et qui les ont révélés. » Même chose pour de Gaulle qui, précise-t-il, n'aurait pas laissé de grands souvenirs « dans vingt ou trente ans » sans l'Occupation et la Résistance. Pour devenir un personnage historique, il faut « les circonstances ».

De Pompidou, on peut dire qu'il a tout eu. Il ne lui aura manqué que « les circonstances ». Mais il s'en fiche.

Fier d'être un enfant de la méritocratie républicaine et d'avoir gagné beaucoup d'argent chez Rothschild, il y a chez lui quelque chose de très américain : une confiance indéfectible dans l'avenir et dans le modèle de société occidentale qui lui a permis, par son seul labeur, de monter au sommet.

2

FENÊTRE SUR COUR

Un journaliste, c'est quelqu'un qui a manqué sa vocation.

OTTO VON BISMARCK

Le journalisme, paraît-il, mène à tout, à condition d'en sortir. Moi, je ne suis jamais entré dedans : j'y étais déjà dans le ventre de ma mère. C'était ma nature. Comme d'autres sont joyeux ou mélancoliques, j'étais né curieux, d'une curiosité maladive, donc journaliste sans le savoir.

En mai 68, mon antigauchisme était si virulent que je me sentais plus proche des policiers que des enfants gâtés de la bourgeoisie, pourléchés d'amour maternel, qui hurlaient « CRS-SS ». J'ai pourtant participé à plusieurs manifestations étudiantes, dans les premiers rangs, pour voir, excité par l'odeur des gaz lacrymogènes.

Après ça, obsédé par mon désir d'acquérir mon indépendance financière et de ne plus rien devoir à mon père honni, j'avais trouvé un stage d'été à *Paris-Normandie*, le grand quotidien régional. Tenu par des collabos pendant l'Occupation, il avait été récupéré par les résistants à la

Libération. Mon grand-père détenait des parts du capital et il était dirigé par son meilleur ami, Pierre-René Wolf, qu'il avait caché au début des années 1940.

Relégué à la locale, en charge du secteur « Rouen Rive droite » qui allait de Barentin à Bosc-Bordel, je couvrais les chiens écrasés, les banquets des vieux ou les bals des pompiers avec mon Kodak Brownie Flash, un appareil photo rustique, généralement dévolu aux enfants, qui indisposait parfois mes interlocuteurs comme l'ancien président du Conseil André Marie qui ne se prenait pas pour la queue d'une poire. Je décidai d'arrêter mes études de droit, à Rouen, pour m'inscrire à une école de journalisme, le Centre de formation des journalistes, à Paris.

Depuis la petite enfance, j'étais affligé d'une timidité maladive qui m'empêchait de parler en public, d'aller au-devant des autres, de faire le premier pas : les mots s'enlisaient dans ma bouche. Sans doute sentais-je que le journalisme me déverrouillerait. Je voulais toujours devenir écrivain mais j'adorais tellement mon nouveau métier que je ne pouvais résister à son appel.

Écouter aux portes. Raconter aux autres ce qu'on n'a jamais vu. Leur expliquer ce qu'on n'a pas compris. Immortaliser pour eux, l'espace d'un jour, l'éphémère, le superfétatoire. Faire connaître de belles personnes. Les rencontrer, les confesser et, parfois, devenir leur ami. Apprendre de nouvelles choses chaque jour que Dieu fait. Ce métier, finalement, j'aurais payé pour le faire. Mes capacités d'admiration s'y exerçaient à plein.

Depuis l'âge de neuf ans, j'écrivais des romans, des poésies, des pièces de théâtre, un journal intime, autrement dit j'édifiais une « œuvre » – pardon, je plaisante. Mais je me disais qu'en plus de m'ouvrir au monde, le journalisme me permettrait aussi d'assurer mes fins de mois, ce qui apaiserait ma mère : avec mon père, elle en avait soupé, des artistes maudits, crève-la-faim. « Mais comment vas-tu vivre ? » s'inquiétait-elle. Je me souviens du soulagement de Maman quand je lui annonçai mon intention de monter à Paris pour travailler dans la presse. Il était impensable que je fasse ma vie à *Paris-Normandie* où je serais toujours le « petit-fils à Papy ».

À Paris, je découvris vite que la méchanceté et les passions tristes peuvent être les combustibles du journalisme qui correspond alors à la description de Balzac : « Une catapulte mise en mouvement par de petites haines. » Autant dire que ce n'était pas cette dimension du métier qui m'attirait, mais plutôt le sentiment grisant d'avoir toujours le monde à ma portée, les gens, les lieux, les sujets.

Pendant mes études en journalisme avec des professeurs de haute volée comme les historiens Jacques Julliard ou François Furet que je vénérais, je pigeais partout, notamment à la page littéraire de *Paris-Normandie* grâce à laquelle j'ai pu rencontrer mes écrivains préférés, à commencer par Louis Aragon, dans son appartement grand-bourgeois de la rue de Varenne. Je l'admirais tant que je me fichais que cet ancien suppôt de Staline eût osé écrire, entre autres abjections : « J'appelle la Terreur du fond de mes poumons. » Il aurait bien mérité de recevoir le prix Staline, en remerciements de ses services rendus ; il l'a au demeurant reçu en 1957, mais rebaptisé prix... Lénine.

À l'époque, j'étais encore une vierge effarouchée de la campagne normande, mal à l'aise avec tous ceux qui n'étaient pas les miens : face à ce génie du XXe siècle, aucune parole ne serait sortie de ma bouche si je n'avais préparé et écrit sur des fiches mes questions que je bredouillais. Lors de notre première rencontre, Aragon y avait répondu d'une voix forte et péremptoire, se levant, entamant une sorte de danse nuptiale autour de moi, se rasseyant soudain et ainsi de suite. Qu'avait-il à être si effusant ? J'étais flatté et gêné en même temps. J'étais un bleu.

Plusieurs fois, Elsa Triolet, l'amour de sa vie, une écrivaine russe que j'avais lue et aimée, réputée « kagébiste », entrouvrit la porte : deux yeux perçants dans l'ombre, comme pour rappeler Louis à l'ordre. Je compris pourquoi elle nous espionnait quand, sitôt après sa mort, son homme s'éclata avec des garçons. Ange gardienne du futur veuf joyeux, elle avait vérifié qu'il ne commît pas d'imprudences avec moi.

Quand l'entretien fut terminé, Aragon me proposa de me dédicacer un exemplaire de son recueil *Les Poètes*. « Je l'ai déjà, dis-je. – Et quel est votre poème préféré ? demanda-t-il avec un petit sourire, comme s'il me posait un piège. – "Second intermède" », répondis-je, la bouche pâteuse, avant de bafouiller une strophe, peut-être celle-ci, l'une des plus belles de ce chef-d'œuvre absolu de poésie :

Laissez former le chant dans votre bouche
La main frémir de la main qui la touche
Et regarder dans vos miroirs troublés
Lever en vous la jeunesse du blé

Aragon me déclama son poème du début à la fin avec de grands gestes des bras, en me tournant autour, comme un bourdon avant d'embrocher l'abeille. Quand il eut terminé, il s'approcha pour examiner son effet sur moi : mon visage était inondé de larmes. Je lui avais fait sa journée.

« *L'Amérique est arrivée en France !* »

Pendant l'été 1970, je pris un grand bain d'Amérique. À l'automne, alors que je parlais de nouveau ma langue natale sans accent français, ma mère fredonnait sans arrêt un grand succès interprété par Joe Dassin, né aux États-Unis comme moi, qui était devenu son chanteur préféré : « L'Amérique ».

« On dirait que cette chanson a été écrite pour toi », répétait Maman. Pour ne pas la décevoir, je me gardais de lui répondre que, contrairement à Joe Dassin, je savais déjà que l'Amérique n'était qu'un « rêve ». C'était l'année de mes vingt et un ans. Après avoir visité le pays en auto-stop, d'est en ouest, dans une sorte de voyage initiatique, j'en étais bien revenu, au propre comme au figuré.

Quelques jours après mon retour à la ferme familiale de La Capelle, j'étais en train de lire dans le salon quand j'entendis mon père dire à ma mère, dans la cuisine où elle préparait ses confitures de mûres sauvages, une tuerie dont je n'ai plus jamais retrouvé le goût acidulé : « Dire que je voulais fuir l'Amérique parce que je ne supportais plus les horreurs qu'elle produit ! Mais elle nous a suivis, cette saloperie, elle est arrivée en France ! Avec l'inculture, les pesticides, la tyrannie télévisuelle, la *junk food*, la dictature du plastique, les supermarchés, le culte de l'argent facile, la folie du sucre, l'esprit de sérieux. Toutes ces choses sont en France maintenant. On est coincés, on ne peut même pas s'exiler à l'Est : il y a le communisme et c'est encore pire ! »

Ce jour-là, Papa était en veine de confidences et je pris des notes pour mon journal intime. « La France me déçoit de plus en plus, dit-il paraphrasant le Général. Elle se laisse aller, elle se vautre dans l'américanisation. » Longtemps auparavant, ma mère m'avait raconté que, le 6 juin 1944, le jour du Débarquement, après avoir gravi la première dune d'Omaha, laissant derrière lui la mer et la plage rouges de sang, mon père avait soudain ressenti un coup de foudre pour cette Normandie où les quatre saisons se succèdent à un rythme effréné, parfois plusieurs fois du matin au soir.

Ce jour-là, après que l'automne et l'hiver se furent déchaînés avec leurs tempêtes et leurs trombes d'eau, le printemps et son soleil blanc apparurent enfin à mon père, en haut de la dune. Sous les tirs et les bombardements qui continuaient, il fut subjugué par le spectacle de l'herbe verte, constellée de boutons d'or et plantée de pommiers, qui s'étendait à perte de vue sous le ciel qui bleuissait.

C'est là que je veux vivre, avait-il pensé. La mère patrie de Rabelais, Molière et Voltaire, des esprits forts et des mauvais coucheurs. Désormais, il regrettait son choix. Il dit à Maman qu'il rêvait de s'installer pour la retraite avec elle en Italie, le pays européen qui, selon lui, résistait le mieux à l'américanisation parce qu'il était fier de lui-même, de sa culture, de son histoire. « Rome, ce serait bien », avança-t-il.

« Enfin, voyons, c'est pareil partout, protesta ma mère. Qu'est-ce que tu crois ? L'Europe entière s'américanise. »

Il continua d'égrener la liste de ses griefs contre l'américanisation et je me rendis compte, à ma grande surprise, que j'étais souvent d'accord avec ce père tant haï. Sur la calamité des zones commerciales et sur l'urbanisation frénétique qui dévastait tout, en particulier les vieux quartiers historiques d'Elbeuf, démolis pour cause officielle d'insalubrité et remplacés par des immeubles hideux afin de remplir les poches des édiles.

« Une nation, conclut-il, c'est d'abord une culture. Comment pourrais-je être encore américain quand mon pays a quasiment perdu la sienne, au nom du progrès et de la modernité ? Je me sens de plus en plus apatride. »

Longtemps après, j'éprouve le même sentiment que mon père. Quand il devient suspect d'aimer et de célébrer la France, comment ne pas se sentir apatride sur sa propre terre ?

3

PÉTAIN, LE GRAND RETOUR

La mémoire est bien aussi menteuse que l'imagination et bien plus dangereuse avec ses petits airs studieux.

FRANÇOISE SAGAN

« Les peuples heureux n'ayant pas d'histoire, avait un jour plaisanté Pompidou, je souhaiterais que les historiens n'aient pas trop de choses à dire sur mon mandat. » Le nouveau président a une philosophie de bon aloi, empreinte d'une modestie quasi métaphysique. Plutôt que de travailler à la grandeur de la France, il ne pense qu'à faire le bonheur des Français.

L'Histoire s'est cependant invitée, et pas qu'un peu, pendant sa présidence, avec un film documentaire, *Le chagrin et la pitié* de Marcel Ophüls, sorti en 1969, puis un essai historique, *La France de Vichy* de Robert Paxton, paru en 1972. Les deux ont fait scandale en pulvérisant le récit « officiel » de la France sous l'occupation nazie, écrit de conserve par les gaullistes et les communistes.

La fable nationale prétendait que l'État français du maréchal Pétain n'avait jamais rien représenté et que c'était même une construction de l'esprit, les Français ayant résisté comme un seul homme contre le IIIe Reich – ce qui, soit dit en passant, était particulièrement absurde s'agissant des communistes qui attendirent 1941, date de la rupture du pacte germano-soviétique, pour consentir à combattre les nazis. Les tenants de cette thèse n'hésitaient pas à dire que le pays s'était libéré lui-même. Pour un peu, il n'y aurait pas eu de débarquement des Alliés, le 6 juin 1944 – de même que ne s'élèveraient pas, sur les côtes normandes, les milliers de tombes de soldats américains, britanniques, canadiens, australiens, etc. Quand on disait à de Gaulle que la version gaullo-communiste des évènements était mensongère, il répondait : « Les Français n'ont pas besoin de vérité, mais d'espoir. »

Fallait-il déballer le linge sale de Vichy et soutenir, contre cette thèse fantaisiste, que la France avait été massivement collaborationniste ? Comme l'a dit Elie Wiesel, « ceux qui ne connaissent pas l'histoire s'exposent à ce qu'elle recommence ». Mais ne s'agissait-il pas là, plutôt que d'histoire, d'une nouvelle mystification ? De bons auteurs, comme François Azouvi dans *Le mythe du grand silence*, ont montré que les Français n'avaient pas été abusés sur leur passé par une « vulgate » qui, au sortir de la guerre, aurait prétendu qu'ils s'étaient presque tous bien comportés.

Sinon, les romans de deux ricaneurs professionnels ne seraient pas devenus, à quatre ans d'intervalle, des livres-cultes : *Uranus* de Marcel Aymé (1948), une critique au vitriol de l'épuration, et *Au Bon Beurre* de Jean Dutourd (1952), couronné par le prix Interallié, qui raconte la saga sous l'Occupation d'un couple de crémiers, les Poissonard. Collabos jusqu'à la moelle, as du marché noir, délateurs accomplis, persécuteurs de domestiques, ils basculent in extremis dans la Résistance à la Libération de Paris en livrant un Allemand au FFI et en érigeant une barricade.

Papa qui adorait *Uranus* et *Au Bon Beurre* rappelait souvent que, pendant la Libération de Paris, il avait été attiré par un attroupement : maintenu au sol par plusieurs FFI, « d'héroïques communistes, résistants de la onzième heure », un homme hurlait à mort, tandis que la chenille d'un char de la 2e division blindée de Leclerc était sur le point d'écraser sa tête. Jouant des coudes, de son uniforme et de ses décorations, mon père demanda aux bourreaux du jour de surseoir à l'exécution. Enquête faite, dans leur précipitation, les justiciers s'étaient trompés de porte et de coupable : le « collabo » qu'ils croyaient tenir était le voisin du dessous.

Les premiers pas de la culture « woke »

Comme toute ma génération, j'ai cru que l'épuration des « collabos » avait été bâclée à la Libération : il fallait que, enfin, la lumière fût ! Je suivis donc le courant sans prêter attention aux spécialistes qui rappelaient, par exemple, que Robert Paxton avait déjà été précédé, sur la même ligne, par l'historien français Henri Michel, expert de Vichy. Je restais pareillement sourd aux démolitions en règle du *Chagrin et la pitié* par des témoins irrécusables. Par exemple, une grande résistante, l'ethnologue Germaine Tillion, rescapée de Ravensbrück, qui déclara que le portrait de la France donné par le documentaire n'était pas « ressemblant ». Ou encore Simone Veil, survivante d'Auschwitz et membre du conseil d'administration de l'ORTF, qui s'opposa avec énergie à la diffusion du film par la télévision nationale, comme elle le raconte dans son autobiographie, *Une vie*.

Écoutons Simone Veil : « À la célébration d'une France unie dans la résistance contre l'occupant avait succédé une autre "pensée dominante", tout aussi simplificatrice. Désormais, les jeunes se montraient ravis qu'on leur dise que leurs parents s'étaient tous comportés comme des salauds, que la France avait agi de façon abominable, que pendant quatre ans la dénonciation avait été omniprésente et qu'à l'exception des communistes, pas un seul citoyen n'avait accompli le moindre acte de résistance[1]. »

Une réécriture de l'Histoire succédait à une autre. Après le « Tous résistants, donc innocents », était venu le temps du « Tous collabos, donc coupables ». « *Le Chagrin et la Pitié* tombait à pic dans ce concert d'autoflagellation », note Simone Veil. Elle aurait eu « honte », dit-elle, que ce film « injuste et partisan » passe sur une grande chaîne nationale : c'eût été « indigne » pour les Justes, ces Français qui mirent leur vie en danger pour sauver des Juifs, « et dont la plupart ne se sont jamais fait connaître », à l'image des Villeroy, la famille qui, pendant l'Occupation, avait pris tous les risques en lui offrant, à Nice, le gîte et le couvert.

« La France avait été de loin le pays où le pourcentage de Juifs déportés s'était révélé le plus faible, écrit Simone Veil. Un quart de la communauté et toujours, en proportion, très peu d'enfants. » Pourquoi ? Parce que « nombreux étaient les Français qui avaient caché des Juifs, ou n'avaient rien dit lorsqu'ils savaient qui en protégeait. Or, le film n'en disait mot. Il se montrait en cela d'une grande injustice, moins

1. Simone Veil, *Une vie*, Stock, 2007.

d'ailleurs à l'égard du pouvoir de Vichy que des Français eux-mêmes ».

Des années plus tard, on ne peut que donner raison à Germaine Tillion et à Simone Veil : la pensée dominante était passée d'un extrême à l'autre. Après avoir suivi de Gaulle qui avait décrété, pour absoudre les Français, que leur comportement avait été « héroïque » et que le régime de Vichy n'avait jamais existé, la doxa prit le contre-pied et se lança dans une surenchère purificatrice, rouvrant des dossiers fermés, traquant les anciens collabos, refaisant les anciens procès, comme si, à la Libération, tous les criminels étaient passés à travers le tamis de la justice.

Certains, il est vrai, s'en étaient trop bien sortis. Maurice Papon, par exemple, qui, à la Libération, avait pu faire valoir ses contacts avec la Résistance. Son procès en 1998, une vingtaine d'années après *Le chagrin et la pitié*, fut donc très utile. J'ai rencontré à plusieurs reprises cet ancien préfet : il représentait jusqu'à la caricature la morgue d'une administration qui refusait de reconnaître la moindre faute, après qu'il eut trempé, alors qu'il était secrétaire général de la préfecture de Gironde, entre 1942 et 1944, dans la déportation de mille six cents Juifs de Bordeaux vers Drancy d'où ils furent acheminés vers le camp de la mort d'Auschwitz.

Mais une nouvelle épuration générale s'imposait-elle en cette fin de siècle, après celle de 1944-1945 ? Telle était la pensée dominante : il fallait refaire l'Histoire, instituer de toute urgence des tribunaux populaires, ériger des échafauds, trouver de nouvelles têtes à couper. La France était soudain réduite à un « crime originel » qui l'affligeait d'une « culpabilité systémique ». Elle vivait désormais sous la coupe de la culture « woke » avant l'heure : le pays étant soudain accusé d'avoir été frénétiquement « collabo », il fallait s'excuser d'être français, autrement dit de s'être vautré dans l'abjection pendant l'Occupation. Battant sa coulpe sur la poitrine des générations précédentes, la France recommença à se détester comme jamais.

Pendant un quart de siècle, on avait ressassé notre bravoure, notre héroïsme – ceux des gaullistes et des communistes exclusivement. Désormais, on ressassait nos crimes, notre abjection nationale. La vérité avait-elle gagné au change ?

La repentance, nouvelle passion triste française

Pompidou n'en pouvait mais. Il reste que c'est sous son règne qu'apparut le phénomène : alors que le corps du Général avait à peine refroidi, le pays s'adonna à des bouffées délirantes de haine de soi. Élevé par une famille de résistants ou de combattants, dans l'exécration de « l'État français » présenté comme un régime ignoble, gâteux, débile, antisémite, j'ai pris avec Ophüls, Paxton et compagnie le train de la relecture, voire de la refondation de l'Histoire, sans bien comprendre ce qui nous arrivait. Même si me revenaient souvent des paroles de mon grand-père maternel, Jean Allain, devant la tombe duquel j'allais parfois me recueillir, au cimetière Saint-Jean d'Elbeuf : « Sans certains collabos qui prenaient des risques en nous donnant des informations, la Résistance n'aurait jamais pu survivre. » Et il donnait le nom d'un grand bourgeois rouennais qui fut inquiété, puis blanchi à la Libération : « Je lui dois la vie. »

Peu soupçonnable de pétainisme, Papy était intarissable sur les « excès » de la Libération qu'avait dénoncés Robert

Aron dans son *Histoire de l'Épuration* – le premier tome était paru en 1967, un an avant sa mort. Il me sembla entendre les mots de mon grand-père quand, un jour, Mitterrand paraphrasa devant moi l'une de ses formules favorites, au couchant de son règne : « Pendant l'Occupation, les gens n'étaient pas tous noirs ou blancs. Il y avait beaucoup de gris. » Ce n'était certes pas le genre de propos que l'on tenait quand on luttait contre l'Allemagne depuis les bureaux de la France libre, à Londres : là-bas, tout était plus simple, on savait où étaient le Bien et le Mal.

Mais pour la Résistance intérieure, c'était plus compliqué : il y avait beaucoup de nuances de gris et j'étais heureux que mon grand-père maternel, décédé en 1968, ne fût plus là pour assister au grand déballage des années 1970. Comme Simone Veil, il aurait été scandalisé par le nouveau négationnisme en vogue qui tirait un trait sur la Résistance intérieure, ses combats, ses héros, pour mieux vichyser ou pétainiser la France.

Pareillement indigné, Mitterrand resta cependant jusqu'au bout sur la ligne du Général : même s'il avait flirté pendant plusieurs mois avec le régime de Vichy, il soutenait comme le Général que celui-ci n'avait pas existé, comme si ç'avait été un trou noir dans l'Histoire de France. S'il n'avait jamais repris à son compte la farce gaulliste d'un pays qui se serait autolibéré, le président socialiste refusait que l'on joue « à refaire éternellement l'Histoire » sur le dos des Français : « Cette histoire ne s'arrêtera donc jamais ! On sera encore à chicaner dans mille ans ! » Dans la foulée du Général ou de Pompidou, il plaidait pour une pause. « Mon point de vue depuis de longues années, répétait-il, c'est qu'il faut tenter de mettre un terme à la guerre civile permanente entre Français. »

Ce genre de discours n'était pas dans l'air du temps. Nous étions entrés dans le temps de la repentance, nouvelle passion triste française qui, comme disait La Rochefoucauld, « est le dernier profit que l'homme tire de sa faute ». Permanente, universelle et toujours à refaire, elle donne bonne conscience et bonne conscience fait bon repos. C'est pourquoi la position à genoux est recommandée pour tous nos gouvernants : il leur faudra sans arrêt demander pardon, et pour tout. Par exemple, pour l'esclavage occidental, même s'il fut sans commune mesure avec celui qui se pratiquait en terre d'Islam. Ou encore pour la colonisation, puis, pendant qu'on y est, pour la décolonisation...

Jusqu'au bout, Mitterrand refusa rageusement de céder au mouvement de la repentance. Le 12 septembre 1994, sur France 2, quand Jean-Pierre Elkabbach lui demande pourquoi la République ne condamne pas « plus nettement » le régime de Pétain, il pique une colère froide : « Mais elle l'a toujours fait ! » Et de rappeler qu'à la Libération, cent vingt-sept mille dossiers ont été instruits contre les « collabos » dont seize cent cinquante furent condamnés à être fusillés. Sans parler de tous ceux qui ont été tués sans autre forme de procès, dans le feu de l'action, après que les nazis eurent déguerpi. « On vient de découvrir plus de cinquante ans après qu'il y eut Vichy, qu'on a sanctionné ! s'indigne-t-il. Ce n'est pas vrai ! »

Elkabbach l'interrogeant sur l'obligation morale qu'aurait la France de demander pardon pour les crimes commis en son nom, ce qui serait quand même la moindre des choses, Mitterrand s'insurge encore : « Non, non. La République n'a rien à voir avec cela [...]. Et donc, je ne ferai pas d'excuses au nom de la France. »

« La France était à Londres ! » s'indignaient les gaullistes. Soit. Mais n'était-elle pas aussi à Vichy, avec Pétain et consorts ? Le Maréchal n'est pas arrivé aux commandes par une opération du Saint-Esprit ni à la faveur d'un coup d'État mais après un vote de la Chambre du Front populaire et, contrairement à la légende, avec l'appui d'une majorité d'élus socialistes. Dans le premier gouvernement de l'octogénaire qui avait fait « don » de sa personne au pays, figuraient même deux éminents socialistes : André Février aux Transmissions et Albert Rivière aux Colonies. Les historiens de gauche ont beau se tortiller contre des assertions prétendument malveillantes, le 10 juillet 1940, 90 élus socialistes contre 36 ont voté les pleins pouvoirs à Pétain avec une grande partie de la droite et du centre, signant ainsi la mort de la République.

Le dogme gaullo-mitterrandien de l'inexistence de Vichy n'était pas tenable. Toutes proportions gardées, c'est comme si les Allemands avaient décidé, après la guerre, qu'Hitler n'avait jamais existé. Contrairement aux Français, ils auraient pu arguer du fait qu'il était arrivé, lui, au pouvoir à la faveur d'un coup d'État. Si la France n'a pas été globalement collabo, ne fallait-il pas au moins reconnaître que « l'État français » n'avait pas été une invention des ennemis de la France et qu'il n'y avait donc pas une page blanche dans son histoire, entre 1940 et 1944 ?

Le 16 juillet 1995, c'est le successeur de Mitterrand, Jacques Chirac, qui, à peine élu à la présidence, reconnut la responsabilité de la France dans les crimes de Vichy, lors de son célèbre discours du Vél' d'Hiv.

4

LE PRÉSIDENT-BOURGEOIS

> Le privilège des grands hommes est de donner des secousses à leur siècle. La secousse donnée, sauve-qui-peut !
>
> LOUIS XIII

En 1969, année de l'élection de Pompidou, la permissivité soixante-huitarde est une valeur à la hausse. Elle se déploie notamment dans un énorme succès, « Le Métèque » de Georges Moustaki, une chanson qui serait probablement interdite aujourd'hui : il y est question d'un vieux satyre avec une « gueule de métèque, de juif errant, de pâtre grec », qui veut se ressourcer auprès d'une fraîche jouvencelle, « douce captive », dont il entend « boire les vingt ans » alors que la majorité légale est encore fixée à vingt et un ans.

S'il avait sorti sa chanson cinquante ans plus tard, Moustaki serait en prison, dans une cellule à côté d'autres iconoclastes comme Gainsbourg, Coluche ou Poiret. En 1973, *La Cage aux folles*, la pièce comique et scabreuse dudit Jean Poiret – mettant en scène un couple d'homosexuels joué par lui-même et Michel Serrault –, fait salle comble tous les soirs au théâtre du Palais-Royal, avant d'être reprise aux Variétés. C'est un temps où l'on peut encore tout dire, tout tenter, tout transgresser. Sauf sur Vichy où il est recommandé de s'en tenir à la ligne fixée par les « revisiteurs » de l'Histoire.

Comme le lui ordonnait la sagesse, Pompidou s'est tenu à l'écart du débat sur Pétain. Trop de coups à prendre. Mais il a failli être rattrapé par la patrouille quand il a été accusé d'avoir « gracié » l'ancien milicien Paul Touvier, condamné à mort par contumace à la Libération. Un bobard qui a quand même fait la une des journaux.

La condamnation à mort par contumace était prescrite. Si grâce présidentielle il y eut, elle ne concerna donc que l'interdiction de séjour de Touvier et la confiscation de ses biens – une maison en indivis avec ses frères et sœurs. Pas la mort civile ou la perte de ses droits civiques dont il ne fut pas relevé par Pompidou.

Après avoir rétabli les faits dans sa conférence de presse du 12 septembre 1972, Pompidou conclut par une harangue qui annonce celles du Mitterrand des années 1990 : « Notre pays, depuis un peu plus de trente ans, a été de drame national en drame national. [...] Allons-nous éternellement entretenir saignantes les plaies de nos désaccords nationaux ? »

L'ami et le protecteur des arbres

Président pépère, Pompidou ne songe qu'à refermer ces plaies et qu'on passe à autre chose ! Comme Louis-Philippe était le roi-bourgeois, il est, lui, le président-bourgeois. Mais c'est aussi un avatar de « l'honnête homme » du XVIIe siècle. Modéré jusqu'à la caricature, il ne fait la leçon à personne.

Et il peut tout comprendre, tant sa culture est éclectique, paradoxale.

Homme des lettres s'il en fut, le nouveau président aime Virgile aussi bien que Villon, Yourcenar, Tacite, Nerval, Jarry, Aragon ou Saint-John Perse. Rétif aux réflexes conditionnés du milieu intellectuel, il ne crache pas sur Duras ni sur Sagan qu'il reçoit chez lui. Il trouve que Zola écrit mal et ne croit pas à la survie de Roger Martin du Gard ou de Jules Romains.

C'est aussi, comme son épouse Claude, un ami des arts, moderne ou contemporain. Collectionneur, il fréquente Max Ernst, Victor Vasarely et Sonia Delaunay. Dans son bureau de Matignon, il avait fait accrocher naguère un grand tableau de Pierre Soulages intitulé *Peinture* et datant de 1957, qui, pour son plus grand bonheur, choquait parfois ses visiteurs. Dommage qu'il n'ait pas toujours les mots pour dire sa passion : « L'œuvre d'art, assure-t-il, prudhommesque, c'est l'épée de l'archange et il faut qu'elle nous transperce. »

Le couple a beaucoup fait pour que soit reconnu Pierre Paulin, génie français du design, à qui il demandera de réaménager la salle à manger de l'Élysée avant que Mitterrand le redécouvre longtemps après et lui commande son bureau présidentiel. Il est logique qu'il ait donné son nom au Centre Beaubourg, rebaptisé Pompidou, temple de l'art moderne ou contemporain, le musée de ce type le plus visité en Europe.

Sur le plan architectural, en revanche, Pompidou aura souvent été malavisé, décevant. C'est sous son règne qu'ont été détruits les pavillons Baltard, chefs-d'œuvre du XIXe siècle, legs de Napoléon III à Paris, pour faire place au centre commercial des Halles, symbole du mauvais goût français. Vivant et travaillant tout près, j'ai beaucoup manifesté jusqu'à perdre la voix pour qu'ils ne soient pas démantelés. Sans succès.

C'est Pompidou encore qui a laissé défigurer la capitale avec les tours du Front de Seine, sur la rive gauche, entre les quartiers Javel et Grenelle. Un festival de vulgarité et de laideur pompière, ce qu'on a pu faire de pire dans les années 1970. Tels ont été les effets de son obsession du développement. « Paris n'est pas une ville morte, disait-il. Ce n'est pas un musée à entretenir. » À certains égards, il l'a laissée devenir un musée des horreurs.

Ne réduisons pas Pompidou à cela. Il lui sera beaucoup pardonné pour avoir sauvé des milliers et des milliers d'arbres. Quand, pendant les chasses présidentielles, il voyait des troncs de chênes ou de hêtres marqués, c'est-à-dire condamnés à la tronçonneuse, il faisait savoir qu'il n'était pas question de les couper. Le 17 juillet 1970, après avoir pris connaissance d'une directive des Ponts et Chaussées appelant à l'abattage systématique des arbres le long des routes « sous prétexte de sécurité », il adresse une longue lettre à son Premier ministre, Jacques Chaban-Delmas.

Après s'être plaint du peu de cas qui est fait de sa volonté exprimée à plusieurs reprises en conseil des ministres, de « sauvegarder-partout-les arbres », Pompidou observe, lyrique et visionnaire : « La vie moderne dans son cadre de béton, de bitume et de néon, créera de plus en plus chez tous un besoin d'évasion, de nature et de beauté. L'autoroute sera utilisée pour les transports qui n'ont d'autre objet que la rapidité. La route, elle, doit redevenir pour l'automobiliste de la fin du XXe siècle ce qu'était le chemin pour le piéton ou le cavalier : un itinéraire que l'on emprunte sans se hâter, en en profitant pour voir la France. Que l'on se garde de détruire systématiquement ce qui en fait la beauté. »

Pour être rustique et ami des arbres, le président n'en est pas moins de son temps. Et c'est à marche forcée qu'il lance le pays dans une course effrénée à la modernité. Toujours visionnaire, il a mis en route le quartier de la Défense où les tours sont de meilleure facture que sur le Front de Seine. Sous sa présidence est aussi commandée la première rame expérimentale du TGV avant que soit créé le consortium franco-allemand Airbus.

En participant en grande pompe à un vol d'essai de Concorde, en 1971, Pompidou se transforme même en agent commercial de l'avion de transport supersonique, qui pourra atteindre une vitesse maximale de 2 369 km/h : un projet franco-britannique qui remonte à 1962. Bien sûr, il était contre. En 1964, il était allé dire à de Gaulle, flanqué de Giscard, Couve et Messmer, qu'il valait mieux arrêter les frais avant qu'il soit trop tard. La légende raconte que le grand homme avait tapé du poing sur la table : « Nom de Dieu, nous ferons Concorde ! »

Toute la gloriole gaullienne était là, dans ce bijou de technologie qui pesait 175 tonnes mais restait si gracieux dans les airs. Bon prince, Pompidou avait ensuite assumé la volonté du Général de vaincre les éléments, de se pousser du col et de coqueriquer face aux États-Unis qui étaient alors maîtres des cieux et entendaient bien le rester. Sans foi ni loi, les Américains furent aussi sans pitié : commercialement, le Concorde sera l'un des grands fiascos de la Vᵉ République, une coûteuse catastrophe industrielle.

C'est comme si toutes les sorcières du monde s'étaient penchées sur le berceau du Concorde pour lui jeter des sorts. Les coups les plus rudes lui ont été portés par l'Amérique protectionniste qui lui a coupé les ailes en lui interdisant le survol de son territoire. Il n'a pas été « aidé » non plus par la classe politique française qui, à l'instar d'Antoine Pinay, stigmatisait un avion « pour milliardaires américains » quand elle ne critiquait pas un gaspillage insensé de fonds publics. Le coup de grâce fut la flambée du prix du kérosène après le premier choc pétrolier, en 1974.

« Che petit, dit le grand-père, il chera président »

Contrairement à de Gaulle, Pompidou n'est pas un homme à foucades ou à envolées. Toujours les pieds sur terre, il est très reposant avec sa tête de voisin bienveillant. Mais il ne faut pas le chercher. Il sait qu'en politique la gentillesse est une erreur et peut, à l'occasion, faire son intimidant en roulant de gros yeux noirs, sous ses sourcils broussailleux. Il n'hésite pas non plus à tuer, quand il le faut : de Gaulle pourrait en témoigner, qui, il est vrai, avait mis du sien.

Pompidou n'est dupe de rien, comme ceux qui viennent de loin, en l'espèce de l'Auvergne hivernale, venteuse et montagnarde qui, comme disait Alexandre Vialatte, « produit des ministres, des fromages et des volcans ». Enfant, il n'a jamais senti, en son palais, le goût subtil des cuillères en argent.

Petit-fils de paysans et fils d'instituteurs, né à Montboudif, dans le Cantal, il est un pur produit de la IIIe République et de son système d'ascension sociale. À trois ans, il sait écrire et compter. « Che petit, dira Janou, son grand-père, avec l'accent du cru, il chera président de la République. » Précoce en tout, il commence à fumer à treize ans. Il carburera, jusqu'à sa mort, à la nicotine. D'abord à la Gauloise avant de consommer, à la fleur de l'âge, ses deux paquets quotidiens de Winston, tabagie couronnée par la succion de deux cigares en fin de journée. C'est le seul vice qu'on lui connaîtra en dehors de son goût pour le poker et les voitures de luxe comme la Porsche 356 qu'il a achetée en 1961, avant de devenir Premier ministre, et qu'il a enregistrée, toujours prudent, au nom de son épouse Claude.

Premier prix de version grecque au concours général, il entre en classes préparatoires littéraires au lycée Louis-le-Grand où il rencontre Léopold Senghor, le futur président du Sénégal, qui deviendra l'un de ses meilleurs amis et qui s'essaie déjà, entre les cours, à la poésie. Pompidou est beaucoup plus à gauche que son collègue. Dans sa famille, on est jaurésien de père en fils, et il combat naturellement l'extrême droite, particulièrement l'Action française, en militant à la Ligue d'action universitaire républicaine et socialiste (LAURS) qui rassemble les étudiants favorables au cartel des gauches.

Admis à l'École normale supérieure, puis reçu premier à l'agrégation de lettres, Pompidou est un littéraire. Mais il a aussi le don de l'arithmétique – à ne pas confondre avec la bosse des maths. Un jour, il confiera à son fils Alain : « Ce qui m'a le plus servi à la banque Rothschild, ce sont mes dispositions en matière de calcul mental. Dans les réunions, j'additionnais ou je divisais les chiffres des tableaux si vite que j'obtenais les résultats avant que les calculatrices de mes collègues les aient donnés. »

Il est clairement au-dessus du lot. Après avoir été professeur de français, latin, grec, au lycée Saint-Charles de Marseille, il donne des cours d'hypokhâgne à Henri-IV, à Paris, pendant l'Occupation. À la Libération, il a envie d'aller voir ailleurs et, le 11 septembre 1944, fait des offres de service dans une lettre à René Brouillet, un camarade de l'École normale, membre du Conseil national de la Résistance, qui a l'oreille du Général : « J'aimerais que tu me trouves quelque chose. Dans les circonstances actuelles, je me résigne mal à décliner rosa la rose [...]. Tu connais mes opinions, ma conviction qu'il n'y a que par l'effort de tous sans distinction aucune de partis que l'on peut refaire une France. Si tu as le sentiment que je puis tenir un emploi, pense à moi. »

Quand Brouillet le présente au général de Gaulle qui recherche un chargé de mission sur lequel il pourrait se reposer, c'est le coup de foudre. Pompidou devient en quelques mois l'homme de confiance dont le Général ne peut plus se passer. Pourquoi le grand homme s'en est-il toqué ? Alain Pompidou a une explication : « De Gaulle s'entourait volontiers d'intellectuels, il ne jurait que par les gens comme Malraux ou Bernanos, mais il savait que ce sont généralement des rêveurs ou des conceptuels. Il voulait auprès de lui quelqu'un de très pragmatique, qui s'intéresse aux autres et soit capable de se mettre à la place des Français. » L'Auvergnat sachant compter – et causer – coche toutes les cases.

Il y a un mystère. Pompidou avait l'âge de rejoindre la France libre en 1940 : vingt-huit ans. Officier de renseignement pendant la bataille de la Somme, en 1940, il a été décoré de la croix de guerre mais il n'appartient pas à la légende gaulliste. Il est resté en dehors de l'Histoire. Pendant l'Occupation, il n'a pas collaboré du tout, il a résisté un peu et a vécu, avec ce mélange d'aisance et de facilité qui le caractérisait, en préparant notamment une édition critique de *Britannicus*.

Comment le Général a-t-il pu fermer les yeux sur la nonchalance de Pompidou pendant les années 1940, alors que le brevet de Résistance était un critère sur lequel il ne transigeait pas, du moins pour son cercle rapproché ? Après avoir travaillé un temps pour Vichy, Debré et Couve de Murville avaient ainsi rejoint la France libre. Il fallait que les qualités de son futur successeur à l'Élysée fussent déterminantes pour que de Gaulle fermât les yeux. Elles l'étaient.

Pompidou avait du charisme, une vivacité et le charme de l'intelligence, un charme fou. Quand, en 1953, il tentait de trouver un directeur général pour sa banque, Guy de Rothschild n'avait, comme de Gaulle, pas hésité un instant : le normalien l'avait emballé en quelques minutes. Pour l'avoir rencontré une seule fois dans ma vie, je peux comprendre pourquoi. C'était lors d'une réception à l'Élysée. Monté de ma province pour travailler dans un journal qui lui était très hostile, *Le Nouvel Observateur*, je faisais profession d'un mauvais esprit dont il avait souvent fait les frais dans mes articles. J'avais été surpris par sa taille (1 mètre 81), son expression affable, appuyée par un clin d'œil, quand il m'avait serré chaleureusement la main, après qu'une consœur m'eut présenté à lui. Il m'avait soufflé sur un ton moqueur, un mégot en fin de vie au coin de la bouche : « Je ne vous voyais pas comme ça. » Voulait-il me flatter, m'embobiner ou bien se moquait-il ? Je ne le saurai jamais, il était déjà reparti, serrant d'autres mains, à l'aise avec tout le monde. Le peuple, les élites, les France d'en haut et d'en bas, les grands journalistes et les petits merdeux de mon espèce.

5

LA VACHE ET LE PRÉSIDENT

> Il est moins coûteux d'acheter son lait que d'avoir une vache.
>
> SAMUEL BUTLER

Au Bosc-Roger-en-Roumois, dans la ferme familiale, Pompidou a bénéficié d'entrée de jeu, contrairement à de Gaulle, d'un préjugé favorable : chez nous, même quand ils sont de droite, les anciens enseignants ont la cote. Celui-là en particulier, qui respire la culture française, jusque dans ses racines gréco-latines, et a publié en 1961 une *Anthologie de la poésie française* que ma mère a empruntée à Papy. Comment ne pas se sentir fier d'être français quand Pompidou évoque l'affaire Russier, lors de sa première conférence de presse, le 22 septembre 1969 ?

Trente-deux ans, divorcée, coiffée à la garçonne, Gabrielle Russier était professeure de lettres, au lycée Saint-Exupéry de Marseille. Elle s'est suicidée en ouvrant le gaz dans son appartement, trois semaines plus tôt, après avoir été condamnée à douze mois de prison pour détournement de mineur, en l'espèce un de ses élèves, Christian Rossi, âgé de dix-sept ans.

Dans un premier temps, les parents du jeune homme, des universitaires communistes d'Aix-en-Provence, de joyeux soixante-huitards, semblaient ravis que l'enseignante entraîne leur fils dans le mouvement de contestation de Mai 68. Mais ils ont vu rouge quand ils se sont rendu compte qu'une idylle était née entre les deux. Horreur ! Quinze ans d'écart d'âge ! Ils ont porté plainte et Gabrielle s'est retrouvée huit jours, puis six semaines, en prison. Quant à Christian, ils l'ont envoyé en hôpital psychiatrique, c'était bien le moins.

Même s'il pouvait s'attendre, lors de cette conférence de presse, à une question sur l'affaire Russier qui émeut la France, Pompidou paraît décontenancé quand elle lui est posée. Il bredouille, il se contorsionne mentalement. Un long silence, puis il récite quelques vers, l'air rêveur :

Comprenne qui voudra
Moi, mon remords ce fut
La victime raisonnable
Au regard d'enfant perdue
Celle qui ressemble aux morts
Qui sont morts pour être aimés.

Comme ma mère, comme beaucoup de Français, j'ai fondu en larmes quand j'ai entendu ces vers de Paul Éluard, à propos des « tondues » de la Libération, dans la bouche du chef de l'État qui avait fait figurer ce poème dans son *Anthologie de la poésie française*.

Il y a des choses que des poèmes sont les seuls à pouvoir dire. Des chansons aussi, comme « Mourir d'aimer » de Charles Aznavour qui, deux ans plus tard, se plaçant du point de vue de Gabrielle Russier, résumait tout : Christian dont le cœur était à prendre, était le printemps, elle qui se donnait, l'automne.

Mais Pompidou a beau symboliser, outre la modernité, un mélange, tellement français, d'humanité et de culture, il fait quand même penser à Louis XVIII après Napoléon ou à Truman après Roosevelt. « En politique, disait Clemenceau, on succède à des imbéciles et on est remplacé par des incapables. » Le nouveau président a tout pour lui : une relative jeunesse (cinquante-sept ans), une belle tête de Français moyen, un patronyme occitan qui fleure bon les terres grasses, un vrai projet (l'industrialisation de la France), une placidité naturelle dans un monde de brutes. Il ne lui manque que la gloire des hommes providentiels.

Un paysan qui vend sa vache avec indifférence

Après de Gaulle, Pompidou est un président à visage humain, aussi à l'aise avec un béret que dans un smoking, pas bégueule, joueur de boules ou de poker, toujours la clope au bec. Comme l'écrit Jean Cau, quasi envoûté, dans *Croquis de mémoire*, il a la « voix rauque et sensuelle », « convaincante sans être sincère », du paysan qui vend la vache pour laquelle il a « une vraie affection et une vraie indifférence »[1].

Jean Cau avait utilisé l'image de la vache dans un article, bien avant la parution de son livre, en 1985. D'autant plus agacé par cette accusation d'indifférence qu'elle n'était pas dénuée de vérité, Pompidou l'entraîna un jour, lors d'une

1. Jean Cau, *Croquis de mémoire*, Julliard, 1985.

réception, dans un coin de fenêtre, pour lui jurer : « Je ne vendrai jamais la vache. » Le successeur du Général « mourut, debout, au seuil de la ferme », note l'écrivain qui ne dit cependant pas ce que le président a fait de la vache, laissant ainsi penser qu'elle a fini en « minerai », mot qui, dans l'industrie de la viande, désigne le bifteck haché.

La vache, métaphore du gaullisme ? Dès son élection, Pompidou a commencé à « dégaulliser » la France. En signe d'« ouverture », il souhaitait faire revenir en majesté Antoine Pinay, ancien ministre du Général mais symbole de l'antigaullisme, au ministère de l'Économie. Une bonne excuse aussi pour ne pas confier ce poste à Valéry Giscard d'Estaing qu'il voulait cantonner à l'Éducation nationale. Avec une si belle prise, comment VGE aurait-il pu s'offusquer que son ancien portefeuille lui passât sous le nez ?

Mauvaise pioche : le vieil homme, qui allait avoir quatre-vingts ans quelques mois plus tard, a refusé et la forteresse des Finances échut à Giscard qui devenait de facto le numéro deux d'un gouvernement ouvert à une partie des centristes. Après avoir soutenu Pompidou à la présidentielle, ils ont été bien payés de retour : René Pleven a atterri à la Justice, Jacques Duhamel à l'Agriculture et Joseph Fontanet au Travail.

Malgré les apparences, Pompidou a tendance à se refermer sur lui-même, comme en témoigne sa pratique du pouvoir. Vétilleux et chatouilleux jusqu'à la caricature, il est bien plus sensible à son image ou au qu'en-dira-t-on que son auguste prédécesseur. Un trait de caractère qui horripilait de Gaulle, comme il l'a dit à Foccart, un jour d'automne, en 1967 : « Lorsque *Le Figaro*, *Combat* et d'autres journaux lui font des compliments en écrivant : “Le Premier ministre s'est remarquablement tiré de cette affaire ou de cette autre", il devrait savoir qu'il est sur la mauvaise voie. Car, à partir du moment où [...] tous ces journaux commencent à faire des compliments, ils ne peuvent que vanter ce qui est un défaut et non pas ce qui est une qualité. Et Pompidou tombe là-dedans tout content[1]. »

Plus tard, quand il est devenu président, Pompidou prend la peine d'écrire à des journalistes comme Françoise Giroud à *L'Express* ou Georges Suffert au *Point* pour signaler des « inexactitudes ». Le 23 juillet 1968, il n'a pas hésité, comme s'il le prenait à témoin, à envoyer une longue lettre à François Mauriac pour lui faire part de sa mortification d'avoir été éjecté de Matignon par le Général, peu auparavant : « Il est évident que mon désir de retraite rencontrait son désir d'être sans conteste seul à gouverner jusqu'au jour de son propre retrait. À cela [...], je n'ai rien à redire sinon que j'aurais préféré qu'il me le déclarât dès le départ[2]. »

Ne le secouez pas, il est plein de blessures encore ouvertes qui risquent de couler à nouveau. Même s'il laisse ses vieux copains de l'École normale venir lui dire leurs quatre vérités entre quatre yeux, il n'a aucune patience avec les contradicteurs et les pinailleurs de la politique, auxquels de Gaulle trouvait quelque utilité, notamment pour le convaincre de remballer ses idées les plus saugrenues.

Pompidou, lui, est tout sauf foutraque. D'un naturel posé et rationnel, il n'a pas à se méfier de son propre tempérament, contrairement au Général, même s'il lui arrive de s'écouter parler et, pire encore, de s'en croire. Son vieux camarade Olivier Guichard le trouve « moins sympathique »

1. J. Foccart, *Journal de l'Élysée*, t. I, *op. cit.*

2. Georges Pompidou, *Lettres, notes et portraits. 1928-1974*, Robert Laffont, 2012.

qu'il ne l'était auparavant et même « raide dans son rôle de chef de l'État[1] ».

Ses proches ne peuvent réprimer un sourire quand, à peine installé à l'Élysée, Pompidou met en œuvre « une réforme totale » des chasses présidentielles. La raison ? Sous le Général, les faisans ne volaient pas, s'indigne-t-il sur le ton de M. Le Trouhadec saisi par la débauche, le personnage d'une pièce de Jules Romains, enivré par sa soudaine promotion. « Ce qu'il faut, s'exclame Pompidou, c'est que les oiseaux volent ! C'était épouvantable et dangereux, ces oiseaux qui, à Marly, volaient à ras de terre ou qui, à Rambouillet, ne volaient pas du tout [...]. On ne se déplacera pas en DS mais en minicar », annonce-t-il avant d'ajouter à voix basse : « Mais il ne faut pas parler de cette réorganisation parce qu'on dira que je change tout ce qui existait au temps du général de Gaulle. »

À certains égards, Pompidou rappelle, comme Mitterrand à ses débuts de président, Louis XIV tel que l'avait portraituré le duc de Saint-Simon dans un célèbre passage de ses *Mémoires* : « Il voulait régner par lui-même ; sa jalousie là-dessus alla sans cesse jusqu'à la faiblesse. Il régna en effet dans le petit, dans le grand il ne put y atteindre, et jusque dans le petit, il fut souvent gouverné. »

Même si on ne peut la réduire à cela, loin de là, la présidence de Pompidou aura été une période bénie pour les astiqueurs de parquets, les flagorneurs de lambris, les conspirateurs en chambre. Depuis l'affaire Marković, il a souvent des réflexes d'homme cerné. L'insolence et la désinvolture juvéniles de Jacques Chaban-Delmas, son premier chef de gouvernement, n'ont rien arrangé.

1. Jean Mauriac, *L'Après de Gaulle*, Fayard, 2006.

Quand il le nomme à Matignon, Pompidou qui le connaît mal pense qu'il en fera son affaire : le radical-socialisme de Chaban, sa seconde nature qui irritait tant le Général, l'amènera à être coulant. En plus, précédé par sa réputation de « sauteur » effleurant tous les sujets, coup de vent fait homme, il donne une impression de superficialité sinon de légèreté.

Une impression trompeuse. Tout gominé qu'il soit, Chaban est un baroudeur qui n'aime pas perdre du temps mais qui va toujours droit au but. Son curriculum est impressionnant, son réseau aussi. Résistant de la première heure, honorable correspondant de Londres dans plusieurs ministères de Vichy, inspecteur des Finances, général de brigade à vingt-neuf ans, compagnon de la Libération, maire de Bordeaux depuis 1947, président de l'Assemblée nationale depuis 1958, il a de toute évidence l'âme d'un chef, observait déjà de Gaulle.

Si le Général lui reprochait son goût du compromis, Chaban l'attendrissait et il le décrit dans ses *Mémoires de guerre* comme un jeune homme qui « se tenait au centre de tout ». C'est sans doute ce qui a indisposé Pompidou qui, après l'avoir nommé à Matignon, n'a pas tardé à comprendre sa méprise.

6

LE MARTYRE DU BEAU JACQUES

> Rien de si aimable qu'un homme séduisant,
> mais rien de plus odieux qu'un séducteur.
>
> NINON DE LENCLOS

Pour notre grand bonheur, Pompidou a gardé Foccart auprès de lui : officiant pour le nouveau président au secrétariat général aux Affaires africaines et malgaches, le greffier de la Ve continue de tenir son *Journal de l'Élysée*. Même s'il n'a pas avec Pompidou la même complicité qu'avec le Général, il reçoit néanmoins ses confidences qu'il consigne avec minutie : ainsi des saillies incessantes contre Chaban, le Premier ministre.

Comment Pompidou a-t-il pu nommer à Matignon le beau Jacques, roi de la raquette et de la main dans le dos, ce « gandin, » ce « patron de salon de coiffure », ce « marchand de chaussures de luxe », comme l'écrit Jean Cau ? C'est une énigme. Le président avait bien songé à mettre en selle Jacques Chirac, un ancien membre de son cabinet, entré au gouvernement en 1967, mais il n'a que trente-six ans et qu'est-ce que les gaullistes n'auraient pas dit sur sa volonté de remplacer les hommes du Général par les siens !

Pour n'indisposer ni de Gaulle, encore vivant, ni sa majorité à l'Assemblée nationale, massive mais aux aguets, le président s'est donc rabattu sur les barons du gaullisme. Et, de tous, c'est Chaban qui s'est imposé. Très compétent et sachant trancher, Debré est un esprit trop intransigeant, voire colérique. Frey est intelligent mais dilettante. Guichard, lui, est très intelligent mais Pompidou n'a qu'une confiance limitée en lui, il n'a pas encore géré un grand ministère. Il risquerait aussi de n'en faire qu'à sa tête. Il y a au demeurant entre eux une sombre affaire d'argent saoudien que l'ancien Premier ministre aurait sèchement refusé pour sa campagne présidentielle et qui aurait retrouvé, malgré tout, le chemin du parti gaulliste.

Alors, va pour Chaban que le Général envisagea souvent, après Pompidou, comme un successeur possible à l'Élysée et qui avait refusé, en 1968, de rejoindre le gouvernement comme ministre des Finances – son couple était alors en instance de naufrage, ce qui, on s'en doute, ne plaisait pas à Yvonne de Gaulle. Le nouveau président est sans doute convaincu qu'il en fera son affaire. Le duc d'Aquitaine – c'est son surnom – n'a pas la réputation d'être très intelligent alors qu'il l'est. Mais c'est normal : il est gentil et il sourit tout le temps. Je suis sûr qu'il sourit quand il dort. Je n'ai jamais vu quelqu'un capable de serrer autant de mains à la minute en regardant chacun dans les yeux. Il s'entraîne forcément la nuit. Il n'y a cependant pas de malice en lui. Même s'il lui arrive d'être insincère, telles sont les exigences du métier, il n'est pas cynique. Quand il ment, ça se voit.

Tout baron qu'il soit, Chaban ne ressemble pas aux autres hiérarques gaullistes. Qu'il vous connaisse ou pas, il vous papouille et vous raconte sa vie. Sain, sportif, bienveillant, un peu spartiate, il fait partie de cette catégorie de personnages que l'on a toutes les peines du monde à trouver antipathiques, celle des belles personnes vaccinées contre ce mal qui s'attrape souvent à Paris : l'aigreur.

Ses défauts sont véniels : Chaban est théâtral, emphatique et pressé, toujours très pressé. Il faut lui pardonner, c'est une caricature de cumulard. Président de l'Assemblée nationale, maire de Bordeaux, membre du Parlement européen et de l'Assemblée parlementaire de la Francophonie, que n'est-il pas ? Il serait bien resté encore un peu mais voilà, il faut qu'il parte sans tarder, il a un train à prendre ou un avion, à moins que ce ne soit une réunion à l'autre bout de Paris, on se rappelle et on se fait une bouffe.

J'ai souvent vu Chaban, à Bordeaux ou à Paris. D'un commerce plaisant, il va toujours directement au fait et me donne beaucoup d'informations, souvent très importantes. Contrairement à tant d'autres politiciens, il ne se prend pas du tout au sérieux. En croisade contre le conservatisme post-soixante-huitard, il me parle sans filtre – et du nez – gaullisme, réforme, jogging. « N'oubliez jamais, m'adjure-t-il, ne courez que sur sol battu, jamais sur macadam, vous y laisseriez vos os et vos articulations. » Malgré ses bons conseils, il finira sur une chaise roulante avant de mourir d'un infarctus.

« Chaban est dévoré par le démon de la conciliation »

Chaban est trop poli pour avoir été volontairement désinvolte avec Pompidou. Il le respecte mais il ne l'a pas calculé. Il est écrit dans ses yeux que le monde est à lui : quand on a été nommé général de brigade à vingt-neuf ans par de Gaulle, c'est normal. Le maire de Bordeaux n'a pas envie de s'expliquer avec le président. Une petite blague et puis il croit que tout est arrangé. Pour lui, les conflits sont toujours une perte de temps.

Au bout de quelques semaines de cohabitation, le nouveau président, blessé par ses manières expéditives, parle de son Premier ministre comme de Gaulle parlait, il y a peu, de lui-même[1]. Les mêmes critiques, les mêmes mots qui tuent : « Il faut que je secoue sans arrêt Chaban ; il est certain qu'il est trop mollasson, ou plutôt qu'il veut toujours arranger tout, et ce n'est pas une façon de gouverner [...]. Il est dévoré par le démon de la conciliation... obsédé par sa cote, son sondage, en fin de compte sa candidature à l'Élysée pour la prochaine élection... » « Il faut que Chaban joue son rôle. Qu'est-ce que vous voulez, je me tue à le lui dire. S'il ne comprend pas, ce sera tant pis pour lui. »

Le Premier ministre n'est pas du genre à courber la tête. Dans ses *Mémoires d'avenir*, Michel Jobert raconte avoir entendu, quand il était le secrétaire général de l'Élysée, des éclats de voix entre les deux hommes, à travers la double porte qui séparait le bureau présidentiel du sien[2]. Pour le remettre dans le droit chemin, le président croit un jour avoir trouvé la solution : à sa demande, Foccart laisse entendre à Chaban que « s'il continue », Pompidou sera « candidat contre lui la prochaine fois ».

C'est dire le climat de cour d'école qui règne, d'entrée de jeu, aux sommets de l'État. Au fil des semaines, Pompidou

1. J. Foccart, *Journal de l'Élysée, op. cit.*, t. III, *Dans les bottes du Général (1969-1971)*, 1999.

2. Michel Jobert, *Mémoires d'avenir*, Grasset, 1974.

perd son entregent, sa bonasserie et sa capacité de dissimulation, comme si son septennat était quasiment fini alors qu'il venait à peine de commencer : il a le complexe de la forteresse assiégée, celui qui se déploie pendant les fins de règne.

C'est à cause de la maladie, une forme très rare de leucémie, qui s'insinue en lui et va bientôt l'attaquer à la pioche. Quand le calife bat de l'aile, les vizirs montent sur leurs ergots. À cause de sa santé rapidement déclinante, Pompidou est plus sensible que de Gaulle, plus irascible aussi, sinon atrabilaire. Ses souffrances n'inclinent pas à la sérénité. À haute dose, la cortisone, arme efficace contre la douleur, provoque une prise de poids et une fonte musculaire, mais aussi, chez la moitié des patients, une forte irritabilité, voire, ce qui n'était pas son cas, des pertes cognitives ou des troubles psychiatriques.

Le Premier ministre pourrait mettre du sien. Mais non, il le brutalise sans le faire exprès. Il a commencé fort : il n'a pas même pris la peine de discuter avec le président du discours de politique générale que lit rituellement le nouveau chef de gouvernement à la tribune de l'Assemblée nationale. Quelques heures avant de le prononcer, il l'a négligemment laissé, sans commentaire, plié en quatre, sur le bureau Louis XV du chef de l'État qui, mortifié, ne l'a pas lu.

L'allocution a frappé les esprits. Le 16 septembre 1969, non sans effronterie, Chaban expose un dessein pour les deux ou trois décennies à venir, en ébauchant les contours d'une « Nouvelle Société » : « Tentaculaire et en même temps inefficace, voilà, nous le savons tous, ce qu'est en train de devenir l'État. Par l'extension indéfinie de ses responsabilités, il a peu à peu mis en tutelle la société française tout entière. » Dénonçant « un pays de castes » et le

« conservatisme de nos structures sociales », il propose de faire « lever la pâte de formes nouvelles et plus riches de démocratie et de participation ».

L'effet est réussi et le Paris médiatique aux anges. Quant à Pompidou, il est furieux. « De la rigolade ! » dit-il à son Premier ministre. Il n'a pas tout à fait tort. Si hardi soit-il, ce discours sur la « Nouvelle Société » reste un festival de mots creux, une resucée de cette vulgate réformatrice que symbolise *Le défi américain* de Jean-Jacques Servan-Schreiber, le patron de *L'Express*, pour qui de Gaulle était au moins l'Antéchrist.

Un énorme succès de librairie en 1967 et 1968, *Le défi américain* : six cent mille exemplaires vendus en neuf mois, le succès le plus rapide depuis la Libération. Un auteur en chemise ouverte ou en jogging blanc, qui incarne une postmodernité *made in USA*. Un phénomène sociologique aussi. Le livre prophétise le déclin européen au profit des États-Unis.

Permettez une parenthèse. Deux ans plus tard, j'eus la confirmation de la fascination que JJSS exerçait sur Chaban. J'étais en dernière année de mon école de journalisme et mon professeur, Jacques Julliard, alors directeur de collection aux Éditions du Seuil, me confiait souvent des petits boulots, principalement de la réécriture de manuscrits. Il faut croire qu'il était content de mes services parce qu'un jour, il me mit sur un gros coup : l'écriture d'un livre signé par le Premier ministre. L'équipe de Matignon me donna mon ordre de mission : fabriquer un best-seller sur le modèle du *Défi américain*, à partir de leurs notes et des discours chabanesques.

Je m'acquittai de ma tâche en temps voulu et son équipe sembla contente du résultat, mais Chaban décida finalement de ne pas publier ce livre dont je ne me souviens plus du titre. Il craignait que Pompidou ne s'offusquât de sa publication. Quelque temps plus tard, il a quand même été viré de Matignon.

« On ne fait jamais du neuf !
Ce sont des phantasmes d'ados ! »

Fermons la parenthèse. Avec son discours sur la « Nouvelle Société », Chaban qui lui-même vaut mieux que ça a donc servi aux Français un pastiche amélioré de JJSS. S'il a du souffle, c'est un souffle court. Mais malgré le manque d'originalité du texte qu'il lit de sa voix ingrate de scie en inox, il casse les codes, bouge les lignes, soulève de grandes espérances, à droite comme à gauche.

La preuve, Alain Peyrefitte, le futur auteur du *Mal français*, autre grand best-seller, mais dix ans plus tard, est emballé par le discours de Chaban. Le 7 octobre 1969, quand il dit à Pompidou tout le bien qu'il en pense, il jette un froid. « Chaban croit le moment venu de faire du neuf, grogne Pompidou. On ne fait jamais du neuf ! Ce sont des phantasmes d'adolescents ou de *romantiques* ! Il n'y a jamais de pages blanches ! On doit se contenter de poursuivre une tapisserie entamée par d'autres et dont la trame nous est imposée ! Une nouvelle société, c'est impossible ! La société est ce qu'elle est, il faut vivre avec ! Rien n'est pire que de faire rêver les Français ! »

Pour Pompidou, le président-bourgeois, rien ne doit arrêter l'immobilisme en marche : c'est un conservateur éclairé, une sorte d'Edmund Burke à la mode auvergnate. À Peyrefitte qui observe qu'il y a quelque chose de bloqué dans la société sur laquelle le pouvoir ne peut même plus agir, il objecte : « Si on fait sauter les cloisons et les verrous, on risque de faire sauter en même temps l'État et la nation, comme cela a failli arriver en mai 68 ! Ces idées sont celles d'irresponsables qui cherchent à démanteler l'État. »

Et d'interpeller Peyrefitte, en disciple du Général : « Vous n'avez pas remarqué que, dans ce discours où Chaban parle de société, il ne parle pas une seule fois de la nation et de l'autorité de l'État ? On dirait que ces expressions lui écorchent la langue. Or, la France est une nation avant d'être une société ! »

Enfin, la réformite de son Premier ministre exaspère le président : « Pourquoi cette manie de tout bouger ? Alors que tout bouge autour de nous, l'essentiel est de garder notre équilibre, d'éviter les écueils et de ne pas sombrer. » « Ce qui importe, dit-il, c'est de préserver nos valeurs fondamentales [...]. Ce galimatias de gauche est insupportable[1]. »

Chaban avait embauché à Matignon « les meilleurs et les plus intelligents », pour reprendre le titre d'un livre qui fera sensation sur les conseillers de John F. Kennedy, publié cinq ans plus tard en France[2]. À la tête de son cabinet de haute volée, il avait placé, ô sacrilège, deux hommes de gauche, Simon Nora, une Rolls intellectuelle, incarnation de la haute fonction publique française, conseiller de l'ombre de Mendès France, et Jacques Delors qui fut l'une des têtes pensantes de la CFDT avant de faire, par la suite, une grande carrière sous Mitterrand. Avec eux, Chaban entendait imprimer le septennat.

Ce qu'on appelle déjà le chabanisme révulse Pompidou qui le compare à « un marxisme inconscient et mal digéré ».

1. Alain Peyrefitte, *Le Mal français*, Fayard, 1976.

2. David Halberstam, *On les disait les meilleurs*, Robert Laffont, 1974.

Quand on fait la politique de ses adversaires au détriment de celle de ses électeurs, dit-il, « on perd ses électeurs. On les encourage dans leur hostilité en leur donnant des preuves de faiblesse ». Ont pourtant prouvé le contraire des flopées de gouvernants, adeptes comme Clinton de la technique de « triangulation », reprenant, pour l'asphyxier, les idées de leur opposition.

Là où Pompidou marque un point, c'est quand il pointe la fascination pour les États-Unis de Chaban et de ses conseillers qui appartiennent à ce qu'on appellera plus tard la « gauche américaine », antijacobine, européenne, favorable à l'économie de marché. C'est au moment où la société anglo-saxonne, « en pleine décrépitude », « craque de toutes parts, tonne le président, qu'on voudrait la prendre pour modèle ! Le changement de société, ça voudrait dire qu'on fait une exsanguino-transfusion totale, qu'on expulse cinquante millions de Français et qu'on les remplace par cinquante millions d'Anglo-Saxons ! Les Français sont comme ils sont, et ils le resteront [...]. On ne change pas un homme et on voudrait en changer cinquante millions ! »

À la fin de leur conversation, donnant rétrospectivement raison aux ratiocinations du Général qui l'accusait de rechigner aux réformes, Pompidou baisse le masque : « Avant tout, les Français sont conservateurs. C'est l'instinct de conservation, figurez-vous. Moi, je trouve que c'est une preuve de bonne santé. »

Raccompagnant Peyrefitte à la porte devant laquelle attendent depuis longtemps Chaban et Giscard, le ministre de l'Économie et des Finances, le président laisse tomber : « Le patron, c'est moi. » Quand on l'est, on ne le dit pas.

7

DU VENT DANS LES BRANCHES DE SASSAFRAS

Tâchons d'entrer dans la mort les yeux ouverts.

MARGUERITE YOURCENAR

« Quel mal élevé ! » Pompidou ne se remettra jamais du discours de Chaban sur la « Nouvelle Société ». Les années suivantes, il en est toujours affecté et on entend souvent le mot « complot » dans sa bouche. Un complot dont les ramifications prolifèrent dans le parti gaulliste, jusque dans les médias, en particulier le groupe Hachette qu'il suspecte de sympathies chabanesques.

Le 23 mai 1973, le président dénonce encore ce « complot » lors d'une explication avec Michel Debré, le moins politicien et le moins manœuvrier des gaullistes, que beaucoup de caciques de l'UDR souhaitent porter à la tête de leur parti en pleine déliquescence.

« Ne parlez pas de complot, dit Debré à Pompidou.

— Si vous deveniez secrétaire général de l'UDR, s'indigne le chef de l'État, au bord de la congestion, ce serait une crise très grave et je ne pourrais la résoudre que par la dissolution de l'Assemblée ou par ma démission pour provoquer une nouvelle élection présidentielle.

— Georges, ne vous mettez pas dans cet état !

— Je ne suis pas dans un "état". Je vous dis que cette crise serait très grave.

— Le mouvement gaulliste est en perte de vitesse, soupire Debré, arrangeant, mais si vous estimez que l'UDR n'a pas besoin de leader, très bien, n'allons pas plus loin.

— J'ai confiance en vous, tempère Pompidou, mais il y a un complot contre moi[1]. »

Un mauvais article dans la presse et le président se mine. Affaibli, il a besoin qu'on l'aime, qu'on le louange. Il a tendance à voir des ennemis partout, notamment chez tous les fidèles du Général dont les deux yeux, depuis la tombe à peine refermée du gaullisme, le regardent en permanence comme s'ils regardaient Caïn. En dehors de Jacques Chirac ou de Bernard Pons, il n'y a guère de pompidoliens dans le gouvernement.

Au temps du Général, les clans étaient rares et, s'il s'en constituait parfois, de Gaulle avait tôt fait de donner des coups de pied dedans, jusqu'à ce qu'ils soient emportés par les vents. De ce point de vue, Pompidou est dans la continuité. Mais contrairement à son prédécesseur, les contestations lui mangent les sangs, il a sans cesse besoin d'être rassuré.

De Gaulle n'avait que mépris pour la politicaillerie. Cet aristocrate du pouvoir aimait dire : « Prenez invariablement la position la plus élevée, c'est généralement la moins encombrée. » S'il apprécie aussi l'air des sommets,

1. Michel Debré, *Entretiens avec Georges Pompidou*, Albin Michel, 1996.

Pompidou, grand blessé de la politique depuis l'affaire Marković, a tendance à regarder en bas, parfois sous la ceinture, sans oublier de jeter un coup d'œil par-dessus son épaule, pour prévenir les coups.

Son épuisement aidant, Pompidou se laisse empéguer par une cour qui prend de plus en plus d'importance et rappelle, le faste en moins, celle de Versailles, au Grand Siècle. Elle est dominée par deux personnages hauts en couleur qui semblent sortis de l'ère des Médicis, Pierre Juillet et Marie-France Garaud, deux bourgeois de province aux airs de châtelains conspirateurs. Parlant au nom du maître, ils chassent jour et nuit le Chaban sur lequel ils ont lâché les chiens.

L'intrigue est leur métier. Le poignard à la main, ces sicaires pratiquent l'égorgement symbolique à tour de bras, d'un rideau l'autre, sous le regard méprisant ou malicieux de Michel Jobert, le secrétaire général de l'Élysée, leur ennemi juré, un petit corps maigrelet sous une tête qui vole très haut. Son adjoint, Édouard Balladur, maniant l'ironie aussi bien que le stylet, n'a pas plus de considération pour Juillet et Garaud, lesquels ne manquent cependant pas de charme. Anachroniques et cultivés, ils forment un couple qui pourrait dire à l'unisson comme le duc de Saint-Simon rapporte, dans ses *Mémoires*, l'avoir écrit à Maurepas : « Je suis du vieux temps et non pas du nouveau. » Avec eux fusent sans cesse des formules vipérines, des rapprochements historiques. Leur conversation est un régal. C'est pourquoi ils sont les coqueluches des gazetiers, à commencer par moi-même.

Les vêlages et les bistournages ont aussi peu de secrets pour le couple Juillet-Garaud que les grandes pages de l'histoire des Valois ou des Capets. Ils n'ont pas peur de la boue ni des averses. Lettrés, campagnards et drôles, ils aiment, en fin de semaine, chausser des bottes crottées pour faire le tour de leurs propriétés respectives. Avec le mépris des ruraux pour les citadins qui ne comprennent rien à la vie, ils préparent ouvertement le nouveau temps, c'est-à-dire la suite, en poussant Chirac, le chouchou du président. Ils s'inquiètent de la santé de Pompidou et ils n'ont pas tort : à partir de 1972, tandis que la cortisone gonfle son visage à l'hélium, la maladie, comme enragée, n'a plus lâché Pompidou, le consumant vivant et le fouaillant jusqu'au tréfonds, avant de le tuer au terme d'un long supplice, d'une septicémie, conséquence de la maladie de Waldenström.

« J'ai des hémorroïdes qui me font souffrir »

Contrairement à ce qui a souvent été écrit, la maladie n'est pas apparue chez Pompidou en 1971 mais dès l'été 68. Après le départ de Matignon, le couple avait loué, pour passer enfin de vraies vacances, un splendide manoir à Fouesnant, dans le Finistère. Un séjour de rêve si l'ancien Premier ministre n'avait été affligé d'étranges et impressionnants saignements des gencives.

Le fils Alain, qui est médecin, prescrit des examens sanguins qui sont effectués à Carnac. Les résultats sont très mauvais : les plaquettes sont en chute libre. Un pharmacien met aussitôt au courant des soucis de santé de Pompidou le nouveau ministre de l'Intérieur, Raymond Marcellin, par ailleurs maire de Vannes et homme fort de la Bretagne. Rien à craindre. C'est un allié politique du futur président. Il ne parlera jamais.

Pompidou est entre de bonnes mains. Son fils est en train de devenir l'un des grands médecins français, spécialiste d'histologie, d'embryologie, de cytogénétique, disciplines qu'il enseignera à l'université Paris-Descartes, tout en dirigeant le laboratoire de l'hôpital Cochin. Quelque temps plus tard, après que le professeur Jean Vignalou, le médecin de famille, a transmis les résultats au professeur Jean Bernard, expert international des maladies du sang, les deux hommes convoquent Alain. Ils lui annoncent de quoi souffre son père.

De cette maladie de Waldenström on ne sait pas encore grand-chose à l'heure où j'écris ces lignes, un demi-siècle plus tard, sinon qu'elle est rare, mortelle, de type cancéreux et se déclenche quand la moelle osseuse se met à fabriquer des cellules anormales, produisant un anticorps qui altère la formation des plaquettes sanguines. Les deux professeurs ont le discours habituel des médecins quand cette affection est diagnostiquée : son évolution est très rapide ou très lente et aucun traitement n'est nécessaire tant qu'elle reste asymptomatique. Le taux de survie moyen est de dix ans.

Fallait-il dire la vérité à Pompidou ? Il n'avait pas envie de la connaître. « Mon père, dit Alain, était d'un optimisme forcené. Si sa combativité était hors norme, il y avait aussi chez lui, on ne le dira jamais assez, une sensibilité à fleur de peau. S'il avait su de quoi il était atteint, j'aurais craint qu'il ne s'effondre et ne tombe dans cette mélancolie lugubre qui affecte souvent les Auvergnats. Il se prêtait volontiers aux examens médicaux mais il ne voulait pas qu'on lui explique quoi que ce soit, il ne cherchait qu'à être rassuré, comme ma mère qui pratiquait elle aussi la politique de l'autruche. »

Si le secret a été bien gardé dans le pays, il le fut aussi pour Pompidou qui s'est enfermé dans le déni jusqu'à ce qu'il rende l'âme. Le 26 février 1974, à un mois de sa mort, alors qu'il en porte déjà les stigmates, le président déclare à Foccart, la « tombe » de la Ve, réceptacle de tous les secrets d'État, la seule personne à qui il est stupide de raconter des craques : « J'ai des hémorroïdes qui me font souffrir de façon épouvantable. Je n'arrive pas à trouver une position, je ne peux pas être sûr de rester à un endroit sans être obligé de m'absenter. Voyez combien c'est difficile dans mes fonctions. Si j'étais un simple particulier, je pourrais me faire opérer, ce ne serait rien du tout. Là où je suis, si jamais on parle d'intervention, vous vous rendez compte de ce que cela fera[1]. »

Faisant semblant de croire à ces fadaises alors qu'il sait probablement la vérité, Foccart demande au président s'il prend des calmants. « J'ai pris tout ce que j'ai pu, répond Pompidou. Je suis à la limite et, vraiment, je n'en peux plus. »

Tentant de faire bonne figure jusqu'à son ultime souffle, Pompidou prétexte aussi des grippes à répétition pour expliquer la dégradation de son état. Même s'il feint de sous-estimer son mal, il suffit de le regarder marcher, s'asseoir ou monter des marches pour comprendre qu'il souffre le martyre et que ce martyre touche à sa fin.

Retrouvant les réflexes de ses ancêtres paysans, Pompidou ne se plaint jamais. Quand il sent enfin que sa vie est en danger, il demande à son fils de ne rien dire à sa mère qu'il ne veut pas affoler mais qui commence à comprendre que sa maladie est très grave. Les gens heureux ont toujours des secrets. En la matière, les Pompidou sont des professionnels. Toute leur vie, ils ont ainsi caché à Alain qu'ils l'avaient adopté à trois mois, pendant l'Occupation, en juillet 1942.

1. J. Foccart, *Journal de l'Élysée*, t. III, *op. cit.*

Alain Pompidou a trente-cinq ans quand il apprend, par hasard, qu'il a été adopté. Son père est mort depuis trois ans et le chauffeur de taxi qui l'emmène au domicile familial, 24, quai de Béthune, laisse tomber, avant de le déposer : « C'est là qu'habite Mme Pompidou avec son fils adoptif. » Stupeur. Il avait bien entendu les haut-parleurs des visites guidées en Bateaux-Mouches assurer la même chose quand ceux-ci passaient devant leur immeuble. Il avait pris ça pour de la médisance. Pour en avoir le cœur net, il va voir sa tante. « Mon pauvre, tout le monde était au courant, dit-elle. Il n'y a que toi qui ne le savais pas. » Sa compagne et future épouse lui confirme qu'elle aussi était dans la confidence. « Le cocu est toujours le dernier informé », s'amuse Alain, compréhensif, qui explique qu'à l'époque « il était infamant de ne pas avoir d'enfant ».

Pompidou ne savait pas que tout le monde savait

Pompidou aurait pu mieux faire mais sa maladie, en le cadenassant toujours plus, a gâché son mandat. Comme on peut le vérifier en lisant l'imposante biographie d'Éric Roussel, *Georges Pompidou, 1911-1974*[1], en dehors du champ économique, il ne se passe pas grand-chose pendant cette présidence dont l'un des principaux évènements aura été l'acceptation par la France de l'entrée de la Grande-Bretagne dans la Communauté européenne après un référendum qui n'a pas mobilisé les foules.

Crime de lèse-gaullisme ? Les temps ont changé. Il n'y a

1. Éric Roussel, *Georges Pompidou, 1911-1974*, JC Lattès, 2004.

pas si longtemps, de Gaulle critiquait vivement les chanceliers démocrates-chrétiens allemands Erhard et Kiesinger qu'il accusait de s'être comportés, après le départ d'Adenauer, en « *boys* » des États-Unis. Désormais, Pompidou soupçonne le social-démocrate Willy Brandt, arrivé aux commandes de son pays en même temps que lui, d'œuvrer en douce pour la « finlandisation » de l'Allemagne. C'est pourquoi il a voulu rééquilibrer l'Europe en l'ouvrant aux Britanniques.

Les intuitions de Pompidou étaient bonnes. C'est seulement trois semaines après sa mort qu'elles se vérifieront, le 24 avril 1974, quand éclatera l'une des plus grandes affaires d'espionnage de l'après-guerre : Günter Guillaume, le plus proche collaborateur de Brandt, son alter ego, était un agent d'Allemagne de l'Est. Après son arrestation, il déclarera fièrement, pour impressionner les policiers : « Je suis officier de l'armée populaire de RDA et collaborateur de la Stasi. Je vous demande de respecter mon honneur d'officier. »

Même s'il déploie, après son élection, une activité diplomatique intense en multipliant les voyages officiels aux États-Unis comme en Chine, Pompidou travaille surtout à ce qu'il fait le mieux : l'économie, l'industrialisation. La tendance étant à la reprise dans le monde, la présidence de Pompidou est, malgré le climat inflationniste, une période de forte croissance, plus forte qu'ailleurs. En 1969 et 1970, l'augmentation du PIB est supérieure à 6 % et, après une petite baisse de régime les deux années suivantes, elle culmine en 1973 à 6,3 %, chiffre qui n'a jamais été égalé depuis – certes, elle s'éleva à 7 % en 2021 mais c'était après une chute de 8 % en 2020, à cause de la crise sanitaire.

Pompidou n'a pas perdu la main : au bout de six mois de mandat, il peut se féliciter que le franc ne vacille plus et que les exportations augmentent de... 24 % après une hausse de 10 % l'année précédente. Socialement, grâce aux « contrats de progrès » signés avec les syndicats des grandes entreprises, la politique contractuelle de Chaban contribue à apaiser le climat.

Mais, comme l'avait prédit de Gaulle, depuis son départ, la politique politicienne a repris ses droits : dans cette « chambre introuvable » que Pompidou n'aime pas, ça grenouille et carambouille du matin au soir. Historiquement, les grands succès électoraux se sont souvent transformés, à terme, en calamités. Ç'aura été le cas du raz-de-marée électoral de 1968.

Le régime se délite lentement mais sûrement. Obsédée par « l'ordre moral », l'Assemblée nationale agace Pompidou comme l'agace une grande partie de la classe politique. Il a tendance à voir des « imbéciles » partout. Ont droit à cette épithète René Capitant et Louis Vallon, bien sûr, mais aussi Pierre Lefranc et Philippe de Gaulle. Tous les gaullistes historiques ou presque. L'exaspère encore le climat délétère qu'alimentent les affaires.

La vertu ne résiste jamais longtemps à l'exercice du pouvoir, surtout après une décennie. Sous les dorures des palais officiels, la vermine commence à s'insinuer et la canaille à engranger. À partir de 1971, une avalanche d'affaires financières déferle sur le régime. « C'est la République des copains et des coquins », dénonce le prince Michel Poniatowski, bras armé de Giscard.

Après qu'ont éclaté les scandales de la Garantie foncière ou du Patrimoine foncier, deux grosses machines à ruiner les petits épargnants, apparaissent au grand jour plusieurs filous de ce qu'on appellera le « gaullisme immobilier » : ainsi d'André Rives-Henrÿs, député UDR de Paris, ou de Victor Rochenoir, secrétaire général de l'UDT (Union démocratique du travail), proche de Vallon et Capitant. Ses moutons noirs vont bientôt cacher le troupeau. On ne verra plus qu'eux.

C'est alors que commence la mode des films noirs qui dénoncent la classe politique : *Le saut de l'ange* d'Yves Boisset en 1971, *La race des seigneurs* de Pierre Granier-Deferre en 1974 ou encore *Mort d'un pourri* de Georges Lautner en 1977. Il flotte désormais une odeur de faisan chez les gaullistes. Pour bien gâter l'atmosphère, *Le Canard enchaîné* a publié le 3 novembre 1971 la feuille d'impôts de Chaban où il apparaît que leur montant est étrangement très bas. Au début de l'année suivante, le journal révèle que, grâce au système de l'avoir fiscal, le Premier ministre n'a même pas payé d'impôts pendant trois ans, de 1966 à 1969, en toute légalité qui plus est. Mauvais genre. Le Premier ministre accuse le coup qui, apparemment, vient du ministère de l'Économie, c'est-à-dire de Valéry Giscard d'Estaing, son principal concurrent pour la prochaine élection présidentielle.

Alors que la France se porte apparemment très bien, le gaullisme entame sa descente aux enfers. Même si les statistiques disent le contraire, c'est le début de la fin qui commence. Une question de « ressenti ». Une masse grandissante de Français pense que le régime est « corrompu » quand elle ne le juge pas « fascisant ». Et la bataille présidentielle a commencé : dès 1972, soit quatre ans avant l'échéance officielle, elle fait déjà rage.

Il y a certes quelque indécence à voir les candidats potentiels ferrailler alors que le président, luttant pour la vie, enfle à vue d'œil et avance à pas comptés, comme s'il craignait de tomber. Mais la politique est un sport où il ne faut jamais montrer ses faiblesses et Pompidou ne peut plus cacher les siennes. Rien ne sert de montrer les dents. Dans la presse, le sujet de la maladie du président est tabou. Le journalisme s'arrête alors à la porte du cabinet médical. Mais la parole reste libre au café du Commerce comme chez les membres du gouvernement. Les connaisseurs de la chose politique se demandent chaque année s'il va finir celle-là.

Près d'un an avant l'issue fatale, Michel Poniatowski, nouveau ministre de la Santé, me dit dans l'embrasure de sa double-porte, le visage rougeoyant comme les grands timides et à voix très basse, au cas où son bureau serait truffé de micros : « Pompidou va mourir, il ne peut pas s'en sortir, je le sais de source sûre. » Ce n'était pas la première fois qu'un politicien m'annonçait la mort prochaine du président mais, à son air terrifié et gourmand à la fois, j'ai su qu'il disait vrai.

Le secret médical avait été vite éventé, aux sommets de l'État. Robert Debré le grand professeur de médecine avait annoncé à son fils Michel, dès 1969, que Pompidou était atteint de la maladie de Waldenström. Un autre professeur de médecine, Joseph Comiti, secrétaire d'État à la Jeunesse et aux Sports, puis ministre des Relations avec le Parlement, tenait régulièrement ses collègues informés.

Il n'y avait que Pompidou qui ne savait pas que tout le monde savait. Mais, selon toute vraisemblance, il ne savait même pas lui-même ce que tout le monde savait, dans le microcosme.

8

UNE CERTAINE IDÉE DU JOURNALISME

> Nous vivons dans un siècle qui lit trop pour être informé.
>
> OSCAR WILDE

The powers that be (littéralement, « les pouvoirs en place ») est l'expression biblique qui a servi de titre au journaliste David Halberstam pour sa titanesque monographie à succès, consacrée aux médias américains, parue en 1979 aux États-Unis[1]. Il y raconte, avec un goût prononcé pour le détail qui tue, une profession ivre d'elle-même et de l'influence qu'elle croit détenir.

En France aussi, pendant cette décennie, la presse intrigue et fascine. Incarnation du quatrième pouvoir, avec l'exécutif, le législatif et le judiciaire, elle exerce un réel ascendant sur nos gouvernants, dans leurs petits souliers. En ce temps-là, c'est *Le Nouvel Observateur* qui, après *L'Express* dans les années 1950 ou 1960, donne le *la*. C'est pourtant un frêle esquif, mais quand vous avez le bonheur d'y travail-

1. David Halberstam, *Le pouvoir est là*, Fayard, 1980.

ler, même à un poste subalterne, chacun de vos articles est disséqué à tous les étages de la société, y compris en haut lieu, par Pompidou en particulier, très irritable ces temps-ci.

Le président fait irrésistiblement penser à Jean Gabin, notre grand acteur national, qui mourra à soixante-douze ans en faisant deux décennies de plus que son âge. Alors que la grande ombre du Général se dissout peu à peu dans l'écume des jours et que sa maladie le crucifie, Pompidou, à peine soixantenaire, a déjà l'air, la démarche et le faciès d'un octogénaire en fin de vie.

Il est comme empêché. S'il décline, on ne peut en dire autant de la France qui, elle, on ne le répétera jamais assez, resplendit : tandis que les sommets de l'État se délitent entre rumeurs et complots, les flancs de la société sont toujours aussi féconds. L'immobilier est florissant à Paris, comme le tourisme, la grande distribution ou la presse magazine, notamment *Le Nouvel Observateur*.

Je travaille et je m'amuse, ce qui, grâce à mon métier, est un euphémisme. *Le Nouvel Obs* où je suis entré en 1971 est une société humaine improbable, obsédée par le talent et habituée aux tempêtes idéologiques, où survivent, au milieu d'une mer de trotskistes ou de maoïstes, quelques socialistes et même des chabanistes. Rue d'Aboukir, les conférences de rédaction sont souvent houleuses mais ce journal reste un miracle d'éclectisme qu'on n'a, je crois, plus jamais retrouvé.

Nous formons une smala, à l'image des familles nombreuses d'Afrique du Nord où beaucoup d'entre nous sont nés et dont la nostalgie les mord toujours. Nous ne nous quittons pas, y compris pendant les vacances que nous passons ensemble en Toscane, dans le Luberon ou au festival d'Avignon. Notre vie ressemble à un film comme *Vincent,*

François, Paul et les autres..., chef-d'œuvre de Claude Sautet, chantre de la clope, du beaujolais et de la moleskine, l'un des rares metteurs en scène qui fassent à peu près l'unanimité dans la rédaction : nous travaillons, festoyons, buvons, rigolons et couchons ensemble.

Pierre Bénichou, « l'inutile indispensable »

Pierre Bénichou, l'un des rédacteurs en chef du journal, me prend sous sa coupe. C'est un pied-noir tout en longueur, d'une élégance folle, pochette de costume, chemises soignées, souliers brillants comme des diamants, habillé nickel chrome comme ses amis Philippe Labro et Jean-Loup Dabadie. Yves Montand, Simone Signoret, Marguerite Duras, le chanteur Carlos, Jack Nicholson, Roman Polanski, il n'est pas une célébrité que ne connaisse pas cet oiseau de nuit professionnel. Il est vrai qu'il a de la branche. Il est le neveu de Georges Dayan, le meilleur ami de Mitterrand, et de Paul Bénichou, professeur à Harvard, spécialiste réputé de l'histoire de la littérature. Ses parents étaient proches d'Albert Camus qu'il connaissait bien. Il m'ouvre toutes les portes.

Quelques années plus tard, il m'emmènera souvent retrouver des grandes tablées chez Coluche qui le place toujours à sa droite et enregistre sur un petit magnétophone ses blagues ou ses saillies auxquelles il donnera une seconde vie dans ses sketchs. Sans oublier, parfois, de le créditer. À *L'Obs*, Bénichou donne tous les soirs de bouclage, pendant qu'on attend les derniers articles, un *one man show* hyper scabreux où ses têtes de Turc sont le directeur du journal (Jean Daniel), un Arabe, un Juif, un beau-frère imaginaire. Je ris tellement qu'une fois ou deux mes pantalons s'en sont souvenus. Parfois, il me fait pleurer quand il récite des kilomètres d'Aragon, d'Éluard ou de Valéry de sa belle voix gutturale. Il peut fredonner aussi la plupart des grandes chansons populaires du XXe siècle.

Que n'est-il pas ? Acteur, chanteur, noctambule, noceur, faiseur, grammairien, hypermnésique, provocateur, écrivain manqué, professionnel de la note de frais. En somme, un journaliste du monde d'avant. Dans la semaine, il ne fait que passer au journal, et encore, rarement avant midi. Il remplit une fonction que j'ai résumée longtemps après, quand me furent confiées les rênes du *Nouvel Obs*, par une formule dont je suis fier : « l'Inutile indispensable ». Il a du génie, beaucoup de génie mais, au lieu de le garder pour lui, il le distribue à la volée, en fait profiter tout le monde. Le premier venu comme moi-même, auquel il apprend les rudiments du métier, aussi bien que Robert Badinter, garde des Sceaux de Mitterrand, qui lui doit quelques belles envolées oratoires. Quand il n'a pas participé à la confection de *L'Obs,* ça se voit tout de suite : le numéro n'a pas la grâce.

Un jour, Bénichou veut à tout prix m'emmener dans une boîte à partouze près du Centre Pompidou où je croiserai son ami l'acteur Claude Brasseur. Je cède après qu'il m'a donné l'équivalent de sa dose de coke pour me « donner du courage ». C'est la première fois que j'en prends mais, arrivé sur place, je suis saisi d'horreur par le spectacle de la désacralisation du sexe, et pars en courant comme une vierge qui a vu le loup. « Ta drogue ou rien, c'est pareil, lui dis-je. Dans le genre, le chocolat est plus efficace. » Ça ne le fait pas rire. Sur ce sujet comme sur quelques autres, il n'a aucun sens de l'humour. La semaine suivante, il double ma dose de coke. Au lieu dit, je détale mêmement. Il me traite gentiment de puritain qui est en train de passer à côté de la vraie vie.

Même si je n'aime pas le monde de la nuit, je me laisse volontiers entraîner dans des soirées très arrosées, si c'est pour y retrouver Serge Gainsbourg, un autre génie mais bien plus déjanté encore que Coluche. Déjà crado et à moitié alcoolique, la lippe pendante, le regard glauque, le compositeur-interprète d'« Initials B.B. » me fait penser à Giacometti qui se consumait dans son œuvre. Sauf que, pour une raison qui m'échappe, il n'aura jamais d'œuvre, c'était du moins ce qu'il pensait. Il en souffre, ce qui n'est pas le cas de Bénichou qui est, lui, un grand écrivain sans livre – il publiera plus tard un petit recueil d'articles – mais n'en éprouve ni peine, ni ressentiment.

Malgré les apparences, Bénichou est un sage qui a compris que tout est vanité et que, comme disait Céline, « invoquer la postérité, c'est faire un discours aux asticots ». Sur le tard, il s'est ainsi reconverti comme sociétaire des « Grosses têtes » de Laurent Ruquier dont il devint la vedette, alors que Gainsbourg avait le sentiment de déchoir en fabriquant des tubes à la chaîne. J'entends encore résonner dans ma tête les improvisations gainsbourgiennes pour nous seuls, l'espace d'une nuit blanche, où surgissaient parfois des airs fugaces, sitôt nés, déjà perdus, aussi beaux à pleurer que ceux de « La chanson de Prévert » ou de « La Javanaise », son classique.

Que fais-je là ? Que s'est-il passé hier soir ? Certains matins, après mes cuites, je me réveille, étonné, dans une chambre aux murs roses ou violets qui n'est pas la mienne et pose un baiser sur le front d'un visage endormi avant de filer comme un voleur sans demander mon reste. Je ne sais pas où j'habite. Je suis toujours soixante-huitard tendance révolution sexuelle, mais de moins en moins. Il est temps de me stabiliser. Cette vie m'apparaît peu à peu comme l'antichambre de la solitude, du malheur. Je rêve de nidifier, de me marier et je cherche avec qui.

À *L'Obs*, la révolution sexuelle est toujours en marche : derrière les portes des bureaux ou des toilettes du journal, des couples illégitimes se forment en hâte, le temps de se déboutonner, et font la chosette, debout ou par terre, sans prendre la peine d'éviter les trépidations ou d'étouffer leurs râles de plaisir. Notre hebdo est une partouze géante. On s'éprend, on se déprend, on se reprend. Plusieurs fois, en entrant dans des bureaux directoriaux, j'ai surpris des baisers et même un coït.

Fascinants sont les deux timoniers qui mènent notre barque : Claude Perdriel et Jean Daniel qui s'entendent comme chien et chat, mais se complètent à merveille. Le premier, rieur, juvénile, l'inventivité faite homme, est une belle personne ; l'autre, inspiré, cérébral, a un visage empreint de gravité, comme s'il portait le poids du monde ou qu'il était investi d'une mission secrète, quand il ne joue pas les martyrs christiques de la gauche : puits de culture et d'idées, il m'apprend un journalisme aux aguets, où priment l'anticipation, le contrepoint, l'esprit critique qu'il ne faut jamais oublier, insiste-t-il, d'exercer contre soi.

Hubert Beuve-Méry, le fondateur du *Monde*, disait que le contact et la distance étaient les deux grandes qualités requises pour faire un journaliste. Jean Daniel aurait ajouté l'humilité. Dans la vie, il n'en débordait certes pas et méritait bien son surnom : « le violon sur le moi ». Mais dans le travail, il ne se départait jamais d'une modestie infinie, au point de me demander, alors que j'envisageais, un jour, la nomination d'une nouvelle recrue à la tête du service culture :

« Est-ce qu'il change d'avis ?

— Pourquoi ça ?

— Un bon journaliste est quelqu'un qui n'hésite pas à se contredire quand il a une nouvelle information, quitte à ce que son ego en prenne un coup. »

Le « gauchemar » de Jean Cau, le défroqué

Trois ans plus tard, à quelques mètres de là, toujours rue d'Aboukir, c'est la première question que me posa Robert Hersant, le nabab de la presse française, surnommé le « papivore », après que je lui eus proposé le nom d'un vieux briscard pour me seconder à la tête de la rédaction du *Figaro*. Ce qui prouve bien qu'il n'y a pas cent manières de pratiquer ce métier que pervertissent les procureurs de cour d'école ou les experts en science infuse. Il faut accepter l'idée de se reprendre, de reconsidérer sans cesse les analyses péremptoires qu'on avait pu proférer.

C'est à *L'Obs* que j'apprendrai qu'il n'y a de vérité que dans la contradiction. Pour preuve, la fascination qu'exerçait sur l'équipe de direction Jean Cau, un ancien du journal, ex-secrétaire de Sartre, Prix Goncourt 1961 pour *La pitié de Dieu*. Après avoir été l'un des espoirs de l'intelligentsia, ce gaulliste converti aux racines populaires avait quitté la gauche, sa bigoterie, ses tartuferies, « d'un pas si allègre et en dansant si haut, écrivit-il, que j'en ai épouvanté mes congénères. D'habitude, être traité de relaps ou d'ex-communiste, c'est la malédiction suprême. Moi, au contraire, je me retrouvais frais comme une rose et gambadant comme un lapin ».

Il pouffait de rire, l'histrion sorti de son « gauchemar » : « Tout défroqué – ne le fût-il que d'un slip, c'était toute ma soutane – se doit d'être malheureux, de passer son temps à se demander s'il n'a pas choisi l'enfer (de la droite). » Pas lui. Il charibotait les « oints » de la morale avec leurs justes causes dont ils changent dès qu'elles sont salies par l'Histoire : « On allait ainsi d'Algérie en Chine, de Chine en Guinée, de Guinée à Cuba, de Cuba en Vietnam (etc.) » : célébrant l'une après l'autre les révolutions du tiers-monde, les champs de Mao qui croulent sous les blés ou les vaches de Castro d'où coule tant de lait, ces gens-là n'apprennent jamais, c'est même à ça qu'on les reconnaît. Cau se targuait d'avoir eu le culot de s'esbigner de l'église si courue du paradis sur terre sans franchir « les portes d'aucune autre située sur le trottoir opposé ».

Ce fut sans doute le grand écrivain-journaliste français du XXe siècle. Sa plume moqueuse et baladeuse vaut celle de mes maîtres Norman Mailer ou Tom Wolfe. S'il n'est pas reconnu aujourd'hui à sa juste valeur, c'est parce qu'il avait quitté le camp du Bien avant de le chahuter beaucoup par la suite. Quand le coursier apporte au journal une vingtaine de numéros de *Paris Match* qui paraît le lendemain et où sévit Cau, on s'arrache les exemplaires, il n'y en a jamais assez pour tout le monde. Ce n'est pas l'attirance du mal qui provoque cette ruée, c'est un éblouissement devant un talent sans pareil.

Quelque temps avant sa mort, Daniel a dit à Jean-Paul Enthoven qui avait été l'un des jeunes espoirs du journal : « N'oubliez jamais que la vérité a toujours un pied dans l'autre camp. » Comme Claude Lévi-Strauss qu'il citait souvent, il nous invitait sans cesse à « penser contre soi ». En plusieurs circonstances, il me donna la preuve qu'il ne s'agissait pas seulement d'une posture mais d'une conviction profonde, ce qui expliquait la fierté que j'éprouvais à travailler avec lui. Pendant la polémique sur *L'archipel du*

Goulag d'Alexandre Soljenitsyne, par exemple, même s'il aurait pu faire encore mieux.

À La Capelle, j'avais seize ans quand « j'empruntai » à mon père *Une journée d'Ivan Denissovitch*, un court roman sur le Goulag, avant de lire, plus tard, *Le pavillon des cancéreux*, une plongée dostoïevskienne dans un service de cancérologie d'Ouzbékistan. Je savais donc qu'Alexandre Soljenitsyne, leur auteur, était l'un des grands écrivains du XXe siècle quand, en 1973, éclata l'affaire de *L'archipel du Goulag*.

L'affaire a commencé avec le suicide à Leningrad d'Elisabeth Voronianskaïa, assistante de l'écrivain, l'une de ces « invisibles » qui dactylographiaient ses manuscrits, les microfilmaient et les faisaient passer à l'Ouest. Après cinq jours d'interrogatoires par les sbires du KGB, la police politique du régime, elle a fini par révéler où étaient cachées les 1 104 pages du texte qu'ils recherchaient et qu'elle était supposée avoir détruites à la demande de l'auteur. De retour à son domicile, elle s'est pendue.

Soljenitsyne s'engage alors dans une guerre totale contre les « monstres froids » du totalitarisme soviétique et décide de publier *L'archipel du Goulag* en Occident comme il s'en explique sur la page de garde de l'ouvrage : « Maintenant que la "Sûreté" détient ce livre, il ne me reste plus qu'à le publier immédiatement. » Seul avec ses mots pour armes, il tient tête, avec un cran inouï, aux autorités qui finiront par l'expulser. Écrivain complet, il est pourvu de deux choses qui ne vont pas toujours de pair : une œuvre et un courage qui forcent l'admiration.

Je l'ai reçu à mon domicile, le cœur battant, en septembre 1993. De toutes les personnes que j'ai rencontrées dans ma vie, Soljenitsyne est celle qui, avec Giacometti, m'a le plus impressionné. Un bloc de fer, de feu, de glace. Rien à voir avec l'obscurantiste illuminé décrit par les bien-pensants. S'il dégageait une puissance incroyable, elle était contredite par son regard triste, son expression d'humilité, sa tête souvent penchée. Imperméable aux accusations qui n'avaient cessé de pleuvoir sur lui – tsariste, monarchiste, chauvin étant les plus aimables –, il n'était pas de ce monde s'il l'avait jamais été. Par moments, il semblait s'excuser d'être descendu sur terre et, dans les moments où il se laissait aller, il émanait de son visage la douceur des héros. Après avoir dénoncé « le déclin du courage » qui affecte notre civilisation, il avait défendu l'idée que « l'humanité ne se développe pas dans un seul moule, mais à travers des cultures fermées qui ont, chacune, leurs lois propres. [...] Je crois que c'est la diversité du monde qui fait sa beauté[1] ».

« On ne fait pas d'omelettes sans casser des œufs »

Face au pilonnage des « compagnons de route » du PC et des soviétophiles contre Soljenitsyne, *Le Nouvel Obs* résiste comme un bloc : Jean-François Josselin et Claude Roy célèbrent le monument littéraire, ce grand poème historique qui va ouvrir les yeux et changer les têtes. Après avoir rappelé que le stalinisme a fait vingt millions de victimes, autant que le nazisme, en URSS, Maurice Clavel rappelle, dans sa chronique[2], que Nietzsche écrivait dès 1880 : « Le socialisme se prépare en silence à son règne de terreur. »

1. Interview au *Figaro*, le 22 septembre 1993.
2. *Le Nouvel Observateur*, le 1er juillet 1974.

Entre une prière à l'église Notre-Dame-des-Victoires et une distribution de tracts débiles avec ses amis maos, le gaullo-catho Clavel passe au journal en coup de vent. Échevelé, la clope pendante, les mains pleines de journaux et de papiers, il parle tout le temps avec son accent chantant de Frontignan, sous une pluie de postillons. Je suis convaincu qu'il parle encore dans son cercueil, sous sa dalle sobre, au cimetière de Vézelay.

« Comment peux-tu être mao, Maurice ? lui demandai-je un jour.

— La jeunesse, répondit-il. J'aime être avec elle.

— N'as-tu pas compris que tous ces jeunes sont très vieux ? »

Il n'a pas répondu. Le gauchisme n'était pas son seul point faible. C'était l'archétype du grand écrivain qui n'a quasiment rien écrit de bon : ses romans ou ses pièces de théâtre ne valent pas tripette, mais ses chroniques sont souvent sublimissimes sinon prophétiques : ainsi de celle où il saluait l'élection d'un nouveau pape qui, lui au moins, avait des « couilles » : Jean-Paul II. Clavel avait trop de talent mais, au lieu de le brider, lui faisait une confiance aveugle. Je l'aimais tellement que j'avais toujours peur qu'il découvre un jour la notule au vitriol par moi écrite dans *Paris-Normandie*, avant de le connaître, sur *La perte et le fracas*, une bluette navrante sur fond de Mai 68.

Comme la plupart d'entre nous, Clavel avait apprécié plusieurs envolées de Jean Daniel dans l'émission d'alors de Bernard Pivot, « Ouvrez les guillemets », face aux critiques absurdes des contempteurs de Soljenitsyne, au nom du camp du Bien. Mais comment osaient-ils encore transformer la victime en bourreau ? N'avaient-ils rien appris du stalinisme ? J'avais trouvé notre directeur trop politique, en arrière de la main, mais j'avais applaudi son mea culpa : « J'ai quelquefois, fort peu souvent mais trop souvent, passé sous silence des horreurs révolutionnaires, pour ne pas conspirer à la joie de la droite. Mais cela, c'est fini. Après *L'archipel du Goulag*, je ne peux plus. »

Comme Claude Perdriel, Jean Daniel a toujours des réflexes antitotalitaires. En 1982, malgré l'opposition virulente de la hiérarchie, Bénichou compris, il a décidé que le journal publiera « intégralement » ma longue interview de Reinaldo Arenas, écrivain cubain à tête d'ange, que j'ai été interroger dans son gourbi, à New York. Coupable, entre autres, d'homosexualité et de mauvais esprit répété, il a été persécuté pendant des années par la police politique de Fidel Castro qui détruisait ses manuscrits, avant d'être un jour de 1980 extrait de sa geôle et jeté, avec cent cinquante mille « contre-révolutionnaires », vrais ou faux criminels, sur les plages de Floride, dans un simulacre abject de geste humanitaire.

Pour avoir donné la parole à Arenas, auteur majeur, qui mourra ensuite du sida, je serai traité d'agent de la CIA par la camarilla castriste de Paris. Mais, malgré tous mes différends avec les uns ou les autres, je m'honorais de travailler dans un journal qui, après avoir célébré Castro, guérillero d'opérette et assassin d'homosexuels, était capable de se retourner contre lui. Cette liberté d'esprit, combat de tous les instants, y compris contre soi, était sans doute la raison de l'extraordinaire succès du journal.

Notre bateau n'arrête pas de grandir : en deux ans, la petite embarcation s'est déjà transformée en gros paquebot. Perdriel acquiert sans cesse de nouveaux bureaux dans les immeubles jouxtant nos locaux et creuse des portes dans les murs, à deux pas du siège du *Figaro*, au coin des rues d'Aboukir et du Louvre. Petit palais gruyère, *L'Obs* ressemble de plus en plus à une maison de passe avec trois entrées dans deux rues.

Idéologiquement aussi, le journal tient du boxon. Lors d'une conférence de rédaction, Olivier Todd, l'une des grandes plumes du journal, qui venait de passer plusieurs semaines avec les combattants du Viêt-cong, le mouvement de libération communiste du Vietnam du Sud, a demandé des explications à la rédaction en chef qui avait caviardé de longs passages de ses reportages sans complaisance sur les méthodes ignobles des « révolutionnaires ».

« Notre métier, c'est de dire la vérité telle qu'on l'a vue », s'est indigné Todd. Tollé général. « Tu fais le jeu de l'impérialisme américain », hurlent les gardiens de la « ligne » du journal qui l'accusent d'être à la botte de la CIA, du complexe militaro-industriel, de la droite française. L'un d'entre nous assène la phrase favorite des agents marxistes de l'Empire du Bien : « On ne fait pas d'omelette sans casser des œufs. » Elle me glace le dos : les coquilles d'œufs ne sont-elles pas des crânes humains fracassés, au nom de la révolution et des lendemains qui chantent ?

Étoile montante du journal, Olivier Todd est quasiment seul devant la haine qui, qu'elle fût maoïste, trotskiste ou bien-pensante, rendait, ce jour-là, certains visages hideux. Il n'y a pas à tortiller, le gauchisme défigure tout, les réalités comme les faciès. Il clabaude, il fait des bruits de meute. Même si, à la fin, il n'y eut pas mort d'homme, j'eus le sentiment d'assister à un procès stalinien de Moscou dans une salle pleine d'avatars du procureur Vychinski. Aujourd'hui encore, je m'en veux de n'avoir pas pris avec force la défense de l'hérétique anti-Viêt-cong.

J'avais une excuse. À l'époque, j'étais encore un grand

timide : à l'école primaire puis au lycée, les mots s'empéguaient dans ma gorge chaque fois que j'avais à réciter une fable de La Fontaine ou que le professeur m'appelait au tableau. Depuis lors, j'étais saisi d'épouvante, la bouche sèche, le cœur battant du tambour, dès que je devais prendre la parole devant une assistance de plus de deux ou trois personnes : plutôt que d'affronter ses ennemis en public, je pris cependant le parti de Todd dans les couloirs du journal. En forçant ma nature, je finirais par vaincre au bout de quelques années, après beaucoup de bredouillis, ce handicap qui, ce jour-là, m'a fait tellement honte.

En attendant à l'ombre du tandem Daniel-Perdriel, chacun peut cultiver sa différence. Même ceux qui, comme Jacques Julliard et moi-même, appartiennent à la société secrète des chrétiens qui ont le culte de Simone Weil et de Georges Bernanos. On se comprend sans se parler. Souvent, je me dis qu'on m'a cloné le cerveau de Julliard.

L'Obs, en ce temps-là, c'est donc l'hôtel du libre-échange de la gauche que, comme dans la pièce de Feydeau, tout le monde fréquente sans se rencontrer : des politiques français ou étrangers mais aussi beaucoup d'intellectuels, à commencer par Jean-Paul Sartre, une petite boule de nerfs (1 mètre 53). Jean Cau qui, malgré leurs divergences, l'a aimé jusqu'à sa mort, le décrit comme un bouvillon qui « fonce comme dans un tunnel dont il ne voit jamais les parois[1] ». Celui-là, je le déteste. Il ne meugle pas, en vérité, il aboie. On dirait un vieux chien méchant que ses maîtres auraient fini, de guerre lasse, par abandonner.

1. J. Cau, *Croquis de mémoire*, *op. cit.*

9

SARTRE, FOUQUIER-TINVILLE DU CAFÉ DE FLORE

Intellectuel n'est pas toujours synonyme d'intelligent.

ALEXANDRA DAVID-NÉEL

Tout est métallique chez Sartre. La démarche, les gestes, la voix surtout, une voix de vieux transistor, cassante, sentencieuse et inquiétante : si l'on prête bien l'oreille, on entendra monter, du fond de sa glotte caverneuse, des crissements de couteaux qu'on aiguise, voire le claquement d'une kalachnikov qu'on recharge.

Les ongles jaunes et les dents gâtées, il parle derrière les volutes âcres qui dansent au-dessus des cigarettes qu'il fume à la chaîne. Fume-t-il aussi quand il dort ? Il écrase ses mégots avec un air dégoûté. Il est vrai que tout lui répugne. La droite au pouvoir, la traîtresse social-démocratie, la presse bourgeoise, même quand elle l'encense. Je ne peux rester longtemps à côté de lui. Il m'inspire un mélange de mépris et de dégoût.

« Tu as tort, proteste un jour ma mère à qui je m'en ouvrais et qui a connu Sartre quand il était professeur de philosophie au Havre. Il pense faux et il a plein de complexes, mais quand on le connaît, il est charmant.

— Staline aussi pouvait être charmant.

— Allons, tu ne peux pas les comparer. Sartre n'est pas un homme de pouvoir. »

Et ma mère d'évoquer l'esprit des dernières lignes des *Mots* de Sartre : « Si je range l'impossible Salut au magasin des accessoires inutiles, que reste-t-il ? Tout un homme, fait de tous les hommes et qui les vaut tous et que vaut n'importe qui. »

Sartre s'est-il relu depuis ? La morgue pleine, il pavane et dégoise en se targuant d'être un « intellectuel ». Il n'est que la preuve vivante de la justesse de la célèbre formule de Nietzsche : « Ce n'est pas le doute, c'est la certitude qui rend fou. » Mais il n'est pas fou. C'est un calculateur machiavélique, doté d'un incontestable talent de polémiste politique.

Si *Le Nouvel Observateur* fait tant de frais à Sartre et lui réserve sa « une » chaque fois qu'il daigne y délivrer sa pensée du moment, ce n'est pas par admiration, encore qu'il y dispose d'un clan important de supporteurs enfiévrés. C'est parce qu'il vend et pas qu'un peu : toujours plus à gauche, ses entretiens s'arrachent dans les kiosques, ils font l'évènement, avec leur cliquetis de bonnes formules. Quand il parle de lui ou de littérature, ce sont des régals. Le chaland en a pour son argent.

Un intellectuel désengagé pendant l'Occupation

À cette époque-là, Sartre revient de loin. Physiquement, il n'est plus qu'une ruine. À partir de 1957, selon Simone de Beauvoir, il a commencé à mener « une course contre la montre, une course contre la mort ». Quand il écrivait la *Critique de la raison dialectique*, il consommait – il l'a reconnu – jusqu'à un tube de vingt comprimés de Corydrane par jour. Un mélange d'amphétamines et d'acide acétylsalicylique, un anti-inflammatoire. Ça donnait, disait-il, « une rapidité de pensée et d'écriture qui était au moins le triple de mon rythme normal ».

Les effets des amphétamines à haute dose sont souvent dévastateurs : délire, grande agitation, tics nerveux, sensation de puissance physique et mentale, euphorie, besoin de parler sans arrêt, vigilance intellectuelle maximale, raideur du corps, agressivité. C'est pourquoi le Corydrane a été interdit dès 1966. Sartre, qui n'avait pas un grand souci de son corps, en a abusé comme il a abusé des Gauloises, des Gitanes ou des Boyards papier maïs. Deux paquets par jour avec plus d'un litre d'alcool quotidien sous forme de vin, bière, whisky, eau-de-vie.

Fumer, écrit Sartre dans *L'être et le néant,* est « un sacrifice crématoire » qui finit par donner une raison de vivre. « Quiconque a déjà fumé, affirme-t-il encore, sait trop bien que des images, de la musique ou des sentiments peuvent rester gravés dans sa mémoire lors du tabagisme contemplatif, peut-être la forme de contemplation intérieure la plus concentrée, bien plus efficace que le seul apport d'air frais. » C'est ainsi qu'il se consume à petit feu. Quand il meurt à soixante-quatorze ans, on peut dire qu'il ressemblait à un petit vieux en fin de vie depuis au moins vingt ans.

Philosophiquement aussi, Sartre est en perdition. Il ne fait plus illusion et les attaques viennent de son propre camp. À sa gauche, le marxiste Louis Althusser lui a taillé des croupières au nom de l'orthodoxie auprès des étudiants d'extrême gauche. Il l'a même humilié lors d'un débat public d'où l'auteur de *La nausée* est sorti sonné. Par la force des choses, comme dirait Beauvoir, la politique est devenue son exutoire, sa planche de salut.

Il a un nouveau concurrent dans les médias : le structuraliste Michel Foucault, leur nouvelle coqueluche, a mis en pièce son « humanisme » existentialiste dans un essai à succès, *Les mots et les choses*. L'homme est mort, a décrété le nouveau venu. Bon débarras. Sans cette « récente créature que la démiurgie du savoir a fabriquée de ses mains, depuis deux cents ans », on peut respirer, il est enfin permis de penser à nouveau. Voilà, dira Sartre, mauvais joueur, dans la revue *L'Arc*, à propos de Foucault, « le dernier barrage que la bourgeoisie puisse encore dresser contre Marx ».

La meilleure défense, c'est l'attaque. Sartre n'a jamais failli à cette règle depuis la Libération. Ne résistant contre les nazis que dans son imagination et celle de ses admirateurs, il a continué à vaquer à ses occupations, pardonnez-moi, pendant l'Occupation. À la rentrée 1941, au lycée Condorcet, il a repris sans honte, en tant que titulaire, le poste du professeur juif Henri Dreyfus Le Foyer que la législation antijuive de Vichy avait exclu de l'enseignement et qui avait été remplacé provisoirement jusqu'alors par le philosophe Ferdinand Alquié.

Après avoir donné deux articles à la revue collaborationniste *Comœdia*, il a fait mettre en scène *Les mouches* par Charles Dullin au théâtre Sarah-Bernhardt rebaptisé – pour cause de consonance juive – théâtre de la Cité. Une apologie de la liberté qui passa aisément sous les fourches Caudines de la censure allemande et fut jouée devant des officiers de la Wehrmacht en 1943. Une autre de ses pièces, *Huis clos*, était à l'affiche du théâtre du Vieux-Colombier dix jours avant le débarquement de Normandie du 6 juin

1944. En somme, il n'avait pas été un héros. Pas plus que sa compagne Simone de Beauvoir, pigiste à Radio-Paris, antenne vichyste, n'avait été une résistante.

C'est un sujet tabou. Défense d'en parler. En 1991, un livre de très bonne facture, *Une si douce Occupation* de Gilbert Joseph, révèle, à partir d'un travail sérieux sur toutes sortes d'archives, que Sartre et Beauvoir ne se sont jamais engagés contre l'occupant allemand. Il montre qu'ils ont été apolitiques. Oh, l'affreux sacrilège ! La presse assassine en bloc l'ouvrage dans lequel l'auteur s'est rendu notamment coupable de retourner contre l'auteur de *La nausée* sa célèbre imprécation après la Libération : « L'écrivain est en situation dans son époque : chaque parole a son retentissement, chaque silence aussi. Je tiens Flaubert et les Goncourt responsables de la répression qui suivit la Commune, car ils n'ont pas écrit une ligne pour l'empêcher. »

Et Sartre alors ? Ce fut un intellectuel désengagé qui « se révéla inapte, assure Gilbert Joseph, à éclairer ses contemporains sur cette époque de terreur et de reniements absolus ». Ainsi n'a-t-il pas écrit « une ligne pendant l'Occupation [...] contre la persécution des Juifs, même dans des journaux clandestins de la Résistance ».

« Jamais nous n'avons été aussi libres que pendant l'occupation allemande », ose écrire Sartre, certes par provocation, sans idéaliser cette période, dans le journal communiste *Les Lettres françaises*, en septembre 1944. Quand la France se libère, il s'est rangé, d'entrée de jeu, du côté du PCF. C'est la meilleure protection. Une assurance contre d'éventuels ennuis judiciaires. Pour faire oublier son attitude mollasse de jouisseur insouciant, il a aussi fait partie, à Dieu sait quel titre, du comité d'épuration à la Libération qui a eu la main lourde – contre Sacha Guitry, par exemple, coupable de la même équanimité que lui sous Vichy et contre qui rien ne sera finalement retenu mais qui a fait de la prison pour avoir été joué, comme l'auteur des *Mouches*, sous Pétain, devant l'occupant allemand.

Quand on compare les destins de Guitry et de Sartre à la Libération, il est clair qu'il vaut mieux, dans le monde qui commence, être de gauche ou, mieux encore, d'extrême gauche : c'est un passeport pour l'innocence à perpétuité. Pour paraphraser La Fontaine dans *Les animaux malades de la peste*, selon que vous serez de gauche ou de droite, les jugements de cour vous rendront blancs ou noirs.

Résistant de la vingt-cinquième heure, Sartre peut, à partir de 1944, exhiber des brevets de combattant et continuer à faire tourner son affaire de vente de morale en gros. Il s'est encore plus radicalisé : la purification est son métier. De l'épisode de Vichy, il a retenu qu'un écrivain, pour exister, se doit de participer au combat. Maintenant que c'est moins dangereux, il tente, par tous les moyens, de se racheter une conduite.

« *Tout anticommuniste est un chien* »

Il est permis de se demander si ce n'est pas pour lui qu'Albert Camus, sa tête de Turc favorite, a écrit dans ses *Carnets* : « Un intellectuel, c'est quelqu'un dont le cerveau s'absente lui-même. » Celui de Sartre est manifestement rongé par un gauchisme qui lui a mangé la tête : au fil des ans, il devient de plus en plus virulent, j'allais dire purulent. Malmené par la nouvelle génération intellectuelle des années 1960, Sartre s'est refait une santé philosophique et médiatique en devenant l'un des activistes de gauche les plus en vue.

Dans sa célèbre préface des *Damnés de la terre* de Frantz Fanon, paru en 1961, Sartre lance un stupéfiant appel au meurtre qui tranche avec le ton de ce livre, bréviaire de l'anticolonialisme. Comme l'écrira plus tard dans une sorte de « préface » à cette préface Alice Cherki, psychiatre et grande spécialiste de Fanon, le philosophe a radicalisé le propos de ce dernier sur la violence qu'il n'a jamais considérée comme une fin en soi.

Au bord de la mort à la lecture de la préface de Sartre, Cherki rapporte que Fanon ne fit aucun commentaire et « resta même, contrairement à son habitude, extrêmement silencieux » avant d'écrire à son éditeur François Maspero qu'il espérait « avoir, le moment venu, la possibilité de s'expliquer ».

Dans cette préface, Sartre a écrit avec un fouet dans un style cru, cinglant, un hymne à la haine de soi. « La folie meurtrière, prétend-il, est l'inconscient collectif des colonisés. » L'Européen, écrit l'auteur de *La nausée*, « n'a pu se faire homme qu'en fabriquant des esclaves et des monstres ». Il doit donc être puni. Dans le premier temps de la révolte, « il faut tuer : abattre un Européen, c'est faire d'une pierre deux coups, supprimer en même temps un oppresseur et un opprimé : restent un homme mort et un homme libre ; le survivant, pour la première fois, sent un sol national sous ses pieds ».

Dans sa *Critique de la raison dialectique* publiée un an plus tôt, Sartre avait déjà fait l'éloge de la violence à travers la Terreur. Après avoir rejoint les maoïstes avec une grande partie de l'intelligentsia, il récidive en 1973. « Un régime révolutionnaire, déclare-t-il sérieusement au magazine *Actuel*, doit se débarrasser d'un certain nombre d'individus qui le menacent et je ne vois pas d'autres moyens que la mort. On peut toujours sortir d'une prison. Les révolutionnaires de 1793 n'ont probablement pas assez tué. » Selon lui, la « mollesse » des robespierristes aurait « ainsi servi un retour à l'ordre, puis la Restauration ».

Il fait des listes et, boussole à l'envers, indique le chemin à suivre. Plus il se trompe, plus il devient intraitable. Pourvu que la cause avance, qu'importent les œufs cassés par ses amis marxistes-léninistes en Chine, ou bien, il n'y a pas si longtemps, par ses camarades staliniens d'Union soviétique, industriels de la mort, au nom du Bonheur pour Tous. « Tout anticommuniste est un chien », proclame-t-il.

Le moindre de ses talents n'est pas de rendre bêtes les personnes les plus intelligentes qui boivent comme des élixirs ses indigents soliloques. Fascinés par leur gourou comme l'a été Bernadette Soubirous par la Sainte Vierge, ils perdent leur bon sens et leur libre arbitre dès qu'il ouvre son moulin à balivernes. La seule fois où j'ai passé plus d'une heure avec lui, au journal, c'est parce que je ne pouvais pas sortir du bureau sans déranger ses ouailles agglutinées autour de lui, la gueule ouverte, comme des moucherons sur une prune gâtée.

« Il faut faire sortir la bourgeoisie de son terrier, clamait-il. Sinon, nous devrons l'enfumer. » Il ne savait pas trop ce qu'il disait. Les mots allaient trop vite, il avait du mal à les suivre. Ce jour-là, je me suis senti comme l'Ézéchiel de Voltaire après que le Seigneur lui eut donné à manger, pendant trois cent quatre-vingt-dix jours, du pain couvert d'excréments humains.

Je le hais. Fouquier-Tinville du tribunal pénal international du café de Flore, il sent la mort et, avec sa cour d'idolâtres effusants, dégage de mauvaises ondes. Ses amis au journal sont pourtant mes amis : Jacques-Laurent Bost,

Serge Lafaurie ou Michel Bosquet, journaliste curieux de tout, juif errant à tête d'ange, qui signe aussi André Gorz, mais s'appelle de son vrai nom Gérard Horst, né Gerhart Hirsch.

Si j'ai détesté Sartre à ce point, c'est parce qu'il représentait à mes yeux la substantifique moelle de l'esprit du temps : rien. Mauvais dramaturge, mauvais romancier, mauvais camarade, il n'a en effet rien laissé derrière lui, en dehors de quelques pastiches d'Heidegger et *Les mots*, bien sûr, un chef-d'œuvre, magnifique récit d'enfance. Notez, depuis longtemps, il semble avoir oublié qu'il y a écrit une phrase admirable que l'on dirait sortie du cerveau de Simone Weil, grande philosophe, elle : « Je fus amené à penser systématiquement contre moi-même, au point de mesurer l'évidence d'une idée au déplaisir qu'elle me causait. »

Ce qu'il y avait de mieux chez Sartre, finalement, c'était Simone de Beauvoir. Certes, il a inoculé sa débilité politique à sa libre et libertine compagne qui enfile les perles dès qu'elle commente l'actualité. Mais ça n'empêcha pas celle-ci d'écrire plusieurs classiques comme *Le deuxième sexe* ou *Mémoires d'une jeune fille rangée*.

Admirant le grand ennemi de Sartre, Raymond Aron, un homme seul et courageux dont mon grand-père m'avait donné à lire, en mai 1968, le bréviaire antimarxiste *L'opium des intellectuels*, je réussis, grâce à un ami, à déjeuner avec lui, dans un restaurant de Saint-Germain-des-Prés. Il parle comme il pense : juste. Prévenant et même adorable, il est néanmoins conventionnel, j'allais dire ennuyeux comme la pluie ou ses éditoriaux du *Figaro*.

J'en viens à me demander s'il est vivant. On dirait un vieux livre qu'on a mis dans l'entrée, au sommet de la pile dont on va se débarrasser. Mais c'est un grand sage, affligé d'une honnêteté intellectuelle qui n'est pas de son temps. « Qu'on soit de droite ou qu'on soit de gauche, a-t-il écrit, on est toujours hémiplégique. » Ou encore : « Le choix en politique n'est pas entre le bien et le mal, mais entre le préférable et le détestable. »

Son ami Claude Roy disait avoir entendu Jean Daniel affirmer un jour : « Je préfère avoir tort avec Sartre que raison avec Aron. » Sa phrase, d'une stupidité sans nom, a fait florès. J'ai du mal à croire qu'un homme qui se veut le disciple d'Albert Camus ait pu la proférer, mais j'ai vérifié : c'est vrai. Il a une excuse. Il l'a prononcée, pour faire un mot, en mai 1968 qui fut, en plus du reste, un concours de bêtises.

La formule de Daniel exprime aussi, hélas, à quelques exceptions près, l'opinion générale au *Nouvel Observateur*. C'est pourquoi, tout en gravissant pendant dix-sept ans les échelons de la hiérarchie du journal, je me suis toujours senti à côté, réfractaire à l'idéologie dominante qui englobait tout le monde dans le grand « nous », celui du Bien en Marche.

Je suis révolté par tous ceux qui, comme Sartre et une partie de la gauche, croient en jubilant à la force implacable de l'Histoire qui va, écrasant tout sur son passage, à commencer par les cervelles, pour le bien soi-disant commun. Ils ont toujours à la bouche la parabole de l'omelette. Mais où est-elle passée, sinon dans la panse des dirigeants marxistes-léninistes aux semelles ensanglantées ?

Je suis convaincu que l'Histoire est l'œuvre de personnages de chair et d'os. Parfois, même quand ils sont mythiques, ils peuvent être très décevants. Pierre Mendès France, par exemple. C'est la coqueluche du *Nouvel Obs*, « l'anti-de Gaulle », une tête de défaite électorale, la gauche « morale » faite homme. Jean Daniel me demande d'être la plume de son prochain livre, un récit de voyage en Asie. Je vais voir le grand homme. A priori, j'aime sa tête de hibou : entre insomniaques, c'est ainsi qu'on se reconnaît.

Au bout de quelques secondes, je l'ai calculé : une pauvre chose souffreteuse, plus sèche encore que du bois mort, à la voix geignarde, qui sent la naphtaline. Il me donne la migraine. Sur le ton du colon s'adressant à son « nègre », c'est le cas de le dire, il m'explique que, pendant son voyage, il dictera chaque jour par téléphone ses impressions à sa secrétaire, laquelle me transmettra au fur et à mesure les retranscriptions sur le verso de feuilles à en-tête de l'Assemblée nationale. Comme il n'était plus député depuis trois ans, j'ai pensé qu'il avait dû récupérer, après son échec électoral, un camion entier de papiers.

J'ai vite compris le sens de ce que Mitterrand m'avait dit, à propos de Mendès : « Ce n'est pas parce qu'on est d'un ennui mortel qu'on est un puits de moralité. Contrairement à ce que croient vos amis de *L'Obs*, ça n'a même rien à voir. » Dans ses Mémoires, Giscard a réglé son compte à ce combinard aux grands airs en rappelant qu'au pire de la crise de Mai 68 PMF était venu le voir, la bouche en cœur, et lui avait proposé de s'associer pour prendre le pouvoir.

Les comptes rendus de voyage que m'envoie Mendès France sont d'une grande indigence. Après avoir atterri à Tokyo, il raconte ainsi – je ne blague pas – qu'il prend une autoroute où il y a beaucoup de voitures conduites par des Japonais aux yeux bridés qui semblent très sérieux, derrière leur volant. Tout le reste est de la même eau, y compris ses entretiens navrants avec l'Indienne Indira Gandhi ou le Chinois Zhou Enlai, le bras droit de Mao dont il traduit la « pensée » avec une componction non dénuée d'admiration. J'utilise ce que je peux, c'est-à-dire très peu, de son récit et, à partir de coupures de presse, notamment les articles d'Alain Vernay dans *Le Figaro*, l'enrichit de considérations diverses sur les pays qu'il a visités.

Quand, de retour à Paris, il lit mes premiers chapitres, Mendès France me téléphone, furieux : « Mais pour qui vous prenez-vous ? Vous n'avez rien gardé de ce que j'ai dit. » J'écris la suite en restant plus près des retranscriptions. Là encore, le grand homme est furieux : « Vous restez trop près de mon texte, il faut savoir s'en éloigner. » Bref, ce n'est jamais comme il faut et il me le dit, après chacun de mes envois. Plein de bile, de ressentiment, d'aigreurs d'estomac, le hibou bubule sans arrêt à mon oreille. Il n'a cependant rien changé ou presque au contenu du livre paru en 1972 sous le titre *Dialogue avec l'Asie d'aujourd'hui*.

Autant dire que j'ai travaillé à l'œil. N'aurais-je pas dû payer le grand homme pour avoir eu l'honneur d'être son « nègre » ? Ma tâche achevée, Mendès France m'a à peine dit merci et il a eu le front de m'annoncer qu'il ferait bientôt appel à moi pour son prochain livre, ce qui à ses yeux allait de soi. « Je ne crois pas que ça sera possible », lui ai-je répondu.

Sartre, Mendès... Même si ce n'est pas le cas de toutes, loin de là, les grandes figures de la gauche ne gagnent pas nécessairement à être connues.

10

LE VER MAOÏSTE DANS LE FRUIT

> Il ne faut pas laisser les intellectuels jouer avec les allumettes.
>
> JACQUES PRÉVERT

S'il est à son apogée dans les années 1970, l'intellectuel est une invention qui remonte à la haute Antiquité : Socrate fut, au Ve siècle avant J.-C., l'un des premiers intellectuels connus. Plus tard apparut Voltaire, avec son combat contre l'intolérance. Son célèbre « J'accuse », pendant l'affaire Dreyfus, a fait de Zola l'un des plus emblématiques. Le mot est au demeurant apparu en France à cette occasion.

C'est ainsi que la France se prend encore aujourd'hui, en plus du reste, pour la mère patrie de l'intellectuel qu'elle convoque en toutes occasions. Selon la définition de Sartre, celui-ci est un empêcheur de tourner (et de penser) en rond qui « se mêle de ce qui ne le regarde pas ». De ce qu'il ne connaît pas aussi. Comme le journaliste mais à la différence près qu'il parle, lui, avec l'autorité de son expertise.

Il a toujours raison, même quand il a eu tort. Ce n'est pas lui qui s'est fourvoyé. Ce sont les autres ou les circonstances qui l'ont trompé. La mauvaise conscience étant devenue une perte de temps, il ne se sent jamais coupable, sauf exception, des crimes commis au nom de l'idéologie qu'il avait défendue, du moins quand elle était d'obédience stalinienne, trotskiste, maoïste ou fasciste de gauche. Si elle était d'extrême droite, il sera, bien sûr, condamné à perpétuité.

Embrigadé et moutonnier, l'intellectuel a des réflexes conditionnés et il est souvent instrumentalisé : il roule pour une cause, un pays étranger, un appareil politique plus ou moins branlant. Rares sont ceux qui, comme Camus, ont voulu se mettre au service de ceux qui « subissent » l'Histoire et non de ceux qui la « font ». Ce personnage n'a jamais de compassion pour les vaincus ; étant une victime ontologique, il la garde pour lui.

Confit dans l'esprit de sérieux, l'intellectuel est à l'opposé de Nietzsche qui faisait dire à Zarathoustra : « Dix fois dans la journée, il te faut rire ; autrement, tu seras dérangé par ton estomac, ce père de l'affliction. » Rire est bon pour la santé mais aussi pour le jugement, le discernement. Ce n'est pas un hasard si, à l'exception d'Aron, les intellectuels joyeux et bons vivants se trompent beaucoup moins souvent que les éclopés bilieux et souffreteux à la Sartre, qui se vengent sur le premier venu de leurs maux de dents, d'estomac, d'intestins. Si l'on ne veut pas se tromper, mieux vaut suivre les espiègles, les radieux, les bons vivants, comme Camus, Revel, Julliard, Sloterdijk, Vargas Llosa.

Déprimés et déprimants sont les trotskistes qui ont longtemps pullulé aux Jeunesses socialistes que Mitterrand appelait « l'école du vice » : ils sont souvent tristes comme la mort. Après avoir pris l'air en mai 68, ils sont retournés dès juin dans leurs catacombes avec des mines de conspirateurs avant d'essayer de se faire un trou dans la société ou dans un parti comme le premier grimpion venu : Lionel Jospin, Edwy Plenel, Jean-Luc Mélenchon, Jean-Christophe Cambadélis, Julien Dray, etc. Et, plus tard, Alexis Corbière ou Benoît Hamon. Le trotskisme mène à tout.

Le maoïsme aussi. Pas plus rigolos que les trotskistes, les adorateurs de la Chine populaire ont parfois eu le courage de leurs convictions : ils se sont déployés au grand jour sur tous les terrains, y compris dans les usines, ce qui était nouveau chez les gauchistes. Mais ils ont eu beau s'agiter, dénoncer ou faire l'éloge de l'assassinat politique, ils ont toujours semblé turbuler dans le vide ou le sang. Il fallait qu'ils fussent bien étourdis pour ne pas se rendre compte qu'ils avaient les pieds dedans. Le marxisme-léninisme aveugle.

Ils ont exercé un terrorisme individuel bien réel contre des écrivains comme Lucien Bodard : nostalgique de son enfance en Chine et bon connaisseur du pays, il avait vu juste dès 1961, avec un livre prophétique, *La Chine du cauchemar*, où il accusait Mao de vouloir mutiler l'homme et lui enlever son ego pour le noyer dans la masse. C'est pourquoi il fut traité d'affabulateur par le camp du Bien alors que Han Suyin, porte-parole fanatique du régime, était devenue la référence, qui enchaînait, depuis son *Multiple splendeur*, les best-sellers internationaux à l'eau de rose.

Comment peut-on avoir été maoïste dans la France des années 1970 ? Même si leur idéologie était sanguinaire, je n'arrivais pas à prendre les maoïstes français au sérieux. Récitant le *Petit livre rouge* avec un air pénétré, ils me semblaient aussi débiles que comiques. Menés par leur fascination de la puissance et leur volonté d'être du côté du manche, ils incarnaient un pétainisme ou un collaborationnisme auxquels aime s'adonner l'intelligentsia qui adore se coucher devant ceux qu'elle considère comme les futurs vainqueurs : les staliniens un jour, les islamistes un autre. D'autant qu'il se disait alors que le prochain siècle serait chinois et que nous avions encore tous en tête la drolatique chanson de Jacques Dutronc, son premier succès, sur des paroles du journaliste Jacques Lanzmann : Sept cents millions de Chinois, « Et moi et moi et moi »...

Si la France a été plus durablement infectée par le gaucho-maoïsme que l'Allemagne et l'Italie, c'est sans doute parce que le sien, si débilitant fût-il, n'a pas été aussi horrifiant. Ce ne fut pas faute d'avoir essayé, notamment en multipliant comme Sartre des appels au meurtre qui restèrent lettre morte. Mais notre pays n'a pas été vacciné comme ses voisins allemand et italien par les passages à l'acte de ses radicaux : dans les deux cas, un cordon sanitaire fut établi entre la gauche démocratique et l'extrême gauche terroriste.

La gauche allemande a fait corps avec le reste de la classe politique contre les crimes abjects de la Fraction Armée rouge outre-Rhin : trente-quatre morts. Même chose de l'autre côté des Alpes, où la gauche italienne n'a fait preuve d'aucune complaisance envers les Brigades rouges et leurs épigones, responsables, entre 1969 et 1980, de plus de trois cent soixante morts dont un ancien Premier ministre, Aldo Moro, assassiné.

La gauche radicale française n'a finalement fait qu'un seul mort : Jean-Antoine Tramoni, le vigile de Renault qui, en 1972, avait tué Pierre Overney, militant maoïste, à Billancourt, alors que celui-ci tentait, avec des camarades, d'entrer dans une usine de Renault dont il avait été licencié. Cinq ans plus tard, après avoir purgé deux ans de prison, Tramoni a été assassiné par deux tueurs à moto, au nom des Noyaux armés pour l'autonomie populaire.

Comparée à ses homologues allemande et italienne qui menaient la « lutte armée » au nom d'un marxisme-léninisme de tendance maoïste, la Gauche prolétarienne, le groupuscule français qui se détachera bientôt des autres, fait moins penser à une organisation terroriste qu'à une colonie de vacances pour intellectuels paumés et friqués, fascinés par les armes, la violence et l'idéologie marxiste-léniniste. Les racines du maoïsme français sont éminemment bourgeoises et son premier bastion sera l'École normale supérieure de la rue d'Ulm. Tout un symbole.

Althusser, psycho-maoïste et assassin de sa femme

Le premier gourou du maoïsme français est Louis Althusser, marxologue réputé, professeur de philosophie à l'École normale dont il est devenu secrétaire général. Avec son grand front beethovénien au-dessus d'un regard d'épagneul abandonné, ce mandarin a le charisme de ceux qui portent tous les malheurs du monde sur leurs épaules. Même si ses livres ne sont pas lus, même s'il fuit la lumière et les estrades des meetings, c'est l'une des grandes autorités de l'intelligentsia française. Un marxiste « réformateur » dont la pensée tortueuse et compliquée n'a pas résisté à l'épreuve du temps. Un pétitionnaire professionnel aussi qui, comme d'autres intellectuels maoïstes, a, bien sûr, signé la fameuse et pompeuse pétition en faveur de la pédophilie, publiée dans *Le Monde* du 23 mai 1977.

En 1980, Louis Althusser a assassiné sa femme, la sociologue Hélène Rytmann, figure de la Résistance sous le nom de Legotien, qui avait décidé de le quitter. Il l'a étranglée, mode opératoire effrayant quand on sait que la mort ne survient souvent qu'au bout de vingt minutes de strangulation. Comme il était dans le camp du Bien, c'est-à-dire communiste « critique », il a été beaucoup plaint dans son petit milieu : intellectuel, donc victime, il n'a pas été inquiété par la justice. Il est vrai qu'il avait une excuse. Le philosophe marxiste-léniniste, quasi-euphémisme en ce temps-là, souffrait de dépression mélancolique et faisait des séjours réguliers en hôpital psychiatrique.

Ce n'était pas sa faute. Selon la version du crime qu'il donne dans ses Mémoires, *L'avenir dure longtemps*, Althusser était sur son lit, dans son appartement de fonction, et massait tranquillement le cou de son épouse quand, soudain, il a ressenti « une grande fatigue musculaire » dans ses avant-bras. « Le visage d'Hélène est immobile et serein, ses yeux ouverts fixent le plafond, écrit-il. Et soudain je suis frappé de terreur : ses yeux sont interminablement fixes et surtout voici qu'un bref bout de langue repose insolite et paisible entre ses lèvres. » Alors, il se redresse et hurle : « J'ai étranglé Hélène ! » Puis, affolé, il court à l'infirmerie pour trouver le docteur Étienne, le médecin de l'École normale : « Pierre, viens voir, je crois que j'ai tué Hélène. »

Ce n'est pas sa faute, on vous le dit.

C'est d'abord celle de l'économie de marché. Comme il l'observe dans ses Mémoires, Althusser n'en pouvait plus de traverser cette « rivière de merde », c'est-à-dire la société capitaliste, pour rechercher de l'autre côté la « plage », le « soleil » et le « vent », entendez la révolution prolétarienne. Ensuite, il n'avait fait qu'obéir à feu son épouse : Hélène Rytmann, prétend-il, lui avait un jour « demandé de la tuer lui-même ». Voilà la vraie coupable ! Comme il n'y a « ni crime ni délit » quand le prévenu est en état de démence au moment des faits, il était donc innocent, forcément innocent. Quand on psychologise, on décriminalise toujours et une ordonnance de non-lieu clôtura l'information judiciaire ouverte après l'assassinat.

Entre deux rémissions, Althusser a eu le temps de construire une œuvre improbable et totalement indigeste, malgré, peut-être, *Montesquieu, la politique et l'histoire*, son premier livre. Prétendant concilier Marx, Spinoza et le structuralisme, il a au moins réussi à faire illusion. Membre du PCF jusqu'au meurtre d'Hélène, mais acquis depuis les années 1960 aux thèses prochinoises, il a fabriqué des générations de maoïstes, comme les philosophes Étienne Balibar ou Alain Badiou. Bernard-Henri Lévy, qui fut son élève à l'École normale, n'échappa pas non plus, le temps d'une saison, à la fièvre maoïste.

Sartre, bénisseur et rentier du maoïsme

Si Althusser a fait office de père fondateur du maoïsme, Sartre n'en aura été que son rentier. Toujours soucieux de faire oublier son attitude trouble, pour ne pas dire couarde, pendant l'Occupation, il est à la fois la figure emblématique et le compagnon de route des maoïstes dont il ne cesse de bénir l'action. « Partout où la violence révolutionnaire prend naissance dans les masses, écrit-il à leur propos, elle est immédiatement et profondément morale, car les travailleurs, jusque-là objets de l'autoritarisme capitaliste, deviennent, fût-ce pour un moment, les sujets de leur histoire[1]. »

1. Michèle Manceaux, *Les Maos en France*, avant-propos de Jean-Paul Sartre, Gallimard, 1972.

Sur tous les mauvais coups ou presque, c'est un desperado. Suivant sa pente robespierriste, il se prononce sans vergogne pour « la justice populaire ». Dans un article paru dans le périodique *La Cause du Peuple – J'accuse*, il se livre ainsi à un vibrant éloge de la prise d'otages d'athlètes israéliens par l'organisation palestinienne Septembre noir pendant les Jeux olympiques de Munich de 1972, une opération qui a fait dix-sept morts. Il juge « ignoble » l'émotion qu'a provoquée cette affaire dans le monde : « Le principe du terrorisme est qu'il faut tuer[1]. »

Sartre finira par revenir plus ou moins à la raison. Dans une série d'entretiens passionnants avec l'ex-maoïste Pierre Victor, de son vrai nom Benny Lévy, qu'il publie au couchant de sa vie, il déclare : « La radicalité m'a toujours paru un élément essentiel de l'attitude de la gauche. Si nous repoussons la radicalité, selon moi, nous contribuons, et pas peu, à faire mourir la gauche. D'un autre côté, la radicalité, je le reconnais, conduit à une impasse[2]. »

Corvéable à merci, la morale plein la bouche, Sartre porte sur les fonts baptismaux, en 1973, le quotidien *Libération* fondé par un petit groupe de militants autour de Serge July, l'un des chefs historiques de la Gauche prolétarienne. July entend désormais privilégier l'enquête, après avoir fait quatre ans plus tôt, dans un livre collectif, l'apologie de la violence urbaine. On peut y lire, entre autres affirmations : « La lutte armée fait partie de la tradition de résistance prolétarienne en France[3]. »

1. Le 15 octobre 1972.
2. *Le Nouvel Observateur*, 17 mars 1980.
3. Alain Geismar, Serge July, Erlyn Morane, *Vers la guerre civile*, Éditions et publications premières, 1969.

Autour du berceau de *Libération*, plusieurs bonnes fées tendaient leur sébile pour un appel à souscription, par ici la monnaie : Serge Gainsbourg, Jeanne Moreau, Jean Rochefort, Jean-Pierre Chevènement, etc. L'entreprise était presque consensuelle. Une partie de la bonne gauche était là, qu'incarnait, derrière Sartre et July, un troisième homme, légèrement en retrait, Michel Foucault, étoile montante de la philosophie.

Foucault, un romantique antisanguinaire

Foucault a fait, lui, office de grand frère, d'allié objectif ou d'idiot utile des maoïstes. Pour sa défense, il n'entend pas grand-chose à la politique. Il n'a jamais appelé au meurtre et n'aurait pas justifié, comme Sartre, l'assassinat d'athlètes israéliens. Il passait souvent à la rédaction du *Nouvel Observateur* et, même quand il proférait des bêtises, ce qui arrivait souvent – il célébra la révolution des mollahs en Iran, par exemple –, je ne pouvais résister à son incontestable charme. Il y avait chez l'auteur de l'*Histoire de la folie à l'âge classique* un romantisme et quelque chose de foutraque, de génial et d'enfantin, d'irrésistiblement généreux.

A priori, Foucault n'est pas vraiment en phase avec les maoïstes, comme en témoigne cet échange avec Benny Lévy, l'un des chefs de file du mouvement, rapporté par Christophe Bourseiller dans sa désopilante saga *Les maoïstes. La folle histoire des gardes rouges français*[1]. « Au premier stade de la révolution idéologique, dit Benny Lévy, je suis pour les

1. Christophe Bourseiller, *Les Maoïstes. La folle histoire des gardes rouges français*, Plon, 1999.

pillages, pour les excès. Il faut tordre le bâton dans l'autre sens, et l'on ne peut pas renverser le monde sans casser des œufs. » Alors, Foucault, choqué par cette approche sanguinaire : « Il faut surtout casser le bâton. »

Foucault a pris quelque distance avec la mouvance maoïste quand, en 1972, elle a mis en avant un fait-divers, un soi-disant « meurtre de classe », celui d'une jeune fille de seize ans, Brigitte Dewèvre, d'origine modeste, à Bruay-en-Artois. L'affaire donna l'occasion à l'extrême gauche d'organiser le lynchage médiatique d'un pilier de la bourgeoisie locale, le notaire Pierre Leroy. Dans la foulée du juge Pascal qui l'avait déclaré coupable, avec sa maîtresse, sans le moindre début de preuve, les maoïstes menèrent une campagne ignoble contre le couple, avec la complicité d'une partie de la presse de gauche dont, hélas, *Le Nouvel Observateur*.

Les maoïstes ont fait la loi, pendant plusieurs années, dans l'intelligentsia. Sur tous les plans ou presque. Trop indépendant pour se laisser terroriser par eux, Foucault ne sombra cependant jamais dans leur exaltation propalestinienne, leur haine frénétique d'Israël et leur antisémitisme rampant. Le 9 août 1982, après la fusillade par un commando palestinien des clients d'un restaurant juif de la rue des Rosiers, chez Goldenberg, nous étions tous les deux par hasard sur les lieux et nous nous étions retrouvés prisonniers à l'intérieur du périmètre de sécurité établi en toute hâte par la police. Tandis que les corps finissaient d'être évacués, je me souviens de son air hébété, ravagé, devant les litres de sang des six morts et des vingt-deux blessés, qui stagnaient sur le carrelage et dans lesquels nous marchions, les semelles sanglantes. Il me sembla qu'il pleurait, comme moi, devant tant de violence absurde et aveugle.

Le ver maoïste a proliféré dans le « fruit » de l'intelligentsia. Une fois qu'il l'a dévoré, il a contaminé peu à peu la gauche française non communiste qui, depuis, a souvent fait preuve, au nom d'un pseudo-romantisme, de complaisance envers les extrémistes, pourvu qu'ils se réclament de l'antifascisme ou de l'anticapitalisme. La gauche est devenue un bloc, black blocs compris.

Les délires du Monde, *vigie maoïste*

Les gauches italienne ou allemande étaient entrées, au nom de la défense de la démocratie, dans une guerre à mort contre les fascistes de gauche des Brigades rouges ou de la Bande à Baader. Elles étaient immunisées. Ce ne fut pas le cas en France et les passerelles avec l'ultragauche expliquent les délires de la gauche française, notamment les exultations du *Monde*, le temple du camp du Bien, quand les Khmers rouges, idéologues génocidaires au front bas, prennent le pouvoir à Phnom Penh, la capitale du Cambodge dont ils extermineront ensuite une partie de la population.

« La ville est libérée », se réjouit Patrice De Beer, le correspondant du *Monde*, le 17 avril 1975, sous un titre de une digne de la presse stalinienne : « Enthousiasme populaire ». Le mois suivant, le journaliste réfute les accusations de « l'administration américaine » qui « se raccroche à la théorie du bain de sang ». Dans la foulée, Jacques Decornoy, son chef de rubrique, un énarque donneur de leçons, puits de science infuse, s'en prend à ceux qui, au *Figaro* notamment, sous la plume de Raymond Aron, dénoncent les massacres des Khmers rouges : les « témoignages indirects » sont « par nature incertains et, dans les conditions actuelles, suspects » : ne seraient-ils pas « plus qualifiés, pour dénoncer hâtivement des exactions, ceux qui n'auront pas omis au cours de la guerre d'accorder autant de place aux atrocités de l'autre camp et aux boucheries provoquées par l'aviation américaine ? ».

Suppôts de la Chine de Mao qui les arme, les Khmers rouges mettent simultanément en œuvre dans leur petit pays la Révolution culturelle et le Grand Bond en avant qui ont rempli, dans l'ancien empire du Milieu, les charniers que l'on sait. Leur politique se résume ainsi en deux formules : l'éradication des élites et l'agrarisation forcée du pays. Affiliés au Parti communiste du Kampuchéa, d'obédience marxiste-léniniste, ils exécutent les anciens cadres gouvernementaux et abolissent l'école, les tribunaux, l'argent, la religion tout en vidant les villes de leurs populations qui sont amenées sans ménagement à travailler la terre, souvent jusqu'à ce que mort s'ensuive. Entre 1,5 et 2 millions de personnes ont succombé, sous leur férule, entre 1975 et 1979, à la famine, à la torture, aux coups de pioche (pour économiser les balles). Soit un quart de la population cambodgienne.

Après leur prise de pouvoir, Decornoy écrit pourtant que « le peuple est à l'ouvrage jour et nuit ». Relevant l'« allégresse révolutionnaire » qui règne dans le pays, il n'hésite pas à se féliciter : « Une société nouvelle est assurément en gestation dans le royaume révolutionnaire. » Un article qui ne se démarque pas de la tribune offerte par *Le Monde* à un représentant du Front uni du Kampuchéa qui, un an plus tard, enfile les perles : « Où que l'on se trouve, on est chez soi dans ce nouveau Cambodge. On y participe aux tâches collectives de défense et de production au sein de coopératives dont l'État coordonne l'action, et qui assurent l'épanouissement des personnes sur les plans matériel, moral et culturel. »

Au *Nouvel Observateur*, la lecture d'un article alambiqué de Jean Lacouture, ami de Decornoy et flagorneur d'ambassade, provoque comme un malaise. Esprit éclectique, toujours effusant, l'encensoir à la main, la plume vive et dansante, Lacouture tente sans arrêt de faire oublier que, pendant l'Occupation, il est passé, au grand dam de sa mère, à côté de la Résistance qu'il n'a rejointe qu'en... 1944. Comme Sartre, pour se racheter ou pour se protéger, il s'est converti à l'anticolonialisme dès la Libération, jusqu'à devenir le chantre officiel des dictateurs du tiers-monde. Un jour, il a vu la Vierge : c'était Hô Chi Minh, le chef communiste du Nord Vietnam.

Lacouture a néanmoins des réflexes de professionnel : il ne laisse pas libre cours à ses élans. Sans sombrer dans l'abjection, lui, il salue, le 21 avril 1975, l'entrée du Cambodge dans « l'ère du socialisme » et d'un monde meilleur sous la houlette de dirigeants à qui il n'incombe plus que « d'instaurer le régime pur et dur qui peuple leur rêve dans un pays que ses inclinations ne portent apparemment ni vers la pureté ni vers la dureté ». Il sera ensuite exfiltré par la direction du journal vers d'autres sujets, d'autres cieux et reconnaîtra plus tard avoir « péché par ignorance et naïveté », un mea culpa trop rare, pour ne pas être souligné, dans l'engeance des maoïstes et de leurs idiots utiles.

Le « socialisme » macabre des Khmers rouges n'était qu'une reproduction miniature de ce qui s'était passé en Chine, sous le règne de Mao. Un peu de bon sens aurait pu mettre la puce à l'oreille des maoïstes français mais ils en sont totalement dépourvus.

II

MAO, LE GRAND GÉNOCIDAIRE

> Sans l'autorité d'un seul, il y aurait la lumière, il y aurait la vérité, il y aurait la justice. L'autorité d'un seul, c'est un crime.
>
> LOUISE MICHEL

Comme les mousquetaires, les grandes consciences françaises du maoïsme ont été quatre. Après Althusser, Sartre et, d'une certaine manière, Foucault, voici le talentueux Philippe Sollers, sans doute le seul maoïste à pétiller d'humour, une bibliothèque vivante et un as de l'autopromotion qui, avec son fume-cigarette, a des airs de Marlene Dietrich. C'est un jeune vieux qui, toute sa vie, semblera en exil de quelque chose.

Il ne badine pas avec la politique. À la tête de la revue intellectuelle *Tel Quel* où batifolent Jean-Loup Dabadie ou Jean-Edern Hallier, Sollers n'est pas encore le notable des lettres à la Sainte-Beuve, qui, plus tard, regardera tout le monde de très haut. À l'époque, il fait figure de Petit Timonier ou de « flic » des maos. C'est au demeurant le surnom que lui avait donné le philosophe Jacques Derrida.

Un jour que nous déjeunions au restaurant La Coupole, à Montparnasse, Derrida avait rencontré fortuitement Sollers, un verre de champagne à la main comme de coutume. J'avais senti un grand malaise entre les deux hommes. « Le monde intellectuel a perdu tout crédit, m'avait dit ensuite Derrida, une belle personne, comme essoufflé, sous le coup de l'émotion. Avec ses méthodes de basse police et sa passion des tribunaux populaires, techniques staliniennes et maoïstes, ce flic a tout tenté pour faire de nous des complices des crimes contre l'humanité perpétrés en Chine. »

Homme de lettres surdoué aux imposantes bagouses, Sollers disposait, en bon flic, d'un impressionnant réseau dans le Paris des lettres : quand il s'emballe pour un manuscrit mal écrit et d'une confondante bêtise, il est suivi, séance tenante, par le camp du Bien. C'est ainsi qu'il fera paraître *De la Chine* de Maria-Antonietta Macciocchi aux Éditions du Seuil. Le succès critique qu'a connu cet opus en dit long sur l'infantile religiosité des maoïstes et, au-delà, de la gauche bien-pensante.

L'intelligentsia française n'a rien appris. Après s'être amourachée de Staline, le petit père des peuples, voilà que Mao est devenu le « phare » de sa pensée. *Le Monde* est son journal officiel à travers, notamment, les chroniques énamourées de son correspondant à Pékin, Alain Bouc. Sous la haute autorité de Claude Julien, le chef du service étranger, le journal est devenu une filiale du *Quotidien du peuple*, l'organe du Parti communiste chinois : il dézingue ou passe sous silence tous ceux qui osent évoquer les exactions des maoïstes contre la population chinoise.

Pour que le concert permanent de louanges à Mao fût parfait, il fallait une soprano : ce sera Maria-Antonietta Macciocchi, élue en 1968 députée de Naples sous les couleurs du Parti communiste italien (PCI). Une croisée brouillonne et péremptoire du maoïsme au nom de l'antistalinisme. Moitié Castafiore, moitié Mme Verdurin, elle fait partie, avec Sartre, Beauvoir ou Sollers, de ces gogos qu'avaient galvanisés les voyages organisés dans la Chine maoïste comme l'avaient été auparavant les compagnons de route de l'Union soviétique en pâmoison devant les « réalisations » du communisme. Au grand dam du PCI, son livre, *De la Chine,* reprend tous les poncifs du genre.

« Pour qui sort d'une expérience comme la mienne en Chine, note Macciocchi avec une componction de ravie de la crèche, le rôle objectif de la pensée de Mao apparaît comme le contraire d'un catéchisme dogmatique. [...] Armer les masses d'une idéologie, les mettre en mesure de s'approprier le marxisme-léninisme et la pensée de Mao Zedong, c'est faire beaucoup plus que d'exiger d'elles des citations ; c'est exercer une poussée obstinée en direction d'une nouvelle conscience révolutionnaire, qui les empêche de les soumettre à des ordres contraires à la construction du socialisme. »

De toutes les hideuses idéologies du XXe siècle, le maoïsme, avec son Grand Bond en avant et sa Révolution culturelle, aura été de loin la plus meurtrière : entre 45 et 80 millions de morts, selon les sources, Staline étant responsable de 20 millions de morts et de 28 millions de déportations. Quant au nazisme, il a exterminé, lui, au moins 12 millions de personnes. Personne ou presque n'avait alors voulu entendre les cris ou les hurlements à la mort des victimes du marxisme-léninisme, humiliées, violentées, massacrées dans l'ancien empire du Milieu.

L'aveuglement est général, de la gauche à la droite. Malraux a prétendu que Mao était « la plus grande figure historique de notre époque ». Mitterrand en a fait un « humaniste ». Après le fiasco de sa politique économique (« le Grand Bond en avant »), sanctionnée par une famine qui a tué des dizaines de millions de Chinois, Mao a été mis à l'écart par Liu Shaoqi, un communiste pragmatique, mais nos grands intellectuels respirent quand, pour reprendre le pouvoir, le Grand Timonier lance, à partir de 1966, « la grande Révolution culturelle prolétarienne » qui fera à son tour des millions de morts.

Sollers, l'homme qui rit dans les charniers de l'Histoire

Dans son appel à la Révolution culturelle, le comité central du PC chinois avait été sans ambiguïté, qui appelait à « abattre » tous les déviants : « Nous devons liquider tous les génies malfaisants [...]. Nous devons purger la terre de toute la vermine et balayer tous les obstacles. » « Nous ne voulons pas la gentillesse, nous voulons la guerre », résuma Mao. Qui pouvait dire qu'il ne savait pas ce qui se passait derrière la Muraille de Chine ? On avait beau discréditer les témoignages prétendument fabriqués par « l'impérialisme américain », les mots d'ordre maoïstes étaient sans appel.

Les gardes rouges, bataillons de jeunes gens à la solde de Mao, obéissaient au doigt et à l'œil au nouveau slogan : « Pas de fondation sans destruction. » Ils ne se contentaient pas seulement de détruire les sculptures ou les temples bouddhistes. Ils s'attaquaient physiquement aux femmes qui gardaient les cheveux longs ou s'habillaient avec coquetterie, pour plaire aux hommes : c'était péché. Ils exterminaient aussi, avec une grande inventivité, les représentants des cinq « catégories noires », comme les propriétaires fonciers, les contre-révolutionnaires ou les droitiers qui étaient brûlés, noyés, décapités, enterrés vivants ou grillés au four. Apparemment, ils s'amusaient bien : le maoïsme était une fête.

Un festin aussi. Déjà, pendant le Grand Bond en avant, de nombreux cas de cannibalisme avaient été recensés. Lors de la Révolution culturelle, il arriva souvent, dans la province du Guangxi notamment, que les ennemis du peuple fussent mangés. Le foie, le cœur, le pénis, morceaux supposés nobles, étaient réservés aux autorités locales, tandis que la population se partageait le reste lors de « banquets révolutionnaires ». Les faits ont été établis par l'historien Song Yongyi, d'après un rapport commandé par le Parti en 1988.

Qu'importe si tant de crimes contre l'humanité furent commis par Mao et ses sicaires, pourvu que la révolution chinoise poursuivît sa glorieuse et sanglante marche en avant. À l'époque, *De la Chine* de Macciocchi, ramas illisible de formules creuses, a droit à de nombreux dithyrambes dans les journaux de gauche, au grand dam de la presse communiste qui se déchaîne contre le livre. Après que le PCF a interdit qu'il soit exposé à la Fête de l'Humanité, Sollers, mélodramatique, rompt avec le Parti et lance l'impérissable Mouvement de juin 1971 : il s'agit de célébrer le mois « historique » où a été publié l'ouvrage de cette prophétesse de Macciocchi, « admirable témoignage » selon lui et « ressource d'analyse théorique », qui « a la puissance et la vérité du nouveau ».

Dans *Le Monde*, Alain Bouc s'est extasié sérieusement devant ce livre réservoir d'« une somme d'informations » qui, jusqu'à présent, « faisaient défaut ». *Le Nouvel Obser-*

vateur a été aussi louangeur sous la plume de Charles Bettelheim, président des Amitiés franco-chinoises. « Au fil des pages, clame Bettelheim, c'est la Chine qui prend corps et qui prend vie. » Et il ne peut s'empêcher de dénoncer la seule petite réserve de Macciocchi sur les « inégalités de développement » du système maoïste, « interprétation inexacte de la révolution chinoise ».

Comment ces billevesées ont-elles pu être publiées dans *Le Nouvel Observateur* qui prétend être le journal de l'intelligentsia ? Je m'interroge comme tous les contempteurs du prêt-à-penser maoïste qui collaborent au journal, à commencer par Jacques Julliard, François Furet ou Claude Roy. Ils sont consternés. Tels sont les effets du terrorisme intellectuel, grande spécialité des maoïstes du magazine, pas plus d'une quinzaine, un lumpenprolétariat occupant des tâches subalternes, qui pèse lourd, grâce au soutien que lui apporte, de loin, Michel Bosquet dit André Gorz, mille-pattes idéologique et monstre d'intelligence, que j'adore et qui m'a pris en amitié.

Bosquet n'en pense pas moins. Il s'intéresse à tout ce qui bouge dans la société et s'est fait le chantre d'Édouard Leclerc, pionnier de la grande distribution, avant de devenir le propagandiste des prophéties du futurologue américain Alvin Toffler qui annoncera, avec vingt ans d'avance, l'avènement de la société de l'ordinateur. J'ai rarement rencontré des personnes qui, comme Bosquet, étaient autant de leur temps, à l'affût de toutes les inventions, des nouveaux courants de pensée.

Quand je demande à cet antistalinien comment il peut soutenir la criminogène imposture maoïste, Bosquet me répond avec un grand sourire angélique : « Pourquoi ajouterais-je ma pierre ? Le communisme chinois n'apporte aucune solution aux problèmes d'aujourd'hui, il est condamné par l'Histoire. Je préfère le laisser mourir de sa belle mort qui ne saurait tarder. » Je le soupçonne de ne pas vouloir rompre avec Sartre, son ami.

Quelques mois après le triomphe fait à Macciocchi paraît *Les habits neufs du président Mao*, le chef-d'œuvre de Simon Leys (de son vrai nom Pierre Ryckmans), aux Éditions Champ libre, maison d'obédience situationniste. L'accueil est aussi froid que discret. C'était pourtant l'un des livres les plus importants de cette fin de siècle : une leçon d'histoire et une descente en flammes documentée du maoïsme, que les chiens de garde du Grand Timonier chinoisent et contestent aussitôt. « *China watcher* français de Hong Kong travaillant à la mode américaine », s'indigne Alain Bouc dans *Le Monde*, le doigt sur la couture de son pantalon mao, l'auteur « n'a manifestement pas l'expérience de ce dont il parle ».

Simon Leys,
l'homme par qui le scandale est arrivé

Universitaire belge et non pas français, comme l'écrit faussement Bouc, Simon Leys est un sinologue qui a la particularité de parler couramment chinois. Dans cet essai dont le titre est emprunté à un conte d'Andersen (*Les habits neufs de l'Empereur*), il décrit Mao Zedong comme un autocrate paranoïde, virtuose de la manipulation, et montre, faits à l'appui, que la « Révolution culturelle », tant célébrée par une grande partie de la gauche intellectuelle, n'était finalement qu'une vaste opération d'épuration.

L'Obs a demandé à Étiemble, agrégé de grammaire, polémiste de talent, éminent sinisant et longtemps maoïste, de recenser le livre de Simon Leys. C'est le prototype de l'honnête homme du XXe siècle. Dans une critique très élogieuse, il salue l'érudition de l'auteur et observe qu'il y a longtemps qu'il n'a rien lu de « plus bouleversant » que ce livre qui « gêne douloureusement les plus vieux amis de Mao » dont il croit être.

Très active, la petite secte maoïste du journal a décidé que l'article d'Étiemble était « indigne » et qu'il ne devait pas paraître. Fidèle à sa conception du journalisme contradictoire, Jean Daniel lui a répondu qu'en aucun cas il n'acceptera de le censurer, mais qu'il accepte qu'il soit coupé pour que puisse figurer à côté le point de vue d'un maolâtre : ce sera Jean Daubier, auteur d'une ridicule *Histoire de la révolution culturelle prolétarienne en Chine*. Avant d'oser parler un jour de « charlatanisme » à propos de Leys, il se contentera, dans son article amphigourique de *L'Obs,* de fustiger « une totale ignorance du maoïsme », en relevant de soi-disant erreurs, avant d'assurer que le président chinois a été « l'un des premiers théoriciens marxistes » à analyser « la lutte des classes en régime socialiste ».

Les années suivantes, la maolâtrie continuera à se porter bien, à la bourse des délires de l'intelligentsia française. Le mythe de l'homme nouveau résiste à toutes les révélations sur la vraie nature du maoïsme qui est devenu la nouvelle religion des catholiques de gauche. Le révérend père Cardonnel y voit « une réalisation enthousiaste » et même, ô miracle, ce qu'il appelle… « la Foi ». Après avoir osé écrire que « la société chinoise n'est pas répressive », Henri Fesquet, qui tient la rubrique religieuse du *Monde*, s'émerveille sans rire des vertus chrétiennes du Chinois sous Mao : « Chaste, austère, travailleur, respectueux d'autrui », il « risque de nous irriter parce qu'il nous fait honte ».

Les idéologues ne se laissent jamais influencer par la réalité : c'est à elle de changer, pas à eux. Ils n'ont pas peur du ridicule, c'est leur marque de fabrique. En 2014 encore, Alain Badiou, philosophe en vogue, s'en prenait à « la brillante improvisation idéologique de Simon Leys dépourvue de tout rapport au réel politique » qu'auraient documentée, précise-t-il, ne riez pas, des « travaux académiques » d'universités américaines, sans doute inspirés, ce qu'il n'ose quand même pas écrire, par la CIA.

Comme les cerveaux de tant d'intellectuels, celui de Badiou est resté dans le formol depuis un demi-siècle. Pendant les années 1970, ils n'étaient déjà pas en bon état, comme le montre l'absence totale de discernement de Sollers qui a emmené plusieurs compères en voyage officiel dans l'empire du Milieu, en 1974, alors que bat son plein la campagne contre Confucius et Lin Piao, l'ennemi personnel de Mao. Le psychanalyste Jacques Lacan s'est récusé à la dernière minute sous prétexte, observera plus tard le Gentil Organisateur, « que sa maîtresse du moment n'avait pas obtenu de visa ». Le sémiologue Roland Barthes, mythique universitaire, auteur du non moins mythique *Mythologies*, s'est rapidement demandé, lui, ce qu'il était venu faire dans cette galère.

Barthes n'est pas du genre à oublier de faire ses génuflexions devant l'extrême gauche. Quelques années plus tard, pour en finir avec les présupposés de la philosophie occidentale qui considère que la raison passe par la parole, il déclare dans sa séance inaugurale au Collège de France que la langue est « fasciste, car le fascisme, ce n'est pas d'empêcher de dire, c'est d'obliger de dire ». Au diable, les lettres classiques ! Vive la table rase !

Si subversif soit-il, Barthes qui reconnaîtra, avant de mourir, que la langue classique est « essentielle » et non

« fasciste », s'ennuie à mourir pendant son voyage en Chine, « désert sexuel ». Choqué par la sourde impassibilité des jeunes gens qu'il lorgne, ce jouisseur gidien n'en peut plus des discours, des salamalecs, de l'« infantilisation » du régime. « Et avec tout ça, se lamente-t-il, je n'aurai pas vu le kiki d'un seul Chinois. Or, que connaître d'un peuple si on ne connaît pas son sexe ? »

Ses *Carnets du voyage en Chine* sont navrants. « Personnellement, reconnaît Barthes, je ne pourrais vivre dans ce radicalisme, dans ce monologisme forcené… » « Le spectacle de cet immense pays terrorisé et crétinisé par la rhinocérite maoïste a-t-il entièrement anesthésié sa capacité d'indignation ? » s'interrogera Simon Leys dans *La Croix*. Non, mais il réservera cette capacité d'indignation à la dénonciation de la détestable cuisine qu'Air France lui sert dans l'avion de retour : « Le déjeuner d'Air France est si infect (petits pains comme des poires, poulet avachi en sauce graillon, salade colorée, chou à la fécule chocolatée – et plus de champagne) que je suis sur le point d'écrire une lettre de réclamation. »

Trois mois après son retour de voyage, Philippe Sollers paie son écot à Pékin avec un grand article à la une du *Monde*, dans la ligne du Parti communiste chinois, sobrement intitulé : « Mao contre Confucius ». « La lutte contre Confucius, postule Sollers, confus et pas inspiré, est un appel à renverser toutes les interprétations idéalistes de la révolution chinoise. C'est une incitation à aller plus loin, plus profond, dans le passé et dans l'avenir. »

Comme l'a observé l'universitaire François Hourmant dans *Les années Mao en France*, un livre glaçant sur cette période démente, « la recherche inassouvie de cités idéales et un romantisme révolutionnaire ont nourri le mythe chinois, en même temps qu'une quête de salut mystico-politique, à dimension messianique. Terre de pèlerinage, la Chine a incarné l'un des derniers avatars de cette période missionnaire ».

Comment les maoïstes français ont-ils osé dire qu'ils ne pouvaient pas savoir ? Rien ne pouvait ouvrir leurs yeux que ne dessilla même pas la publication d'un témoignage de haute volée, *Prisonnier de Mao* de Jean Pasqualini, né d'un père corse et d'une mère chinoise. Paru aux États-Unis en 1973 puis en France en 1975, son livre raconte ses sept ans dans un camp de travail. Il rapporte que beaucoup des détenus du Goulag maoïste avaient été condamnés pour adultère ou homosexualité, à moins qu'ils ne fussent des « oisifs », des « contre-révolutionnaires » ou des fortes têtes soumis à une « rééducation par le travail manuel ».

Dans *Le Monde diplomatique*, bulletin officiel des maolâtres, Jean Daubier relativise la portée de *Prisonnier de Mao* de Pasqualini qui sera pourtant salué par des personnalités aussi différentes que Simon Leys ou Alain Peyrefitte : « Toute personne ayant vécu en Chine connaît ses pratiques. Des lois les réglementent. » Daubier chipote aussi sur les chiffres qui sont donnés par les contempteurs du communisme chinois : « Les textes officiels chinois posent en principe intangible que seule une “infime poignée” de gens doit être réprimée. »

L'université consacre Macciocchi mais saque… Leys

Au bout de quelques années, quand l'affreuse réalité du maoïsme ne pourra plus être contestée par personne, les gardes rouges français passeront pour la plupart à droite.

Certains, après avoir vu, éblouis, Mao marcher sur l'eau, se reconvertiront dans le mysticisme judaïque comme Benny Lévy, ou dans la mystique chrétienne comme Maurice Clavel, déjà très croyant il est vrai, ou comme Philippe Sollers, habile funambule, qui se recyclera dans la célébration des papes Jean-Paul II et Benoît XVI.

Mais pas question, pour Sollers, de faire son mea culpa. Comme presque toutes les grandes consciences de l'époque, il se réfugie derrière son statut, en l'espèce celui d'écrivain. « Nous cultivions le rêve avant-gardiste de pouvoir relier la littérature et la révolution », déclare-t-il au journaliste Pierre Boncenne[1]. Et puis « on a tout de même beaucoup ri en nous faisant des procès entre nous, en nous excluant les uns les autres. Nous avions beaucoup de vitalité à dépenser. C'était un jeu franchement dérisoire. Et, franchement, qui n'a pas été un peu terroriste à trente ans ? Mais n'attendez pas de moi une autocritique, je ne l'ai jamais faite ».

S'il y a un coupable selon lui, c'est la littérature, « l'alliée du mal, on ne peut pas la justifier de façon morale ». « Depuis mon enfance, se plaint Sollers, je suis persuadé que les gens se mêlent de votre vie sans y avoir droit. La société est elle-même un immense système de surveillance. [...] Reconnaissez que tout cela m'a coûté cher, en jetant une ombre sur tout ce que j'ai écrit ou écrirais. On a passé l'éponge sur le maoïsme français [...]. Il y a eu une amnistie pour tout le monde sauf pour moi. »

Sans vraiment battre sa coulpe, Sollers a néanmoins fini par encenser sans retenue l'iconoclaste qu'il fustigeait naguère. Dans un grand article, il s'est incliné devant Leys, son œuvre « monumentale », son savoir, son style, sa

1. *Lire*, numéro de mai 1988.

vision : cet homme « avait raison, écrit-il, il continue d'avoir raison, c'est un analyste et un écrivain de premier ordre ». Il le trouve « nerveux, caustique, émouvant, "voltairisé" quand il faut » et « moderne ». « On sent en lui, ajoute-t-il, une foi étrange, un recueillement physique capable de faire silence [...]. Son pessimisme rayonne d'espoir, sa violence n'est jamais mesquine. Il y a là une respiration impassible, ouverte à plus grand qu'elle. Comme une calligraphie, donc, une musique visible. Quand on aime la Chine, on sait d'où elle vient[1]. »

Sollers a beaucoup perdu avec la Chine. Du crédit, de l'honneur. Mais il a gardé sa culture, son talent et, surtout, son éternel sourire. Sollers ou l'homme qui rit dans les charniers de l'Histoire. Quand il ne tire pas la langue... Mais la société lui a pardonné comme elle a pardonné à tous les maoïstes qui, longtemps après, ont toujours pignon sur rue. Pour un peu, elle les plaindrait. Contrairement aux ex d'Occident, organisation d'extrême droite dont l'idéologie anticommuniste n'a pas tué des dizaines de millions de personnes comme le maoïsme, les intellectuels partisans du marxisme-léninisme à la chinoise n'ont jamais eu à rendre de comptes.

S'ils s'étaient trompés, les malheureux, n'était-ce pas pour la bonne cause ? Dans *Le miroir de l'âme*, le philosophe allemand Georg Christoph Lichtenberger a tout dit là-dessus, au XVIIIe siècle : « Là où la modération est une erreur, l'indifférence est un crime. » Notre indifférence à l'égard de cette intelligentsia dévoyée ne fut-elle pas criminelle ? N'a-t-elle pas préparé d'autres dérives, d'autres délires ?

1. *Le Monde,* le 3 avril 1998.

La fin ou la morale de l'histoire en dit long sur l'état de délabrement intellectuel d'une partie de l'université française après que fut passé sur elle l'ouragan maoïste. En 1971, l'année de la publication des *Habits neufs du président Mao*, deux grands sinologues, Jacques Gernet et Paul Demiéville, encouragent Leys à présenter sa candidature à un poste de maître de conférences à l'unité des langues et des civilisations de l'Asie de l'Est à l'université de Paris-7. Il sera blackboulé. En rupture avec le PCI, Macciocchi obtient, elle, sans difficulté un poste d'assistante au département de sociologie de l'université de Vincennes avant de soutenir un doctorat d'État en sciences politiques à la Sorbonne et de recevoir la Légion d'honneur des mains de Mitterrand en personne, excusez du peu.

Plus la vengeance est tardive, plus elle est exquise. Elle donne alors des plaisirs bien plus grands que le bonheur, toujours fugace, que provoque le pardon. Je me souviens de la joie qui m'avait saisi quand j'avais vu, une dizaine d'années après la polémique provoquée par *Les habits neufs du président Mao*, Simon Leys, étreint par l'émotion, comme haletant, dire ses quatre vérités à la Macciocchi, sacrée parangonne de l'intelligentsia française. C'était en 1983 sur le plateau d'« Apostrophes », le régal du vendredi soir que nous passions toujours devant la télévision.

En les vérifiant, j'ai constaté que les paroles de Leys-Ryckmans étaient restées gravées à jamais dans ma mémoire qui m'a toujours semblé ne contenir guère plus de souvenirs que celle d'une mésange : « Quand les idiots disent des idioties, c'est comme les pommiers produisent des pommes, c'est dans la nature, c'est normal. Le problème, c'est qu'il y ait des gens pour les prendre au sérieux. » Puis, élevant la voix, devant la Macciocchi mi-accablée, mi-goguenarde :

« Son ouvrage sur la Chine, ce qu'on peut en dire de plus charitable, c'est que c'est d'une stupidité totale. Si on ne l'accusait pas d'être stupide, il faudrait dire que c'est une escroquerie. »

Ce fut une fessée en place publique et il était difficile de ne pas s'esclaffer quand Leys-Ryckmans résumait, non sans raison, *De la Chine*, le livre-culte de Macciocchi, à l'affirmation que « la pensée de Mao fait pousser les cacahouètes ». La dame ne s'est jamais relevée de cet épisode. Elle n'en a jamais non plus tiré les leçons. Il est vrai que quand on est dans le camp du Bien, c'est pour la vie.

12

LA GAUCHE, COMME UNE MER QUI MONTE

Tout semble prêt au venir des vertiges
Laissez venir cette mer haute et lente

LOUIS ARAGON

Plus bas que terre après leur fiasco à l'élection présidentielle de 1969 (5,01 % des suffrages exprimés), les socialistes n'en finissaient pas de s'éparpiller en chipoteries quand, en 1971, réapparut François Mitterrand dont on avait pu penser qu'il ne se relèverait jamais de ses malheureuses offres de services au pays, en mai 68. Le meilleur ennemi du général de Gaulle aura finalement été pour la gauche ce que ce dernier fut pour la France en 1958 : l'homme du sursaut, du rassemblement et, finalement, de la résurrection.

Lorsque Mitterrand a pris la gauche, ce ne fut pas à la faveur d'un coup d'État, comme le Général en 1958, mais presque, en disciple de Machiavel. Le 13 juin 1971, il a conquis le Parti socialiste en utilisant la stratégie improbable, voire traîtresse, des deux extrêmes, c'est-à-dire en s'appuyant sur l'ultragauche du parti (le CERES de Jean-Pierre Chevènement) et la droite (les fédérations du Nord et des Bouches-du-Rhône, emmenées par Pierre Mauroy et Gaston Defferre).

Estomaqués, Alain Savary et Guy Mollet, les deux vaincus du congrès, ne décolèrent pas. Trop heureux que les adhérents de la Convention des institutions républicaines (CIR) de Mitterrand rejoignent les rangs maigrelets du PS, à la peine, ils n'auraient jamais subodoré qu'un complot contre eux fût possible. Pensez ! Comment imaginer que les deux bouts du parti, les cryptocommunistes du CERES et les anticommunistes de ce qu'on appelait drôlement les « Bouches-du-Nord », se mettraient d'accord, en une nuit, sur leur dos ? Les carpes et les lapins ne copulent pas ensemble, que l'on sache.

« Ce n'est pas moral », vitupère Savary, le premier secrétaire sortant, compagnon de la Libération au curriculum vitae impeccable, une incarnation de la gauche propre, vertueuse. Il ne s'est jamais trompé, en tout cas sur l'essentiel. Avec lui, pas de compromissions avec Vichy ni avec les idées de « l'Algérie française », comme ce fut le cas de Mitterrand. Après avoir succédé à Mollet à la tête du PS en 1969, il a géré la boutique sur le mode pépère, avec une petite équipe, en tabagique fumant des cigarillos à la chaîne, au même rythme que son prédécesseur grillait ses cigarettes. Et le parti s'est consumé, à petit feu, dans des halos de fumée.

Comment Mitterrand s'y est-il pris pour réveiller si vite les braises mal éteintes du PS ? Grâce à son génie de la synthèse et à son art de la délégation. Houdini de la conciliation, c'est un président-né qui sait régner, limoger, distribuer les rôles tout en mettant le pied à l'étrier aux nouvelles générations. Il donne souvent le sentiment de procrastiner mais quand il décide, ça tombe comme la foudre.

Au couchant de l'âge, Mitterrand s'est de surcroît inventé un personnage qui fascine, celui d'un pape du socialisme, « raide de plâtre et d'onction », comme l'écrit Jean Cau pour qui « tout en lui est d'un chrétien démodé du XIXe siècle : le goût des tombes et des nécropoles, les brûlures de la chair, les accommodements avec le monde [...], la tentation du péché, la gravité à la fois solennelle et chafouine du comportement, la voix, la lippe en attente de l'hostie ou du baiser qui damne[1] ».

Mitterrand n'est même pas prisonnier de ce personnage-là. On sent qu'il a beaucoup d'autres costumes en réserve qu'il peut enfiler à tout moment, si besoin. Le pâtre rustique. Le tribun lamartinien. Le moine-soldat. Le Français de souche.

« Ce qui fait la différence, c'est l'obstination »

Toujours décidé à devenir écrivain, j'ai adressé par la poste mon premier manuscrit chez Gallimard. J'aurais pu le donner directement à Antoine Gallimard, le fils du patron, que j'ai connu stagiaire à *Paris-Normandie* mais je ne veux pas de passe-droit. C'est un roman-fleuve que j'ai titré : *Révolte sans crépuscule*. Une tour de Babel avec une foultitude de lieux, personnages, digressions. Auprès de la maison d'édition, je me suis présenté comme le représentant d'Alain Giselbrecht, le prétendu auteur. La réponse que j'ai reçue, pour attentionnée qu'elle fût, me laisse à penser que ce n'est pas un chef-d'œuvre, qu'il faut encore beaucoup travailler, que je ne suis pas un écrivain. C'est une catastrophe.

« Je t'avais prévenu, me dit ma mère. Tu as voulu aller trop

1. J. Cau, *Croquis de mémoire*, *op. cit.*

vite. Dans la vie d'un écrivain, il y a deux temps. D'abord, on vit. Ensuite, on écrit. Toi, tu as voulu brûler les étapes en te lançant dans un roman sans avoir pris le temps de vivre. Tu as vu ton âge ?

— Mais j'ai déjà beaucoup vécu, Maman !

— Tu parles ! Tu es un puceau de la vie. Avant d'écrire tes romans, il faut que tu engranges des expériences, que tu apprennes les gens, le monde. Après, tout coulera de source, tu verras. En attendant, tu peux toujours écrire des biographies. »

Le mot est lâché. En 1972, décidé à m'atteler à la première grande biographie de Mitterrand, j'obtiens un rendez-vous pour lui demander s'il est prêt à m'ouvrir ses portes et ses dossiers personnels. Je suis dans mes petits souliers : ses rapports avec *Le Nouvel Observateur* sont compliqués. Marcelle Padovani, journaliste de gauche très indépendante d'esprit dont il est manifestement épris, a écrit un article qu'il n'a toujours pas digéré après qu'il a fait « main basse » – c'était son titre – sur le Parti socialiste.

J'ai vingt-trois ans quand Mitterrand me reçoit au 4, rue Guynemer, en face du jardin du Luxembourg, où il habite encore pour quelque temps. Plein d'égards pour ma petite personne, insolent d'opérette, Rubempré d'escalier, il doit penser que je pourrais un jour lui servir à quelque chose : la voix chaude, les yeux qui papillotent, caressant ses mains qu'il enchâsse l'une dans l'autre, un tic qu'il m'a transmis, il me donne le sentiment d'avoir tout le temps devant lui.

Son bureau ressemble à une soupente d'écrivain. Sur sa table de travail traînent plusieurs romans dont un ouvrage récent de Camille Bourniquel, un écrivain naturaliste qui gagne à être connu. Ça tombe bien : quelques années auparavant, j'avais lu *Le lac* et je lui en parle en enfilant quelques considérations de provincial contre le parisianisme et sur les méfaits de l'urbanisation. Soudain, son regard de maquignon de foirail s'éveille et le premier secrétaire du PS m'observe avec intérêt.

C'est ainsi que notre relation a commencé : grâce à Camille Bourniquel. La meilleure clé pour entrer dans le monde de Mitterrand est la littérature. Non pas la grande, portée par des écrivains qui, comme Chateaubriand, « un peu surfait » à ses yeux, surplombent leur siècle, mais la petite, la méprisée, la nostalgique, incarnée par des auteurs que l'on dit régionalistes, pour les rabaisser, et qui célèbrent un coin de France dans une belle langue poétique. Quand je lui fais part de mon intention d'écrire un livre sur lui, Mitterrand feint de s'étonner :

« Pourquoi ça ? Quelle étrange idée !

— Parce que vous serez un jour élu président de la République.

— Oh ! là, là, comme vous y allez ! »

Après ma digression sur Camille Bourniquel, je viens de marquer un second point. Certes, Mitterrand donne d'abord dans la dénégation, par superstition. Mais, comme pour appuyer ma prédiction sur son destin présidentiel, il vante son opiniâtreté avant de prononcer une formule que j'ai pieusement notée et qu'il répétera souvent devant moi, par la suite, sous des formes diverses : « Il y a deux ou trois génies par siècle, pas plus. Du talent, en revanche, tout le monde en a. Ce qui fait la différence entre les uns et les autres, c'est l'obstination, la persévérance. J'en ai beaucoup. Vous le vérifierez plus tard, dans la course de la vie, tout passe après, même l'intelligence. »

S'il reconnaît volontiers, sans fausse modestie, la supériorité intellectuelle de plusieurs collègues politiciens comme

Edgar Faure, Maurice Faure ou Félix Gaillard, trois personnalités au ciboulot très véloce, ce ne sont pas à ses yeux des adversaires sérieux. Ils aiment trop la vie et courent trop après plutôt que de travailler sans relâche à leur réussite politique. Quand il se compare à eux, il se sent aussi invincible qu'un marathonien face à des sprinters.

Plus tard, Mitterrand me racontera souvent, sourire en coin, la même histoire croquignolette : « J'ai quand même eu beaucoup de chance. Si Maurice Faure, saisi par le démon de midi, n'était pas parti en croisière en Grèce avec une petite amie au moment où tout se jouait pour la présidentielle de 1965, je n'aurais sans doute pas pu annoncer ma candidature. À quoi tient le destin ? »

J'ai l'occasion de vérifier l'incroyable ténacité, à la limite de l'acharnement, de Mitterrand en le suivant, pour *Le Nouvel Obs* ou pour mon compte, dans ses pérégrinations à travers la France. C'est un moine-soldat qui circule en train et, d'un hôtel miteux l'autre, tard couché, tôt levé, fait le tour des siens, élus ou militants, sans ménager son temps ni sa patience. Même quand ils débitent des fadaises, il les écoute avec un air passionné en hochant la tête : « Comme je suis d'accord avec vous. »

L'homme qui avait toujours un livre dans la poche

Contrairement à Sartre, Mitterrand écoute beaucoup plus qu'il ne parle. Rien de métallique, chez lui. Il est doux, voire doucereux. S'il fallait choisir une texture pour le définir, je choisirais la jonchée qu'il m'a fait découvrir dans une de nos tournées : un fromage frais de Charente au lait de vache, brebis ou chèvre caillé à la fleur d'artichaut, souvent aromatisé à l'amande, long comme un phallus de vingt centimètres, servi sur un paillon de jonc tressé.

Il est mon Pygmalion, je suis sa Galatée qu'il sculpte à sa guise en attendant qu'Aphrodite me donne vie. De temps en temps, je lui apprends, en échange, des petites choses. À cette époque, je suis fou amoureux de Véronique Sanson, la reine du vibrato. Il n'y a qu'un problème entre nous : je ne la connais pas. Je la rencontrerai quelques décennies plus tard quand je serai un vieux monsieur mais, en attendant, elle s'adresse personnellement à moi dans sa chanson « Amoureuse » où elle raconte la confusion mentale que provoque la passion, la mienne pour elle par exemple. J'ai offert le disque à Mitterrand mais je suis sûr qu'il ne l'a pas écouté. Tant pis pour lui. Je sifflote souvent cet air, l'un des plus entêtants des années 1970 : « Quand je suis loin de lui, / Je n'ai plus vraiment toute ma tête. »

La première fois que nous partons ensemble, Mitterrand et moi, j'arrive avec une valise. « Il faut voyager léger », me conseille-t-il. Il arpente le pays avec une sacoche d'écolier qui fait office de bagage. Dedans, un agenda, des lettres, des journaux, une brosse à dents, un tube de dentifrice, une chemise, un slip et des chaussettes de rechange. Je fais désormais comme lui.

Très vite, je fais même tout comme lui. Tandis que nous roulons en train ou en voiture à travers les prairies, les forêts, des bourgs inconnus, il lit quelques pages d'un roman ou d'un essai historique. « Il faut toujours, me dit-il, avoir un livre avec soi, dans sa poche. Sinon, la vie est une erreur. Quand vous partez quelques jours, prenez-en plusieurs. »

Il s'emploie à parfaire ma formation littéraire : « Quoi ? Vous n'avez pas lu les *Mémoires* de Casanova ? Je vais vous les offrir. (J'attends toujours.) Oh ! j'y pense, vous devriez vous jeter sans attendre sur *Rêveuse bourgeoisie* de Drieu la Rochelle. On dirait qu'il l'a écrit pour vous. » (Il me l'a donné la semaine suivante.)

Même s'il se gardera toujours de le crier à tue-tête – il doit penser à tout et à sa gauche – il n'aime pas Sartre, pas plus l'écrivain que le politique, et je l'approuve : « Ces romans sont très scolaires, très démonstratifs, non ? » Malraux l'ennuie : « Pour lire une page, il faut déjà que je fasse un effort surhumain. Alors, un livre entier, non, je ne peux pas, ce serait comme décider de lire le Bottin. »

Mitterrand n'est guère versé sur les romanciers russes (Dostoïevski, Tolstoï, etc.) ou anglo-saxons (Dickens, Steinbeck, etc.) que je place très haut. Sans parler de Jane Austen, l'une de mes références, un génie de causticité, morte à quarante et un ans, qui ne semble rien éveiller en lui. En revanche, il est incollable et même passionnant sur la littérature française, voire européenne.

Je deviens son élève et je bois ses paroles. Il me fait découvrir Ernest Renan, Léon-Paul Fargue, Roger Martin du Gard. Il connaît tous les pseudonymes de Henri Beyle dit Stendhal : Don Flegme, William Crocodile, Anastase de Serpière, etc. Il donne en exemple la sobriété de l'épitaphe que l'auteur de *La Chartreuse de Parme* avait rédigée, par provocation, en italien : « Il écrivit, Il aima, Il vécut. » Il parle aussi de la générosité et de la prescience de Balzac qui disait toujours grand bien de Stendhal alors que ce dernier n'avait quasiment rien publié.

Je n'ai pas le souvenir d'avoir vraiment parlé musique avec Mitterrand. Il peut raconter des anecdotes sur Berlioz ou Bizet mais ne vit pas, comme moi, dans la fréquentation quasi quotidienne de Brahms, Puccini, Chopin, Schubert ou

Chostakovitch sans lesquels je me sentirais en exil ici-bas. Il est comme ma mère, il aime surtout la chansonnette et particulièrement Dalida dont il peut fredonner « Il venait d'avoir dix-huit ans ». Il connaît les paroles de cette histoire d'amour qui finit mal parce que l'amoureuse a oublié qu'elle avait, elle, deux fois dix-huit ans.

Les mauvaises langues dauberont sur les ardeurs de Mitterrand qui, en m'instruisant, croyait peut-être me modeler à son image et qui n'aura finalement contribué à fabriquer qu'un histrion qui lui a vite échappé, mais il me forme, comme il a formé beaucoup d'autres jeunes gens. Je deviens l'un de ses dix mille fils. C'est ainsi que se tisseront entre nous des liens que ne briseront jamais, par la suite, mes livres ou mes articles incendiaires contre sa politique.

Plus prégnant que tyrannique, il entre et s'installe dans ma vie. Apprenant que je me marie avec Christine, ma première épouse, Mitterrand nous invite tous les deux à déjeuner, le samedi suivant, dans un restaurant champêtre du Morvan pour que je la lui présente. Après le repas, il me prend à part et me souffle à l'oreille :

« Foncez. Elle est vraiment très bien.

— Vous dites ça parce qu'elle est de gauche ?

— Dans la vie, il faut toujours avoir près de soi une personne qui vous remette dans le droit chemin quand vous faites un écart. Vous, ce sera toujours votre problème et ça pourrait un jour vous coûter très cher. Pensez-y et ne la ratez pas, je crois que vous avez trouvé la perle. »

Je me suis bien gardé de dire à Mitterrand que, peu de temps après notre première rencontre, Christine m'avait confié que le plus beau cadeau que j'aurais pu lui faire était un déjeuner avec son pire ennemi, Michel Rocard, qui était alors à la tête d'un petit parti de gauche, le PSU. Ce qui fut fait : pendant tout le repas, elle avait bu ses paroles avec des yeux énamourés.

« Leur bêtise tuera les communistes français »

En toutes occasions, Mitterrand me donne des conseils pour la vie. Ils m'ont accompagné jusqu'à aujourd'hui, alors que j'approche de l'extinction des feux. Ils me reviennent souvent en mémoire. « Vous faites un métier qui ne vous laisse aucun répit, me dit-il un jour. Pensez à garder un rendez-vous fixe, chaque année, pour passer du temps avec les personnes qui vous sont chères. Sans cela, pris dans le maelström qui nous emporte tous, vous finirez par vous rendre compte, quand il sera trop tard, avant de mourir, que vous les aviez perdus de vue. »

Il avait mis au point un art de vivre qu'on ne peut pratiquer qu'à condition de disposer d'une grande force de caractère. J'eus beau tenter de le singer, je me suis toujours laissé noyer par les rendez-vous, les coups de téléphone, l'écume, que dis-je, le torrent des jours. Malgré son agenda surchargé, Mitterrand pouvait vous inviter à déjeuner au pied levé, avant 13 heures, dans un bistrot du Quartier latin. Après, il vous proposait de vous promener avec lui sur les quais de la Seine en parlant de la vie, de la mort, de Dieu ou du match de football qu'il avait vu la veille à la télévision. Il avait toujours le temps pour tout. Pour lire, pour flâner, pour vivre.

De Gaulle avait tenté, non sans mal, d'instituer le rite du vendredi. Il aimait quitter l'Élysée et ses parapheurs plus tôt que prévu pour passer la dernière journée avant le week-end à lire, gamberger et marcher dans son jardin ou en forêt.

Pour Mitterrand, c'était tous les jours vendredi. « Il faut donner du temps au temps », répétait-il.

De nos jours, tout le monde se plaint que le temps soit devenu une denrée rare. C'est, dit-on, la faute à l'époque, aux smartphones, réseaux sociaux, chaînes d'info. Comment peut-on croire à ces carabistouilles quand il suffit de prendre le temps pour le trouver ? Ne le laissons pas gaspiller par les trépidations de la vie quotidienne, n'hésitons pas à emprunter les chemins buissonniers qui s'offrent à nous. « Le temps perdu, expliquait Mitterrand, devient alors du temps gagné. » C'était une leçon de vie permanente.

Un autre précepte mitterrandien me revient souvent en tête, avant de prendre des décisions importantes : « Il faut aller tout de suite à l'essentiel. Souvent, les détails empêchent de le voir. » C'était, d'après lui, la meilleure façon de ne pas se tromper. Il se vantait ainsi de n'avoir pas lu le Programme commun de la gauche ni avant, ni après sa publication.

« À quoi ça servirait, sinon à m'énerver et à m'écarter de mon projet qui est de réduire électoralement les communistes ?

— Vous risquez d'attendre longtemps, objectai-je un jour.

— Nous sommes arrivés à un moment historique où les dirigeants communistes sont presque tous des imbéciles. En politique, la bêtise tue. Leur bêtise tuera les communistes français, vous verrez ! »

Voilà le genre de jugement qu'on ne rapporte jamais, du moins du vivant de son auteur, quand on veut rester journaliste. Je m'en veux néanmoins d'avoir attendu si longtemps. D'autant que Mitterrand le réitéra, devant témoins cette fois, le 24 mai 1975, lors d'un dîner auquel il m'avait convié, chez lui, à Latche, en compagnie de Felipe González et Mário Soares, chefs respectifs des partis socialistes d'Espagne et du Portugal. Le repas était servi par Danielle. On aurait dit un complot entre trois anticommunistes hystériques, quatre avec moi qui n'ouvrais pas la bouche. Sans doute étais-je là pour raconter la conversation plus tard, pour l'Histoire. Tous avaient le même objectif : plumer la volaille communiste. Mais leurs stratégies variaient.

Futur président du gouvernement espagnol, González, bel hidalgo aux sourcils chevelus, prétendait pouvoir liquider les communistes en les affrontant sans répit ni pitié, ce qu'il fit. Déjà Premier ministre et bientôt président du Portugal, Soares, monument de gentillesse, conquis par Mitterrand, était sur la même ligne que González mais la défendait avec moins de virulence.

Mitterrand souligna que l'union de la gauche « était le meilleur moyen de réduire l'influence électorale du PC ».

Alors, González : « On a un gros PC en Espagne. Si on fait l'union de la gauche, on risque de se faire absorber. »

Mitterrand : « Vous n'avez pas vraiment d'autre solution. »

González : « Si. En se comportant en parti ouvrier, notre parti enlèvera toute marge de manœuvre au PC. Il l'asphyxiera. Je pense qu'on peut éliminer rapidement le PC. À condition de lutter idéologiquement contre lui et de montrer que ses propositions sont ridicules, dangereuses et dépassées. »

En me raccompagnant à la porte, le premier secrétaire du PS m'avait soufflé à l'oreille :

« J'ai quand même beaucoup de chance par rapport à mes deux amis. Les Marchais, les Laurent, ils sont tellement bêtes, vous n'imaginez pas !

— Allons, protestai-je, des personnages comme Roland Leroy ou Georges Gosnat sont très intelligents.

— Oui, mais ils n'ont plus la foi, ils restent au PC parce qu'ils ne savent rien faire d'autre. »

Dans les années 1970, j'allais souvent avec Christine et les enfants à la « Fête de l'Humanité » où je retrouvais ces deux personnages shakespeariens, rongés par les doutes, même s'ils n'en laissaient rien paraître : Roland Leroy, le directeur du journal, Hamlet du PC, et Georges Gosnat, le grand patron des finances du Parti, réincarnation de Falstaff. Ils haïssaient Mitterrand mais ils pensaient la même chose que lui sur la réalité du communisme soviétique. C'est pourquoi ils étaient si romanesques : leur loyauté les détruisant à petit feu, elle les rendait mélancoliques, inconsolables, alcooliques. Ils avaient la fausse gaieté de vrais vaincus.

« Écrivain ? Très peu pour moi ! »

Je ne crois pas avoir attendu Mitterrand pour suivre cet autre précepte qu'il énonça souvent devant moi : « Il faut savoir profiter de la France. » « Elle n'est pas belle ? » demande-t-il avec son sourire de vampire, percé de deux grandes incisives supérieures, pointues comme des dagues, qu'il fera bientôt limer. « Quand vous avez un coup de mou, dit-il, il faut aller plonger dedans. C'est comme l'eau de mer, ça vous requinque. Pour moi, notre pays n'est pas une idée ni un concept froid, comme ça l'était pour de Gaulle. C'est un être vivant. Je l'écoute, je la sens, je la caresse, je l'aime, quoi. Il me fait du bien. »

Parfois, pour nous dégourdir les jambes, nous marchons

dans les forêts où il me raconte les essences. Dans les villes, il m'apprend des tranches d'histoire locale devant un monument, dans une rue. Alors que nous passons dans la région, il me donne des conférences privées sur la cathédrale Saint-Étienne de Bourges ou sur le palais de Jacques Cœur dont il me raconte la vie avec une érudition de guide touristique. Nos musarderies m'ont tellement enchanté qu'elles sont restées imprimées à jamais dans ma tête. Les soirées « politiques », en revanche, sont toujours mortelles.

L'œil de velours, le front romain, le menton présidentiel, Mitterrand écoute jusqu'à plus d'heure, l'air faussement pénétré, les vaticinations de socialistes de base ou pas. En l'observant, j'ai compris avec lui la vraie nature de la politique quand on n'est pas de Gaulle : c'est un commerce comme les autres, où le client est toujours roi, l'électeur comme le militant.

C'est aussi un métier qui requiert une patience infinie, indulgente. Je n'en ai aucune. Qu'à cela ne tienne, ça s'apprend, me dit Mitterrand avant de me proposer de me mettre en selle dans une circonscription de l'Isère, à Beaurepaire, qui est « prenable ».

« Arrêtez le journalisme, dit-il. C'est un métier d'aigri qui ne mène nulle part. Vous avez le sens du contact, vous êtes fait pour la politique, vous vous amuserez comme un fou.

— C'est impossible, réponds-je, je veux devenir écrivain.

— Écrivain ? rigole-t-il.

— J'aime les livres.

— Moi aussi, je les aime, mais c'est un métier affreux qui, en plus, n'est pas de votre âge. Vous y crèverez d'ennui. Toujours tout seul dans son bureau, en chaussons et en robe de chambre toute la journée ! Très peu pour moi ! »

Quelque chose me fascinera chez Mitterrand dès que je commencerai à creuser son passé, notamment en feuilletant son abondant courrier à sa sœur Geneviève, à son frère Robert ou à son meilleur ami Georges Dayan : il se croit prédestiné et il sait où il va. À vingt et un ans, le 5 mars 1938, il écrit ainsi à sa sœur, comme pour la postérité, cette lettre où éclatent l'exigence et l'ambition qui guident déjà ses pas : « Tout se ramène à ceci : gagner ou perdre. On ne reste jamais stationnaire... Ne pas bouger, c'est commencer à perdre. Et pourtant, comme le gain est difficile ! Quel travail patient est nécessaire ! Pas de chose à négliger, pas de petite action, pas de petit évènement... Je crois qu'un saint se damnerait à la moindre impatience, au moindre manquement s'il les considérait comme minimes et n'y prenait garde »...

Il s'agit avant tout de « ne pas perdre le fil », ce qui ferait de lui « le jeu de l'extérieur ». « Si vous voulez prendre le contrôle de votre vie, m'a-t-il souvent dit sous des formes différentes, il n'y a qu'une seule chose à faire : ne jamais lâcher une seule parcelle de sa liberté, rester toujours maître de son destin, de ses décisions, ce doit être un combat de tous les jours. Sinon, la vie ne vaut pas la peine... »

Faux dilettante, Mitterrand était un laborieux qui pour rien au monde n'aurait accepté d'accélérer son pas. À la fin de sa vie, il rappelait que quand il jetait un œil par-dessus son épaule pour regarder derrière lui, il ne voyait plus aucun de ses vieux rivaux. Il les avait tous distancés, dégoûtés. « Et pourtant, disait-il, je n'ai pas couru, pour les semer. Je n'ai fait que marcher, mais toujours au même rythme. »

Après Alberto Giacometti, pour d'autres raisons, il va de soi, Mitterrand aura été l'un des grands entichements de ma vie. Un père de substitution aussi. Même quand, révolté par son cynisme politique, je deviendrai l'un de ses pires contempteurs dans les années 1980, j'aimerai toujours l'homme sous le politicien, pour autant qu'on puisse les séparer, comme on aime son vieux professeur de lycée qui vous a tout appris, la vie, l'amour, la mort.

13

UN SOLEIL PRÉNOMMÉ ANNE

> Mon amour s'est transformé en flamme, et cette flamme consume peu à peu ce qui est terrestre en moi.
>
> NOVALIS

S'il s'invita sans gêne dans ma vie, Mitterrand m'a parfois laissé entrevoir la sienne. C'est une époque où le journalisme s'arrêtait à la porte de la chambre à coucher alors qu'aujourd'hui, il a élargi son terrain d'enquête sous les draps. Le premier secrétaire du PS sait que, malgré mon jeune âge, je suis de la vieille école : si j'ai la langue bien pendue, je déteste farfouiller dans la vie privée des autres. Il me connaît au demeurant par personne interposée : il n'y a pas si longtemps, nous avons eu une femme en commun.

En l'apprenant par hasard, alors que je la fréquentais depuis plusieurs semaines, j'avais mal réagi avant de me reprendre. Je ne le connais que depuis quelques mois seulement quand, un jour, il me donne un rendez-vous très tôt pour lui – 7 h 45 du matin – à son nouveau domicile, 22 rue de Bièvre. Il n'est pas là, bien sûr. J'attends. Cinq, dix minutes, davantage encore. A-t-il oublié ? Une quarantaine de minutes plus tard, il arrive non pas de sa chambre mais par la porte d'entrée, la tête à l'envers, la chemise ouverte, pas frais ni rasé ni lavé. À l'évidence, il n'a pas dormi chez lui. « Vous avez fait la tournée des grands-ducs ? » osé-je. Un clin d'œil et Mitterrand répond avec son sourire tout en canines : « Vous ne croyez pas si bien dire. » Les insolences l'amusaient, elles ne le démontaient jamais.

Il ne me précise pas qu'il vient de l'appartement de la rue Jacob où il a passé, comme très souvent, la nuit avec Anne Pingeot dont je ne connais pas encore l'existence – c'est un secret dont j'aurai vent quelques jours plus tard, après avoir pressé de questions notre relation commune qui la surnommait la « Première ». Mais il est en confiance avec moi. Il me laissera même comprendre, ce jour-là, qu'il n'a pas une grande considération pour l'amant de son épouse, pourtant fort discret, qui vit sous leur toit, dans un petit studio du rez-de-chaussée de leur nouveau domicile.

Je suis venu chercher, entre autres, les poèmes d'amour que Mitterrand m'a promis et qui seront l'un des clous de ma biographie en préparation. Ils se trouvent dans les cartons entreposés, depuis le déménagement de la rue Guynemer, dans le studio de « Monsieur Jean » – c'est ainsi qu'on appelle le joli cœur de Danielle, Jean Balenci. Charmant, il a la modestie de ces sportifs qui n'aiment pas montrer leurs muscles. Professeur de gymnastique, de tennis et de natation, il est aussi moniteur de ski l'hiver. Il fait partie de la famille où il joue le rôle de chauffeur, bricoleur, garçon de courses, Géo Trouvetou. En somme, d'homme à tout faire.

On m'avait dit qu'il était « très proche » de Danielle. Mais je ne savais pas encore – et je l'apprendrai ce matin-là – que l'hébergement de « Monsieur Jean », l'amant de Madame, rue de Bièvre, était acté dans le pacte que les Mitterrand avaient passé dans les années 1960, après les incartades répétées du mari, et que l'on peut résumer ainsi : chacun sa vie mais on reste ensemble. Sur le plan intellectuel, c'est moderne sinon séduisant. Au quotidien, c'est beaucoup plus compliqué, comme on va le voir.

À l'évidence, Mitterrand ne supporte pas la situation et oublie sa politesse habituelle. J'en ai la preuve quand, pour récupérer les poèmes, il entre sans frapper avec des airs de mari jaloux dans le studio de Jean Balenci, allume la lumière, ouvre un carton, puis un deuxième et encore un autre, tandis que l'amoureux de son épouse, en pyjama, se frotte les yeux sur son lit, se tortille, se lève, enfile ses claquettes, puis disparaît dans la salle de bains. Je suis gêné pour lui. Mais je n'ose pas le dire, de peur d'offrir au maître de maison un prétexte pour ne pas me donner ce qu'il m'a promis.

Mitterrand découvre enfin, au milieu d'une pile de dossiers, la chemise qui contient les poèmes, l'ouvre et s'assoit sur un carton pour choisir ceux qu'il me donnera. Sept seulement, considérés comme « passables », trouveront grâce à ses yeux. Voici un aperçu de deux d'entre eux. Dans le premier, « Antinea », il célébrait un amour en crise :

Ton visage
voilà des siècles
que je pars à sa découverte
j'y parviendrai
mais je mourrai.

Dans le deuxième poème, Mitterrand chantait le beau « Mois de juin » en vers libres :

Quand les herbes sont hautes
jusqu'à donner aux champs l'allure de la mer
Quand la musique t'enveloppe
et chante pour tes yeux les profondeurs de l'océan
Quand le bonheur de vivre
est contenu dans ta main dangereusement entrouverte
Voici le mois de juin.

Les poèmes s'adressaient-ils à Anne Pingeot ? Sans doute. Sur elle, je n'ai jamais réussi à tirer de Mitterrand une seule confidence, même après que je me fus épanché, en espérant un renvoi d'ascenseur, sur ma vie privée. Il lui est arrivé de me parler d'une accointance ou d'une autre, toujours en bien au demeurant, mais jamais de la « Première ». Au bout de quelques années, je compris qu'elle avait été, était et resterait son seul très grand amour, sa « tendre », son « inquiète », sa « passion », sa « chance de vie » hors de laquelle « tout s'obscurcit », comme il le lui a écrit un jour.

Elle n'était pas sa maîtresse, comme le proclamèrent les mijaurées scandalisées qu'elle fût logée, après l'élection de Mitterrand, « dans un palais de la République », autrement dit un appartement de fonction derrière des hauts murs, quai Branly, où le président venait se coucher tous les soirs. Elle avait droit à cette faveur : dès lors que Danielle, répudiée, restait rue de Bièvre, Anne Pingeot était devenue *sa femme*, la « Première », celle qui surpassait les autres, les anciennes et les futures, celle qui partageait son vrai foyer.

Sur la place qu'elle occupait dans le panthéon amoureux du chef de la gauche pendant un quart de siècle, le doute n'est plus permis quand on visite ce magnifique mausolée littéraire de 1 246 pages, *Lettres à Anne. 1962-1995*, paru en 2016. Sa publication a mis les choses au point, pour l'Histoire. Elle donne aussi, par moments, de fabuleux plaisirs de lecture. Pour dire ses sentiments, Mitterrand a retrouvé les mots simples de Louise Labé, sublime poétesse de la Renaissance : « Je vis, je meurs : je brûle et me noie. » Il n'a peur de rien, ni de l'exagération, ni du ridicule. Certes, la différence d'âge avec l'objet de son amour était de vingt-sept ans mais quand on aime, on ne compte pas. Sa vie aura tourné pendant près de quatre décennies autour de ce soleil.

Il a rencontré Anne pour la première fois en 1957, quand elle avait quatorze ans. Elle était en vacances avec ses parents, dans le nouveau fief estival des Mitterrand, à Hossegor, au bord de l'Atlantique, sur ces tapis de sable, de terre noire et d'aiguilles de pin qu'on appelle les Landes. Il s'était toqué de cette région émolliente et giboyeuse où des tempêtes viennent, à la mauvaise saison, briser la douceur de vivre. Il s'y était fait de nouveaux amis : ainsi des Pingeot, qui avaient tous deux de la branche. François, le père d'Anne, avec lequel Mitterrand joue au golf, est un industriel de Clermont-Ferrand, fils de l'inventeur du briquet à gaz, et Thérèse, la mère, née Chaudessolle, est l'arrière-petite-fille du maréchal Émile Fayolle.

Mitterrand apprécie la compagnie du couple Pingeot. Ça le change de la politicaillerie et des militants de gauche. S'il remarque Anne, il ne jette sur elle qu'un œil faussement distrait. Elle n'a pas encore l'âge où un homme a le droit de s'intéresser aux filles. « Patience et longueur de temps » faisant plus que « force ni que rage », il attendra. Même s'il lui arrive de faire fi des usages, il n'est pas homme à piétiner les interdits de ce genre. Officiellement, le coup de foudre surviendra six ans plus tard, en 1963, quand, à vingt ans, elle se rapprochera de l'âge légal de la majorité encore fixé à vingt et un. Lors d'« une belle nuit aux franges de l'orage », une longue promenade en amoureux sur la plage landaise aurait tout déclenché. C'est à partir de là que Mitterrand a commencé à bombarder la jeune fille de lettres enflammées.

« Vous étiez cette nuit mon ciel et ma terre »

Avec Anne Pingeot, rien n'est acquis. C'est une jeune fille à fossettes, fraîche, naturelle, qui sait ce qu'elle veut, c'est-à-dire monter à Paris pour apprendre les arts, sa passion. Avec ça, un peu mutine, voire farouche, parfois « grognon ». Il ne faut surtout pas la brusquer. Ça tombe bien : en amour comme en politique, Mitterrand sait donner du temps au temps. Même s'il lui dit sans cesse son amour, il y aura beaucoup de hauts et de bas entre eux. Souvent, c'est plus fort qu'elle, il faut qu'elle prenne du recul.

Après le bac, Anne a emménagé à Paris où elle fera l'École des arts et métiers, la prestigieuse École du Louvre et une licence de droit. Mitterrand la voit régulièrement et ils courent ensemble les musées, les expositions. Il a un bon alibi : c'est François Pingeot qui lui a demandé de prendre soin de sa fille qu'il recevra d'ailleurs au domicile conjugal, alors rue Guynemer. La nuit, ils marchent, parfois la main dans la main, pendant des heures dans la capitale. Le 19 janvier 1964, il lui écrit : « Votre main fraîche, lisse, vivante, parfois nouée, liée à la mienne, il me semble l'avoir gardée comme un message, comme une clef. Et il faudrait qu'on me coupe le poignet pour la perdre. »

Nous sommes en plein amour courtois, celui qui, au Moyen Âge, amenait les amoureux à rester couchés côte à côte face au ciel étoilé en résistant à la fruition qui montait dans leur chair. Mitterrand se tiendra bien ou à peu près, jusqu'à ce que le calendrier leur permette de passer à l'action. Il ne sera pas dit qu'il était un satyre. Pour que « vienne la nuit, sonne l'heure », comme l'écrivait Apollinaire, il attendra qu'elle ait atteint l'âge de la majorité légale. Ce sera le 13 mai 1964, anniversaire des vingt et un ans d'Anne et date de leur première nuit d'amour.

Le lendemain, Mitterrand lui écrit : « Anne, mon Anne, je crois bien que ni vous ni moi n'oublierons jamais ce 13 mai 1964. Ce matin, j'ai emporté de vous la gracieuse image, la merveilleuse image d'un moment d'équilibre, d'entente, de tendresse, comme une vie en connaît peu. [...] Vous étiez cette nuit mon ciel et ma terre. [...] Un bonheur exaltant, d'une force terrible, coulait dans mes veines. Tu m'as tant donné, mon Anne, que je veux te rendre en bonheur ailé [...] la vérité nouvelle que je te dois. »

Las ! Le « bonheur ailé » et la « vérité nouvelle » ne se déploieront jamais à partir d'un même nid. Elle a pu le croire, pourtant, quand Mitterrand en trouva un après leur « nuit de feu », en 1965. Ils s'y donnaient rendez-vous à l'abri des regards. C'était une vieille baraque perchée sur un mamelon et flanquée d'une ancienne bergerie, au milieu de nulle part, mais pas loin de l'océan dont on entend parfois, selon les caprices du vent, la rumeur, comme un cœur qui bat son pouls.

Dans un livre épatant, *Latche. Mitterrand et la maison des secrets*, Yves Harté et Jean-Pierre Tuquoi, deux journalistes chevronnés, racontent avec délicatesse comment l'amour entre l'homme mûr et la jeune fille ne va cesser de grandir, dans cette métairie en ruine « où la végétation embrasse les murs et enjambe les fenêtres[1] ». Là, au sommet

1. Yves Harté et Jean-Pierre Tuquoi, *Latche. Mitterrand et la maison des secrets*, Éd. du Seuil, 2021.

de la passion, ils vont s'inventer un avenir à deux. C'est « notre maison », dit-il à Anne. Elle s'appellera Latché, d'après le nom du lieu-dit.

Mitterrand finit par retrouver le baron à qui appartient la propriété et, après quelques péripéties, achète le « refuge » pour une bouchée de pain. Plus tard, les relations avec le hobereau s'étant gâtées, il fera racheter plusieurs hectares autour de la maison par un prête-nom à particule de ses amis. La terre ne ment pas. C'est peut-être pour cela qu'il l'aime.

Les deux tourtereaux suivent de près la restauration. « Ses lettres étaient passionnées, je les croyais, a dit un jour Anne au biographe et journaliste britannique, correspondant de la BBC à Paris, Philip Short. Je pensais que ce serait notre maison, comme il l'écrivait. L'idiote que je suis[1] ! » Très mobilisée, Anne multiplie, dessins à l'appui, les propositions d'aménagement pour les deux bâtiments, tandis que Mitterrand se rend souvent à Latché pour surveiller, avec l'architecte, l'état d'avancée des travaux.

Mitterrand n'a pas eu à formuler l'aveu de tant d'amants qui, jusqu'à la première nuit, avaient caché leur bague de mariage : « Oh, chéri, j'avais oublié de te le dire mais je suis marié. » Elle connaît la situation. Mais bon, il lui faudra s'effacer. « Leur refuge » dans les pins sera finalement dévolu aux « autres », c'est-à-dire à Danielle et à leurs deux fils. Promettre n'est pas tenir. « Découvrir que l'on n'est pas la préférée, c'est le plus dur », dira Anne. Latché est ainsi devenue la maison « officielle », « familiale ». Celle des repas de la tribu médiatique autour de Danielle, des reportages pour *Paris Match* ou des émissions pour la télévision.

1. Philip Short, *François Mitterrand. Portrait d'un ambigu*, Nouveau Monde Éditions, 2015.

Danielle a même rebaptisé Latché en supprimant l'accent aigu que prononçaient les locaux. Désormais, il faudra dire Latché. Après cette affaire, Mitterrand commettra beaucoup d'autres écarts qui n'ont jamais entamé la philosophie ni la dignité d'Anne Pingeot qui déclarera en 2013 au biographe Philip Short : « Admirer la personne qu'on aime, c'est un immense bonheur... Admirer tellement, ne jamais s'ennuyer... C'était... le renouvellement permanent. Trente-deux ans de vie intense de bonheur... et de malheur ! Parce que c'était dur. »

Comment a-t-elle pu tout encaisser ? « François, dit-elle encore à Short, avait une phrase que j'ai trouvée merveilleuse... "Il n'y a d'amour éternel que contrarié"... Méfiez-vous d'un amour paisible où tout va bien ! Quand c'est difficile – quand c'est tout le temps difficile, l'amour ne s'éteint pas. »

« Je laisse une vallée de larmes derrière moi »

Dans son manuel *De l'amour*, Stendhal a répertorié quatre types d'amour :

– l'amour-passion, comme celui d'Héloïse pour Abélard ;

– l'amour-goût, placé sous le signe de la délicatesse, qui, contrairement au précédent, se conforme à nos intérêts et ne dépasse jamais la dose prescrite ;

– l'amour-physique qui commence à seize ans et où il s'agit, comme à la chasse, « de trouver une belle et fraîche paysanne qui fuit dans les bois » ;

– l'amour de vanité, laquelle, « plus ou moins flattée ou plus ou moins piquée, fait naître de grands transports », souvent sans plaisir physique.

Mitterrand a puisé dans tous ces registres quand il ne les a pas cumulés pour le bonheur d'une seule personne. C'est un grand stratège de l'amour, dans la conquête comme dans la rupture à laquelle il procède avec tact, et qui prend généralement la forme d'un lent délitement mélancolique. Avec lui, quand tout s'achève, on ne s'en est quasiment pas rendu compte et, ensuite, ce n'est jamais fini : il ne rompt pas le fil, il prend des nouvelles, il vient relever les compteurs à l'improviste.

Même quand il aime, Mitterrand peut se comporter en goujat. Dans ses lettres à « Animour », il détaille souvent la litanie de ses rendez-vous, comme pour lui montrer qu'il est impossible d'organiser une rencontre. Mais la naissance d'un enfant ne mérite-t-elle de bouleverser l'agenda ? Certes, Mazarine, la fille qu'il a eue avec Anne, est née le 18 décembre 1974, donc pendant la période des fêtes. Mais il est heureux de cette naissance, il l'assume, il a même jeté sur le papier des listes de prénoms pour le bébé. Si c'est une fille : Mazarine, Marie, Catherine, Ariane, etc. Si c'était un garçon : Cosme, Just, Roch, Che, etc.

Soit dit en passant, la proposition abracadabrante d'appeler l'enfant Che survient quelques semaines après un voyage à Cuba que Mitterrand avait trouvé « passionnant ». Une visite de six jours dont « trois avec Castro ». Après avoir été berné par Mao et son prétendu « humanisme », le voici empapaouté par un dictateur de paillote, croisé de l'homophobie, qui, lui, a au moins l'avantage de n'être pas un grand exterminateur, criminel de l'humanité. C'est quand même un progrès. « On s'est quittés la gorge serrée, écrit-il. C'est un de nos contemporains les plus rares – je te raconterai. Comme Régis Debray nous accompagnait, nous avons vécu dans l'Histoire puisque, avec Fidel et le Che, c'est l'Amérique latine et au-delà le tiers-monde qui ont bougé. »

Dieu merci, ce ne sera pas un garçon : il ne s'appellera donc pas Che. Il reste qu'on est estomaqué que Mitterrand ait tant tardé à se rendre à Salindres, près de Nîmes, chez l'amie d'Anne qui a recueilli le nouveau-né et la mère après qu'elle a accouché dans une clinique d'Avignon. Si l'on en croit leurs échanges épistolaires, sa première visite à Anne remonte au 8 janvier de l'année suivante, soit vingt et un jours après la naissance ! À l'époque, le TGV n'existe pas encore et le voyage Paris-Avignon-Paris prend plus d'une journée. Qu'il ait mis tant de temps à trouver un créneau pour venir embrasser la mère et l'enfant, ce n'est pas son genre et c'est au moins le signe d'une certaine désinvolture. Il n'en est pas moins submergé par l'émotion et cherche à se rattraper en s'adressant, dans une lettre, à Mazarine : « Bientôt tu ouvriras les yeux. Quelle surprise, le monde ! Tu t'interrogeras jusqu'à la fin sur lui. Anne est ta maman. Tu verras qu'on ne pouvait pas choisir mieux, toi et moi. »

Par quel mystère Mitterrand a-t-il pu se faire pardonner par chacune de ses femmes ses manquements, voire ses inconduites pathologiques, si discrètes fussent-elles ? Quel fut son secret pour ne jamais se brouiller avec ses ex qu'il transformait ensuite, à quelques rares exceptions près, comme Anne, en auxiliaires de sa réussite ? C'est un métier. Jusqu'à sa mort, il l'exercera avec savoir-faire. Sa capacité de dissimulation est sans limite : contrairement à Giscard mais à l'instar de Chirac, il peut mentir avec conviction sinon sincérité. Mozart de la précaution, il devient passe-muraille, évite de laisser des traces de doigt, brouille les pistes, sans jamais ménager sa peine ni son temps, quand il faut éteindre des incendies.

Dieu sait combien de satellites ont orbité autour de la planète Mitterrand. Des collaboratrices, des ministres, des journalistes, des femmes de toutes sortes, rencontrées au hasard, dans la rue ou un train. Il donna même dans la star, entretenant un moment une relation ostentatoire avec la chanteuse Dalida qu'il embrassa langoureusement, un jour, dans un cinéma des Champs-Élysées devant des spectateurs médusés. Un photographe était là, pour immortaliser les baisers. Un proche se hâta de récupérer les clichés moyennant des espèces sonnantes et trébuchantes.

Une fois établie la suprématie d'Anne Pingeot au-dessus de la myriade des amours passagères, Mitterrand a voulu garder Danielle comme épouse. C'était une pièce maîtresse, si j'ose dire. Ils ne sont pas seulement restés ensemble pour des convenances électorales. Tous ceux qui, comme moi, les ont souvent vus ensemble, notamment à Latche, leur maison d'été, ont pu observer jusqu'au bout une vraie complicité entre eux. Ils avaient toujours l'un pour l'autre des gestes d'affection, même s'il avait tendance à lever les yeux au ciel quand, par exemple, elle parlait politique étrangère.

Lorsque Danielle était avec lui, elle l'exaspérait souvent. Mais quand elle était loin, elle finissait toujours par lui manquer. C'est sans doute pour cette raison qu'après son accession à l'Élysée il inventa un étrange rituel qui consistait à passer presque tous les jours, vers 20 heures, dans leur maison de la rue de Bièvre, officiellement pour prendre le courrier, en réalité pour échanger quelques mots avec elle, avant de rejoindre la « Première », quai Branly où il passait ses nuits.

« Pourquoi faudrait-il aimer rarement pour aimer beaucoup ? » demandait Camus dans *Le mythe de Sisyphe*. Mitterrand aimait toutes ses femmes tout le temps. Deux ne pouvaient lui suffire. Il les lui fallait toutes et, jusqu'à la fin de sa vie, il a donc continué à batifoler, une journaliste par-ci, une étudiante par-là, souvent entre deux portes. Autant dire qu'il était invivable. Sans mettre en question sa vitalité, il me semble qu'il préférait, entre toutes choses, monter l'escalier ou conter fleurette. Il privilégiait la conquête ; il ne concluait pas toujours.

Un jour, il m'a soufflé en confidence : « Sur le plan politique, je suis toujours parvenu à prendre des décisions difficiles. Mais dans ma vie d'homme, j'ai toujours eu beaucoup de mal à rompre. Je suis faible et lâche, j'ai du mal à trancher, je me laisse trop souvent mener par les circonstances. Je laisse une vallée de larmes derrière moi. Ne faites pas comme moi, vous vous en mordrez les doigts, on rend tout le monde malheureux.

— À côté de vous, je ne suis qu'un amateur, dis-je. Mais quand je me retourne sur mon passé, je suis déjà gagné par la honte. »

Il n'a pas relevé. Nous avons changé de sujet, puis, tout d'un coup, alors que ça n'avait plus de rapport avec notre conversation, il a laissé tomber, après un silence : « Misère de l'homme ! »

14

ANTONIO GRAMSCI AVAIT TOUT PRÉVU

Changer de lit guérit la fièvre.

THOMAS FULLER

Grâce soit rendue à Marcelle Padovani, journaliste du *Nouvel Obs*, à qui Mitterrand ne cessait de faire la cour mais dont l'insistance ne fut jamais couronnée de succès : preuve que l'obstination ne mène à rien, même quand on n'en sort pas. C'est elle, une Corse piquante et italianisante, qui m'a fait découvrir Antonio Gramsci.

Rien ne me prédisposait à devenir un disciple de ce membre fondateur du Parti communiste italien dont il fut secrétaire général de 1924 à 1926 avant d'être arrêté puis détenu pendant onze ans par le régime mussolinien. On l'a compris : ce n'est pas, malgré sa mort christique d'une tuberculose osseuse, le militant politique qui me fascine, mais le philosophe et le théoricien lumineux qui nous donnent toutes les clés pour comprendre le monde dans lequel nous vivons.

Si la révolution communiste a d'abord eu lieu en Russie contrairement aux thèses de Marx, nous dit Gramsci, c'est qu'à l'instar des sociétés « orientales » le pouvoir y était facile à prendre : il suffisait, pour simplifier, de s'emparer du palais présidentiel. Dans les démocraties, assure-t-il, s'appuyer sur la classe ouvrière ne conduit à rien, comme on a pu l'observer en Allemagne dans les années 1920. La bonne stratégie consiste à conquérir la société civile à partir d'un « front culturel » avant de renverser l'hégémonie de ce qu'il appelle le « parti médiatique ».

Récupéré, depuis, par une partie de la droite, le gramscisme, qui refuse de réduire l'Histoire à l'économique, est une grille de lecture qui permet de comprendre les lames de fond : le pouvoir finit toujours par échoir à ceux qui incarnent l'idéologie dominante, laquelle ne correspond pas nécessairement à la popularité momentanée des partis politiques : c'est le mouvement des idées qui mène le monde. Si vous en doutez, observez comme le populisme ou l'écologisme ont envahi les têtes avant de gagner dans les urnes.

Après avoir lu les *Écrits politiques* ou les *Cahiers de prison* de Gramsci, on comprend mieux la montée des idées socialistes dans les années 1970. Réfractaire à ce genre de « littérature », Mitterrand est gramscien sans le savoir. S'il n'utilise pas les mots connotés d'« hégémonie » ou de « front culturel », il est néanmoins partisan de la théorie gramscienne de la Révolution sans la Révolution et tente de la mettre en œuvre, ce qui n'est pas pour plaire à l'extrême gauche léniniste qui crie au vol ou à l'imposture.

J'ai souvent entendu Mitterrand dégoiser des horreurs sur les étudiants de Mai 68, ces « gosses de riches incultes et mal élevés qui ne raisonnent qu'en ressassant des slogans débiles ». Mais il faut faire avec et Mitterrand sait donner le change. Malgré sa répugnance pour le gauchisme, il tend volontiers la main aux trotskistes qui sont montés dans le train du PS, se serrent les coudes et squattent les wagons de première. Lionel Jospin, par exemple. De cet énarque tiers-mondiste droit comme le balai qu'il aurait avalé par mégarde, Mitterrand fera le numéro deux du parti.

C'est l'ami du samedi, celui avec lequel on joue au football et que l'on fuit le reste de la semaine. Un bonnet de nuit. Jospin n'a pas convaincu Mitterrand. Trop raide, trop scolaire, trop confit dans l'esprit de sérieux. C'est seulement en 2001 que ce dauphin, apôtre de la « transparence », reconnaîtra, après l'avoir longtemps démenti, qu'il a été trotskiste. Rien de grave s'il n'avait attendu 1987, alors qu'il était premier secrétaire du PS depuis plus de six ans, pour rompre avec l'OCI (Organisation communiste internationale), groupuscule trotskiste spécialisé dans l'entrisme, dont il était membre depuis le début des années 1960.

La stratégie du râteau attrape-tout

Au moment de ces pathétiques aveux, Mitterrand était mort depuis plusieurs années mais l'ancien président savait-il que Jospin était trotskiste quand, en 1979, il l'avait promu secrétaire national aux Relations internationales ? La rumeur avait couru peu après cette nomination et elle amusait le premier secrétaire mais il ne pouvait sans doute pas imaginer que son bras droit ait osé cumuler si longtemps ces deux appartenances, socialiste et trotskiste : « Le trotskisme n'est quand même pas une maladie, s'amusait-il, même si ce n'est pas un signe de grande maturité intellectuelle. »

Certes, contrairement à tant de politiciens, Mitterrand connaît assez son histoire du XXe siècle pour savoir que Trotski est le véritable inventeur du Goulag soviétique. En

1975, il n'a pas hésité à dissoudre, puis à mettre sous tutelle le bureau du Mouvement des jeunesses socialistes où les trotskistes et les adeptes du CERES, l'aile gauche du parti, commençaient à nidifier. Mais il en allait de son pouvoir de premier secrétaire du parti. Ce qui ne l'a pas empêché, par la suite, de chercher à rassembler aussi loin de ses bases qu'il le pouvait.

Pour réussir en politique, aime dire Mitterrand, il faut savoir manier un « large râteau », attrape-tout si possible. Telle est, pour résumer, sa praxis, comme dirait Marx qu'il prétend n'avoir jamais lu (« C'est quand même très barbant, non ? »). Il lance ses chiens dans toutes les directions et ils ont pour mission de lui rapporter tout ce qu'ils peuvent ramasser. Préposé à la culture et aux intellectuels, même gauchistes, pardonnez le pléonasme, Jack Lang emballe à tout-va. Tout est bon à prendre et ce qui est pris est pris.

Si Mitterrand n'a pas de préposé à l'ultragauche, il envoie de temps en temps des chevau-légers dans cette direction. Ils feignent la compassion pour les militants emprisonnés, quand ils ne justifient pas la violence. Ainsi, dans une tribune hallucinante, Jean-Pierre Chevènement, pourfendant « l'idéologie sécuritaire » du pouvoir giscardien, justifie les pires dérives en diabolisant le régime : « Nos gouvernants, écrit-il, sont impuissants à maîtriser les nuisances d'un système social dont le caractère criminogène s'aggrave avec les résultats catastrophiques de leur gestion. » Et de citer Marx qui considère la justice « comme une partie de l'appareil répressif d'État destiné à conforter les structures sociales au profit de la classe dominante[1] ».

Quand Chevènement ose évoquer le « caractère crimi-

1. *Le Monde* du 12 juin 1980.

nogène » du système, ne justifie-t-il pas le terrorisme ? Il reprend en tout cas à son compte le discours de l'ultragauche. Il symbolise ainsi la niaiserie et la démission intellectuelle du PS devant les extrémistes de l'ultragauche qui peinent à sortir des catacombes.

Amnistie pour Action directe

Cynisme ou angélisme ? Après son élection à la présidence en 1981, Mitterrand jouera l'apaisement en faisant voter une loi d'amnistie qui permettra, entre autres, de libérer Jean-Marc Rouillan, le chef historique d'Action directe, ainsi qu'une quinzaine de ses militants de ce mouvement hors la loi. Sa décision provoquera la consternation : cette organisation est une version française des Brigades rouges, qui prône une « guérilla communiste » et a des accointances avec la République islamique d'Iran.

À peine libérés, les révolutionnaires d'Action directe commettent, en août, un « attentat pacifiste » en volant la Renault 14 de... Lionel Jospin, premier secrétaire du PS. Et, dans un communiqué, ils contestent que « le nouvel État » soit devenu « démocratique et socialiste ». Après quoi, ils disparaissent de la circulation et préparent une série d'attentats qui ensanglantera la France, tout en cherchant à se rapprocher des Brigades rouges en Italie ou de la Fraction Armée rouge en Allemagne.

Fruit de la porosité entre le PS et les intellectuels, cette amnistie de 1981 sera l'une des grandes erreurs politiques de Mitterrand. La preuve, chaque fois qu'on évoquait le sujet devant lui, il se mettait en colère. N'avait-il pas libéré des activistes qui avaient été arrêtés pour avoir mené la lutte armée qu'ils revendiquaient dans leurs communiqués ? Comment pouvait-il croire qu'ils rentreraient dans le droit chemin sous prétexte qu'il les avait graciés ? Il incarnait finalement la faiblesse de la gauche française pour des extrémistes qui avaient, comme leurs correspondants étrangers, toutes les caractéristiques des mouvements fascistes : culte du chef, du virilisme, des armes à feu, du crime politique.

Action directe était apparue en 1979, après que le maoïsme fut tombé en capilotade avec la mort de Mao et l'avènement, en Chine, du réformateur Deng Xiaoping. Avant d'être démantelée par la police française en 1987, l'organisation terroriste a revendiqué plus de quatre-vingts attentats et assassiné au moins douze personnes. Quand la gauche arrive au pouvoir, elle aura déjà commis toutes sortes d'actions violentes : mitraillage des façades du siège du patronat, du ministère du Travail, de la Coopération, vol à main armée d'une agence bancaire suivi de tirs contre le car de police qui les poursuivait. Autant dire que ces gaucho-terroristes ne sont pas des enfants de chœur.

Ils sont pourtant traités comme tels. Les Français sont même priés de plaindre Nathalie Ménigon qui est maintenue en détention : après avoir participé à une fusillade dans laquelle un policier a trouvé la mort, elle est accusée de tentatives d'homicide contre des agents de la force publique au moment de son arrestation et l'amnistie ne peut pas jouer pour elle. Tandis que la presse de gauche s'émeut et que les manifestations se multiplient, elle entame une grève de la faim avant d'être libérée par un juge très compréhensif pour… « raisons médicales ».

Erreur funeste. La complaisance des socialistes envers l'ultragauche est la maladie infantile, voire sénile, du mitterrandisme. Obsédé par l'idée de rassembler sans exclusive,

Mitterrand a blanchi des têtes brûlées. Après avoir pris pour objectifs des « cibles vivantes », symboles de « l'exploitation capitaliste » et de « l'impérialisme américain », ils assassineront, entre autres faits d'armes, le général René Audran, ingénieur général de l'armement, en 1985, puis Georges Besse, patron de Renault, en 1986. Deux personnes qui, soit dit en passant, avaient eu maille à partir avec la République islamique d'Iran.

Dans la foulée, la magnanimité de Mitterrand s'étendra, chose étrange, aux militants des sanglantes Brigades rouges qui, avant la victoire socialiste de 1981, s'étaient déjà « exilés » massivement en France où ils furent ensuite protégés, au nom de ce qu'on appellera la « doctrine Mitterrand ». Elle établit que ne seront extradés vers l'Italie que les militants dont il est prouvé qu'ils ont commis des crimes de sang. À condition que les juges transalpins envoient « des dossiers sérieux » à la justice française : dans tous les cas de figure, elle fera de la résistance, comme si l'Italie était une dictature.

Des années durant, la gauche française n'a pas hésité à considérer comme des « victimes » de Dieu sait quelle « dictature » les membres des Brigades rouges et d'autres groupuscules terroristes qui fuyaient la justice de leur pays alors que toute la gauche italienne ou presque les condamnait sans réserve. Les pétitionnaires du camp du Bien avaient même cru trouver leur capitaine Dreyfus, l'incarnation même de l'erreur judiciaire : Cesare Battisti, membre des PAC (Prolétaires armés pour le communisme). Accusé d'avoir commis quatre meurtres et blessé plusieurs personnes, l'ancien terroriste a longtemps nié ses crimes avec la rage de l'innocence. Mais il les a reconnus sans aucune difficulté quand, en 2019, après quarante ans de cavale en France, au Brésil, en Bolivie, il fut déféré devant la justice italienne. « Je n'ai jamais été victime d'injustices, a-t-il déclaré à ses juges. Je me suis moqué de tous ceux qui m'ont aidé. » Dieu sait s'ils avaient été nombreux à s'indigner, à l'instar de Sollers, chef de file de l'amicale des ex-maoïstes, qui déclara : « Cette affaire est de plus en plus symbolique d'un air du temps sécuritaire, de plus en plus irrespirable. »

Quelles pouvaient bien être les valeurs communes entre les socialistes français, partisans de la démocratie, et les terroristes italiens d'extrême gauche qui commirent 690 attentats et tuèrent plus de 360 personnes pendant « les années de plomb » – la décennie 1970 ? Les partisans des uns et des autres ont pourtant mêlé leurs noms sous les pétitions en faveur de ceux qu'on appelle, souvent à tort, des « repentis » : rares étaient ceux qui avaient vraiment fait amende honorable.

Le label d'extrême gauche, fût-elle terroriste, leur avait servi de laissez-passer, de brevet d'innocence, signant une impossible proximité idéologique entre la gauche française et les extrémistes les plus radicaux. À la même époque, le PS attelle aussi d'anciens maoïstes à son char. Alain Geismar, l'un des chefs de Mai 68, ex-pilier de la Gauche prolétarienne, partisan de la lutte armée, rejoint le PS en 1986 et se recycle dans les cabinets ministériels de plusieurs ministres socialistes avant d'atterrir chez Lionel Jospin à l'Éducation nationale. L'architecte Roland Castro, un autre maoïste, se convertira aussi au mitterrandisme.

Mais pourquoi faire le tri entre tous ceux qui accourent de partout pour rejoindre le PS ? Mitterrand n'est pas du genre à demander à chacun de déférer son curriculum : sans doute se juge-t-il mal placé pour le faire. Artiste de la synthèse, il embarque tout le monde, au centre, à droite, à l'extrême gauche, et en route pour les lendemains radieux ! Dans les années 1970, la gauche a ainsi conquis, sous sa houlette, l'hégémonie culturelle en France. De Gaulle parti, les têtes tombaient une à une dans la gibecière mitterrandienne : c'était vrai dans la culture comme dans l'économie ou la haute fonction publique. Soudain, tout semblait prêt pour le grand basculement, à défaut du grand soir.

15

EN AVANT, CALME ET DROIT

> Vivre est une maladie... La mort est le remède.
>
> CHAMFORT

Après avoir cru, en 1969, qu'ils portaient au pouvoir le fils souriant et prodigue du Général, les Français se sont retrouvés, quelques années plus tard, avec un vieillard irritable. Quand vous avez une position de pouvoir, surtout, ne soyez pas malade ou, si c'est le cas, ne le montrez pas : c'est une règle de base que Pompidou est en train de vérifier à ses dépens. Mais il n'a pas le choix.

Il enfle à vue d'œil, comme une baudruche. Lorsqu'on le regarde, on l'ausculte. Lorsqu'on lui serre la main, on lui prend le pouls ou la température. « Comment va le président ? » Telle est, dans le microcosme, la question que tout le monde se pose. La France ressemble à l'Union soviétique qui avait le chic pour maintenir au pouvoir des dirigeants cacochymes à tête de momies : ainsi, quelques années plus tard, Leonid Brejnev avait la même démarche lourde, hésitante, que Pompidou à son couchant.

La chair de ses pieds boursouflés, sortant de ses chaussures, la voix blanche, le souffle court, Pompidou continue à s'enfermer dans le déni, comme Napoléon qui prétendait ne connaître qu'« une seule maladie, la mort ». Son courage impressionne, jusqu'à ses pires ennemis comme le gaulliste de gauche Vallon qui, pour une fois, l'a trouvé gaullien et se dira bluffé qu'il se soit battu « comme un sanglier contre la mort, jusqu'à la dernière minute ».

« Chez les Pompidou, a dit un jour le président à sa famille, on ne se couche que pour mourir. » Encore qu'il préférerait sans doute mourir debout, mais sa carcasse empesée valdingue de plus en plus dangereusement. Au cauchemar personnel s'ajoute le délitement politique. Le 23 avril 1972, le chef de l'État a certes gagné son référendum approuvant l'élargissement des Communautés européennes à la Grande-Bretagne, à l'Irlande, au Danemark et à la Norvège qui finalement déclarera forfait, mais sa victoire est sans gloire : un tiers seulement des inscrits ont voté oui, le taux d'abstention étant très élevé pour l'époque (39,76 %), sans compter les votes blancs (11,61 %).

Après un tel résultat, il faut bien désigner un responsable puis faire tomber sa tête. Elle est toute trouvée : le semi-échec du référendum ne fait pas les affaires, si l'on ose dire, du Premier ministre. S'il n'est pas Gulliver, Chaban, victime d'un acharnement médiatique et gravement handicapé par ses ennuis fiscaux, est déjà ficelé, cloué au sol, par une armée de contempteurs déchaînés, avec l'approbation tacite du président.

Chaban adopte alors une stratégie culottée qui correspond bien à son personnage, celle qu'avait si bien formulée le général Foch dans son fameux message au quartier général, lors de la première bataille de la Marne, entre le 6 et le 9 septembre 1914 : « Mon centre cède, ma droite recule, situation excellente, j'attaque ! »

Le 23 mai, après l'avoir fait annoncer dans *Le Figaro*, Chaban engage la responsabilité du gouvernement devant l'Assemblée nationale, lors d'un débat de politique générale. C'est un petit coup d'État que Pompidou, en bon politique, feint officiellement de n'avoir pas remarqué : il ne faut jamais montrer ses blessures et il y en a déjà tant qui coulent, ces temps-ci.

Une fois de plus, Chaban a forcé la main du président. Selon l'article 49-1 de la Constitution, le Premier ministre n'est pas habilité à engager, seul, la responsabilité du gouvernement : c'est une décision qui relève du conseil des ministres et, de facto, du chef de l'État. Dans le communiqué de l'Élysée, le maire de Bordeaux est toutefois autorisé à engager la responsabilité du gouvernement, « s'il le juge utile », ajout vicieux qui en dit long.

Chaban obtient la confiance par 368 voix contre 96 mais c'est un baroud d'honneur. Furieux que son Premier ministre ait empiété sur ses « prérogatives constitutionnelles », Pompidou a quand même décidé d'en finir et, pour commencer, renoue les liens avec Pierre Juillet, son père Joseph, anti-chabaniste de plus en plus forcené, qui avait annoncé, l'année précédente, qu'il quittait l'Élysée pour se consacrer à son élevage de moutons dans la Creuse.

« Vous amenez le socialisme à la France »

Le retour de Juillet est, bien sûr, un mauvais présage pour Chaban. Un an plus tôt, avant son faux départ de l'Élysée, il était venu à Matignon pour dire au Premier ministre, les yeux dans les yeux, sur son ton prophétique de prédicateur professionnel, qu'il le considérait comme « l'homme le plus dangereux qui fût pour le pays[1] ».

« Certes, vous êtes gaulliste, lui avait dit Juillet. Je n'en disconviens pas, vous l'êtes. Mais vous êtes aussi l'homme qui amène le socialisme à la France. Un communiste, un socialiste, on sait ce que c'est. On peut s'en garder. Vous, on ignore qui vous êtes. Vous avez livré la télévision à nos pires ennemis. »

Juillet est revenu de la Creuse pour l'exécution de l'hérétique. À peine arrivé, il trouve qu'elle tarde. « Si, le 15 juillet, Chaban est toujours à Matignon, menace-t-il, je quitte l'Élysée. » Mais Pompidou se hâte lentement. Il entend mettre les formes ; il ne virera pas son Premier ministre comme un laquais.

Quelques jours avant de dégager Chaban, Pompidou le « traite », lors d'un déjeuner, avec tous les égards dus à son rang. Les « barons », dit-il, souhaitent une dissolution de l'Assemblée nationale, pour redonner du souffle à la majorité. Après réflexion, il est contre : ce serait trop risqué. « Je pense, dit-il au terme d'un long exposé, qu'il vaut peut-être mieux tout changer. » Autrement dit, changer ce gouvernement.

Soit. Pompidou est surpris par la placidité de Chaban, là encore grand seigneur et beau joueur. L'extrême facilité de ce congédiement qu'il redoutait ne sera pas pour rien dans sa réévaluation, après coup, des qualités du maire de Bordeaux. Sans parler de son respect pour l'« élégance » de cet homme qui ne se plaint jamais et qui, contrairement à de Gaulle ou à lui-même, a rarement la dent dure sur les autres.

1. Jacques Chaban-Delmas, *L'Ardeur*, Stock, 1975.

C'est l'image que m'a toujours donnée Chaban. Nous autres journalistes, nous aimons le venin, les confidences fangeuses, les ragots de tripot, quitte à lécher, pour les obtenir, les pieds putrides de nos informateurs. À notre sujet, Léon Bloy, ancien collègue mais aussi grand écrivain, observait non sans raison qu'il s'agissait là du « simple et infaillible procédé de cette grande Vermine par qui la France est contaminée et abolie ».

Ayant souvent été convié à la table de Chaban, sur laquelle trônaient des bouteilles des meilleurs vins de Bordeaux comme le petrus que je vidais sans retenue, sous son regard bienveillant, je n'ai pas le souvenir d'avoir entendu une seule fois dans sa bouche un de ces épanchements acides ou poisseux qui font le régal de ma profession – et de moi-même, trop souvent. Sain et sportif, il portait bien le surnom que lui avait donné *Le Canard enchaîné* : « Charmant-Delmas ». Il m'aura permis de vérifier le bien-fondé d'une règle qu'avait édictée ma mère : « En politique, ce sont toujours les plus méchants qui gagnent. Les plus gentils, ils ne font que de la figuration. »

Messmer, le multi-héros de la Deuxième Guerre

Le 5 juillet, tous les connaisseurs de la chose politique s'attendaient à voir Guichard arriver à Matignon. C'était logique, c'était son heure. Il était fait pour. Après lui avoir proposé le poste, Pompidou l'invita négligemment à rendre visite au couple Juillet-Garaud pour « s'arranger » avec eux. Après avoir conversé avec les deux cerbères du président, il préféra décliner l'offre.

C'est donc leur candidat, Pierre Messmer, qui fut nommé. Un ancien légionnaire et un gaulliste historique que Pompidou aime bien et que le duo infernal pense pouvoir manœuvrer avec aisance. Pas habile, mais malin, le genre bonne pâte, d'humeur égale, la mascotte du régiment, aussi loyal que solide. Tout semblait glisser sur lui.

La presse en général et moi-même en particulier ne le ménageons pas. Dans mes articles du *Nouvel Observateur*, je donne toujours son deuxième prénom et l'appelle donc Pierre Auguste, façon de souligner sa raideur solennelle de clown blanc. Mais je change de ton du jour au lendemain quand j'apprends qu'il est un héros, ce que, comme tous les héros, il se garde bien de claironner.

Maurice Druon, le nouveau ministre des Affaires culturelles, auteur du « Chant des partisans » avec son oncle Joseph Kessel, m'a fait l'article : « Vous passez tous à côté de cet homme, vous autres les journalistes moutonniers. Cet homme n'est pas un héros, mais un multi-héros. » Respect. Messmer n'est en effet pas fait du même bois que les autres. Sa vie militaire fut un roman à la Lartéguy, Genevoix, Remarque..

Sans doute Druon, amusé par ma passion enfantine pour les légendes de la France libre, a-t-il joué, à mon insu, à l'entremetteur entre le Premier ministre et moi. J'ai rapidement été dans les petits papiers de Messmer qui m'a donné plusieurs scoops, comme celui des tractations secrètes entre l'UDR et les centristes de Lecanuet, soi-disant très à cheval sur leur antigaullisme. Elles se sont déroulées, entre les deux tours des législatives de 1973, dans le pavillon de Musique au fond du jardin de Matignon. Un vaudeville qui a beaucoup fait rire. Lecanuet ne m'a plus parlé pendant plusieurs années.

Camelot du Roi, branche de l'Action française, au début de la guerre, Messmer est un gaulliste d'avant le 18 juin 1940. Le 17, alors qu'il est sous-lieutenant au 12e régiment des tirailleurs sénégalais, il est basé à Le Breuil-sur-Couze, dans le Puy-de-Dôme, avec d'autres officiers de la Coloniale, quand il entend, à la fin du déjeuner, l'allocution du maréchal Pétain qui a pris les commandes du pays : « Je fais à la France don de ma personne pour atténuer son malheur. » Le vieil homme ordonne à l'armée de « cesser le combat ». Ça tombe mal : Messmer entend, lui, le continuer. Avec un camarade, Jean Simon, il vole une moto – dans ses Mémoires, il écrit qu'ils l'ont « empruntée[1] » – et, au soir du 18, arrive à Marseille où il découvre, le surlendemain, en lisant *Le Petit Provençal* qu'un certain « général de Gaule », avec un seul « l », a lancé un appel à la résistance contre les nazis.

De Gaulle, voilà leur homme. Les deux officiers rencontrent sur le Vieux-Port un capitaine au long cours qui leur propose de détourner avec eux en Grande-Bretagne son cargo italien qui transporte 481 tonnes de matériel de guerre dont douze avions Glenn Martin en caisses. Le 23 juin, Messmer et Simon s'emparent du *Capo Olmo*, les armes à la main, et prennent la direction de Londres où leur cargaison sera vendue à l'armée anglaise, permettant à la France libre de vivre trois mois grâce à la somme obtenue. Ensuite, ils se mettent sous les ordres du général de Gaulle qui les reçoit.

Messmer aurait été conquis si la main du chef de la France libre n'avait été si « molle » quand il serra la sienne. C'est un point qui turlupinera longtemps Messmer,

1. Pierre Messmer, *Après tant de batailles…*, Albin Michel, 1992.

cette poignée « molle, fuyante, glissante, qui ne correspondait pas au personnage ». Mais bon, à la guerre comme à la guerre, quand de Gaulle leur propose de choisir une affectation, les deux camarades n'hésitent pas : ce sera la Légion étrangère.

Ensuite, la vie de Messmer est un roman, pendant la campagne d'Érythrée ou lors de la bataille de Bir Hakeim dont il sera l'un des héros et où il s'oppose violemment à Kœnig, capitaine en 1940, général de brigade un an plus tard. À ses yeux, son supérieur hiérarchique ne se soucie pas assez du sort de ses soldats qu'il traite comme de la chair à pâté. Ce dernier se vengera en le faisant envoyer loin, en Indochine, à la Libération.

Messmer ne se vantait jamais. Un jour, à la fin d'un déjeuner, alors qu'il avait un coup dans le nez, il me raconta néanmoins entre deux renvois gastriques, son vilain travers, comment il était parti une nuit chercher le cadavre d'un camarade mort derrière les lignes ennemies pour pouvoir l'enterrer dignement, avec ses soldats. Tel était-il : brut, digne, bien trempé.

Avec l'arrivée de Messmer à Matignon, c'est la fin des « barons », engeance honnie par Juillet et beaucoup de gaullistes de souche. Cinq hommes qui, au cours des années 1960, déjeunaient souvent ensemble et auxquels on prêtait beaucoup, au point qu'ils étaient accusés de vouloir tout régenter, les nominations, les investitures : Pompidou, Chaban, Guichard, Foccart, Frey. Trop éruptif, jalousé aussi à cause de son statut privilégié auprès du Général, Debré n'en était pas, même s'il pouvait avoir droit, parfois, à « la place du pauvre », en bout de table.

Signe des temps, Foccart n'est pas vraiment consulté sur le choix du nouveau Premier ministre, comme ç'aurait été le cas au temps du Général. Après qu'il a objecté que Messmer est un « faux dur » qui dit oui à tout le monde, Pompidou lui répond : « Il tiendra bien huit ou neuf mois. » Autrement dit jusqu'au début de la campagne des législatives.

« Les communistes n'en ont plus pour très longtemps »

Messmer tiendra, mais sans plus. C'est un homme pour temps de guerre, pas de paix. Malgré toutes ses capacités, il se contente d'expédier les affaires courantes avec le charisme d'un liquidateur judiciaire : économiquement, la France se porte bien et même très bien. Selon l'équipe internationale de prévisionnistes du Hudson Institute, elle a « l'économie la plus dynamique » en Europe avec un taux de croissance annuel qui s'élèvera à près de 6 %, au moins jusqu'en 1980, ce qui devrait permettre à ses habitants de dépasser le niveau de vie des Suédois, d'ici à 1990.

Pour un peu, la France serait un nouvel eldorado. Or, si l'on en juge par la lecture de la presse, le climat politique ne prête pas à l'euphorie, il est même à la dépression, surtout dans la majorité. Tandis que Pompidou, toujours dans le déni, repousse les assauts de la mort et que Giscard se démène pour s'imposer comme le candidat naturel de la majorité, le régime semble entré dans son crépuscule. Tous les commentateurs sont d'accord. Encore sont-ils victimes d'une erreur d'optique.

À la surprise quasi générale, sous la houlette de Messmer, le pouvoir remporte largement les législatives des 4 et 11 mars 1973 : la majorité (UDR, centre, républicains indépendants) compte 302 députés et la gauche (PS, PC, radicaux) 175. Mais ce n'est pas la majorité sortante qui a gagné, c'est l'union de la gauche qui a perdu. Signé en 1972 par le PS, le PC et certains radicaux, le Programme commun est encore un repoussoir pour beaucoup d'électeurs, avec ses nationalisations massives et ses promesses inconséquentes. Mitterrand lui-même avait du mal à l'assumer.

Un jour que je critiquais devant lui la « démagogie affligeante » du Programme commun, Mitterrand m'avait dit en souriant : « Mais enfin, ça n'a pas d'importance, c'était un passage obligé pour en finir avec les communistes, le piège dans lequel ils sont tombés, vous le savez bien. » Non, je ne savais pas, je le subodorais. « Les communistes n'en ont plus pour très longtemps », ajouta Mitterrand. Ce disant, il avait l'expression sardonique du pêcheur au gros qui a ferré son poisson : il n'y avait plus qu'à crocheter les communistes, les monter sur le pont et les dépecer.

En attendant, la droite en reprenait pour un tour. Après les législatives, Michel Debré reçoit la visite de Juillet, porteur d'un message du président. Désireux de reprendre le ministère de l'Économie, c'est-à-dire d'en évincer Giscard, « l'Amer Michel » – c'est son surnom – avait préféré, devant le refus de Pompidou, quitter le ministère de la Défense, donc le gouvernement. D'autant que des crédits déjà votés avaient été ratiboisés par les services des Finances, avec l'accord du président.

« Vous êtes le seul homme d'État », dit Juillet à Debré. Il annonce à l'ancien Premier ministre du Général qu'il reprendra bientôt « une grande place au gouvernement, la première peut-être ». Debré sourit. Ce n'est pas la première fois que Pompidou lui fait le coup, en bon disciple du Général qu'on a vu à l'œuvre, sur l'Algérie notamment, et qui, dans *Vers l'armée de métier*, célébrait la ruse : elle « doit être employée pour faire croire que l'on est où l'on n'est pas, que l'on veut ce qu'on ne veut pas ».

Signe que le règne est entré dans sa phase terminale, le pouvoir devient de plus en plus paranoïaque. Le 3 décembre 1973 au soir, Escaro, dessinateur au *Canard enchaîné*, qui passe devant le siège de son journal, y voit de la lumière : des faux plombiers de la DST sont en train d'installer des micros pour connaître les informateurs de l'hebdomadaire. « L'affaire des écoutes » a commencé.

Comme beaucoup d'autres journalistes, je suis moi-même écouté et suivi. Bien sûr, je prends mes précautions. Chaque semaine ou presque, un ministre me fait son compte rendu du conseil des ministres. Je ne dirai pas qui : mon respect des « sources » m'interdit de donner leur nom, même quand elles ne sont plus de ce monde. En tout cas, grâce à ces confidences, j'acquiers dès mon premier compte rendu une petite notoriété.

Le deuxième rendez-vous avec ce ministre ayant été fixé au dernier moment, le jour du bouclage, j'y vais en voiture. Claude Angeli, rédacteur en chef au *Canard enchaîné*, m'a conseillé de relever les numéros des plaques d'immatriculation des deux ou trois autos qui me suivent en alternant, puis de faire des détours et de vérifier si elles sont toujours derrière moi. Je constate que je suis filoché.

Écumant de rage, je me rends au ministère de l'Agriculture, me gare dans la cour – les gardes m'y autorisent, je suis un habitué – et demande à voir de toute urgence Jacques Chirac qui me reçoit entre deux portes. Il est épouvanté par ce que je lui raconte. « Mais qu'est-ce qu'ils sont cons ! éructe-t-il. Quel intérêt de savoir qui vous informe ! Et puis quelle honte pour la République ! Ce n'est pas comme ça que l'on gouverne une démocratie. Je vais dire ce que j'en pense à Pompidou. »

Je crois n'avoir plus été fliqué. Raymond Marcellin, le ministre de l'Intérieur, fut finalement remercié lors du remaniement gouvernemental du 27 février 1974, et remplacé par... Jacques Chirac. Avant et après son limogeage, je me suis bien amusé, en peigne-cul patenté, à défier le président avec mes comptes rendus des conseils : ainsi de celui où je racontai comment le président avait interrompu ledit Marcellin lors d'une communication sur les risques d'attentats pesant sur des personnalités étrangères. « N'en dites pas davantage, interrompit Pompidou. De toute façon, nous lirons cela dans un prochain numéro du *Nouvel Observateur*. Voilà qui est fait. »

Pompidou avant de mourir : « Tout ça finira bien. »

Cerné par la mort jusque dans ses derniers retranchements, Pompidou n'a plus qu'un dessein : réduire le mandat présidentiel de sept à cinq ans. Voilà le grand projet qui occupe ses pensées, ses journées. Une ineptie qui illustre l'inanité intellectuelle de nos « élites » politiciennes : en France, quand elles sont confrontées à une difficulté – crise économique, chute de popularité, thrombose sociale et, en ce cas aussi, maladie de Waldenström –, elles finissent toujours par proposer, ne riez pas, une réforme... constitutionnelle.

Depuis l'été 1972, Pompidou a compris que ses jours étaient comptés. Un de ses médecins lui a conseillé de préparer sa succession sans attendre, avant de démissionner. C'est en août de cette année-là que le président écrit son testament qui, comme celui du Général, est un modèle de sobriété : « Je veux être enterré à Orvilliers. Je ne veux ni fleurs ni couronne ni monument funéraire, bien sûr. Une simple dalle de pierre, avec mon nom et les dates de ma naissance et de ma mort. Une messe sera dite à Paris, à Saint-Louis-en-l'Île. Elle sera chantée en grégorien. »

Après quoi, Pompidou a déclenché le processus qui doit aboutir à l'adoption du quinquennat, réforme à laquelle il était jusqu'à présent opposé, et qu'il se serait probablement appliquée à lui-même si elle avait été votée. Mais il lui faut la remballer après que les résultats obtenus par son projet de loi dans les deux chambres laissent à penser qu'il n'obtiendra pas la majorité requise des trois cinquièmes s'il les réunit en Congrès pour l'avaliser définitivement.

Les Français ne perdent rien pour attendre. La démagogie de leur classe politique n'a pas de limites. Il faut rétrécir le chef de l'État et tout ira mieux : telle est la nouvelle lubie, à droite comme à gauche. Incapable de procéder aux réformes qui s'imposent dans l'éducation ou sur le plan social, les politiciens préfèrent se focaliser sur celle-là. Vingt-huit ans plus tard, sous la pression de Giscard et de Jospin, avec le consentement forcé de Chirac, le président en place, un référendum instaurera le quinquennat, liquidant l'un des principaux acquis de l'héritage gaullien.

La Constitution de la Ve République entendait éviter le régime parlementaire sans tomber dans les dérives de la présidentialisation. Approuvé par les Français lors du référendum du 24 septembre 2000, le quinquennat cassera le bel équilibre des institutions. D'abord, en abaissant le chef de l'État qui perd son statut de reine d'Angleterre, régnant en majesté, au-dessus du temps. Ensuite, en américanisant la politique française qui vit dès lors au rythme de la campagne électorale permanente, comme aux États-Unis où le mandat présidentiel dure quatre ans.

Pompidou voulait faire un quinquennat au lieu d'un septennat ? Qu'à cela ne tienne, la mort y pourvoira. Le 27 mars 1974, à Paris, les nuages sont bas, au ras des toits, et le conseil des ministres se déroule dans une ambiance sépulcrale. Les portes ont été calfeutrées et les rideaux tirés face au chef de l'État qui, apparemment, supporte mal la lumière dans les yeux.

Le récit de cet ultime conseil par Jean Mauriac pour l'AFP a soulevé l'ire de Chirac alors que le fils de Mauriac ne présentait pas Pompidou comme un homme diminué intellectuellement, mais comme un malade à bout, en proie à une vive douleur. À l'en croire, le président venait d'avoir « des soins au nez » et « des traces de coton hydrophile étaient encore visibles sur sa veste ».

Tassé dans son fauteuil, transpirant à grosses gouttes, la voix voilée, sur un ton de grande lassitude, le chef de l'État dit à ses ministres, à la fin du conseil, comme si l'heure du testament était venue : « Ne vous abandonnez pas au compromis. Ne vous abandonnez pas à la médiocrité. Prenez de la hauteur. »

Puis, comme toujours dans le déni, le président aborde la question de sa maladie : « Dans trois mois, ça devrait aller mieux et cela en embêtera plus d'un. Tout ça finira bien. Enfin, on verra bien... »

En quittant le salon Murat, tous les ministres, sauf Chirac, aveuglé par son amour filial, pensaient qu'ils ne le reverraient plus.

16

GISCARD, LE POULPE FRANÇAIS

> Si les extraterrestres nous rendent visite un jour, je pense que le résultat sera semblable à ce qui s'est produit quand Christophe Colomb a débarqué en Amérique, un résultat pas vraiment positif pour les Indiens.
>
> STEPHEN HAWKING

Le 2 avril 1974, je regarde la télévision avec Christine : la deuxième chaîne diffuse une superproduction de John Frankenheimer, *L'homme de Kiev*, d'après le chef-d'œuvre de Bernard Malamud, l'un des auteurs préférés de mon père, dans le cadre de l'émission « Les dossiers de l'écran », avant un débat sur le racisme et l'antisémitisme.

Soudain, à 22 h 15, le film est interrompu par un flash d'information : « Le président de la République est mort. » Je n'aurais jamais imaginé qu'un évènement aussi attendu pouvait provoquer une sidération aussi générale. La mort est comme la foudre : quand elle frappe les sommets, elle impressionne davantage.

Je n'ai aucun doute : le successeur de Pompidou sera Chaban. C'est au demeurant l'avis de tous mes confrères parisiens ou presque, notamment au *Nouvel Obs* où le duc d'Aquitaine compte quelques soutiens dont le mien. De cette campagne, je tirerai la leçon qu'une élection ne se passe jamais comme prévu et que, pour augmenter ses chances de ne pas se tromper, il vaut mieux prendre le contre-pied de la gent journalistique.

C'est le printemps. Chaque fois, il s'amène derrière un petit vent tiède et, comme tous les ans, j'ai le sentiment de l'avoir attendu des siècles dans la brouillasse, au fond d'un trou à rat. La vie est mal faite : pourquoi n'est-ce pas tous les jours printemps ? Il met de l'amour partout, dans les arbres, sur les pelouses, les yeux des vieillards, les joues des jeunes gens. Plein comme un œuf de la sève qui remplit le monde des vivants en revivifiant tout, j'aime Christine, ses rires et ses espiègleries, les premières pâquerettes, l'odeur des retrouvailles entre les herbes et le soleil, les roucoulements des pigeons qui se bécotent sur les bancs publics, tandis que résonnent au loin les chansons du moment, « Angie » des Rolling Stones ou « Rebel rebel » de David Bowie.

Pour Chaban, cet avril 74 où il entame une campagne calamiteuse sera mortel. Des années après, il n'a toujours pas compris le film. À plusieurs reprises, il m'explique son effondrement électoral par un complot où trempaient Pierre Juillet, Marie-France Garaud et, bien sûr, Jacques Chirac. Soit. « Chirac m'a toujours menti, répète-t-il sans haine. À toutes les périodes de ma vie, il a toujours prétendu qu'il me soutiendrait, il m'a même donné sa parole d'honneur, et puis après, il m'a torpillé. »

Chirac n'est pas son tombeur, c'est Chaban qui a creusé sa propre tombe en menant une campagne qui ressemblait à celle du Général avant le référendum perdu de 1969 :

les Français voulaient tourner la page du gaullisme et au lieu d'enfiler des vêtements neufs il s'est présenté à eux, de manière subliminale, en compagnon de la Libération avec toutes ses décorations sur le poitrail – croix de guerre, médaille de la Résistance, etc. Sans oublier André Malraux qu'il appelle finalement à la rescousse et qui précipite sa chute dans une émission de télévision où il lui apporte son soutien, dans un festival de tics et de grimaces, en posant la bonne question : « Et qu'est-ce que nous pouvons faire pour que la France redevienne la France ? » La réponse de l'ancien ministre de la Culture est un grand plan de réforme de l'enseignement qui s'appuiera désormais sur l'audiovisuel et l'ordinateur, qu'il cite en prophète professionnel.

C'est un duo d'outre-tombe, un couple de cadavres. L'un, le teint jaune, une voix de radio en basses fréquences, semble sorti d'un musée de cire : Chaban. L'autre, les yeux rougis s'échappant des orbites et le teint cramoisi de grand buveur de vin rouge, a l'air d'être en transit, entre deux hospices : Malraux. Je suis très malheureux pour eux, même si, officiellement, je soutiens Mitterrand.

Pisse-copie au QG de Mitterrand

C'est ma première campagne présidentielle en tant que journaliste, mais un journaliste engagé et même militant : le patron du *Nouvel Observateur*, Claude Perdriel, a décidé, avec l'accord de Jean Daniel, qu'une partie de l'équipe du journal serait intégrée au QG de Mitterrand, le candidat de la gauche unie, curieusement installé à la tour Montparnasse (209 mètres de haut), symbole des années Pompidou, inaugurée l'année précédente. J'en suis. Il n'y a pas de quoi se vanter, mais j'ai mon nom sur l'organigramme, avec un bureau et une ligne téléphonique qui m'est affectée.

Ma fonction : pisse-copie. J'attends qu'on me donne à réécrire les tribunes ou les discours rédigés en patagon par plusieurs soutiens du candidat. Sous la houlette de Pierre Bénichou, je passe aussi à ma moulinette les notes ou les articles ni faits ni à faire que l'on m'apporte pour *Le Courrier de la Nièvre*, le journal du candidat, qui sera tiré à plusieurs millions d'exemplaires.

On ne fignole pas, Pierre et moi : on fait du journalisme à l'estomac. Un grand titre à la *France-Soir* barre la une du *Courrier de la Nièvre* : « François Mitterrand : pourquoi ma victoire est la vôtre ». Au-dessous, une photo du héros avec son épouse (officielle) et ses deux fils : « Je vous présente ma famille ». Rétrospectivement, j'ai honte. Le journalisme et le militantisme ne font jamais bon ménage.

En recopiant une note des prétendus experts du PS, j'ai commis, dans l'un de mes articles non signés du *Courrier de la Nièvre*, une erreur sur le doublement du minimum vieillesse, promis par Mitterrand : sous le titre « Troisième âge : la sécurité à laquelle ils ont droit », j'ai écrit que cette allocation monterait, s'il arrivait au pouvoir, à 21,50 francs par jour. « 21,30 », dira le candidat de la gauche, toujours fâché avec les chiffres, dans son duel télévisé d'entre les deux tours face à Giscard qui le corrige : « Ce doublement, si on le faisait, conduirait à 28,40 francs, car actuellement le minimum vieillesse est de 14,20 par jour. » Puis, bon prince : « C'est un détail, mais il est important. »

Des erreurs comme celle-là, Mitterrand en a commis beaucoup d'autres, pendant ce débat. Elles ne comptèrent pas qu'un peu dans l'impression d'amateurisme, pour être gentil, que laissa le candidat de la gauche, après le face-à-face. Son verbe et son aisance s'étaient fracassés sur le mur de l'hypercompétence giscardienne et il en tira les leçons après avoir fait son mea culpa, genre dans lequel il n'excellait pas. Après ça, je décidai de faire aussi le mien.

Alors que je m'excusais auprès de lui de mon erreur sur le minimum vieillesse, Mitterrand m'a ri au nez : « Mais enfin, vous pensez bien que j'avais autre chose à faire qu'à lire votre journal, si passionnant fût-il. J'avais trouvé les chiffres dans la note envoyée par les experts du parti. Ça m'apprendra à faire confiance à ces fumistes ! »

Lors de la même conversation, j'avouai à Mitterrand, surpris, que je n'avais voté pour lui qu'au second tour, car, au premier, j'avais choisi Chaban. Je m'expliquai : la campagne du maire de Bordeaux avait été un crève-cœur, une agonie qui n'en finissait pas. Je n'avais pas voulu participer à la lapidation générale. « Je vous comprends, a fait le député de la Nièvre. Il ne méritait pas un score aussi bas. » Puis, avec un sourire pincé : « Après tout, peut-être que j'aurais voté pour lui si je n'avais pas été candidat moi-même. C'est un homme bien, vous savez. Mais ça ne se voit pas. Quoi qu'il dise, ça a toujours l'air faux, même quand il est sincère, ce qui est souvent le cas. »

Comme prévu, Chaban n'obtient que 15 % des voix au premier tour, le 5 mai, où il arrive seulement troisième, ce qui l'empêche de se qualifier pour le scrutin final. Certes, il a bien mérité son échec, avec ses trémolos gaulliens et ses airs de marchand de voitures d'occasion. Mais je ne supporte pas l'idée que le gaullisme, espèce menacée, disparaisse à jamais du paysage politique avec des hommes, des vrais, comme Alexandre Sanguinetti qui, avant de casser de l'OAS, a perdu une jambe lors de la prise de l'île d'Elbe, en 1944, ou Robert-André Vivien, l'ami du communiste Georges Marchais, au poitrail constellé de grosses cicatrices, souvenirs de la guerre de Corée où il s'est engagé dans le bataillon français de l'ONU.

Le jour de cette grande explication, Mitterrand s'était moqué de moi : « Vous n'êtes décidément pas journaliste, pour aller comme ça au secours de la défaite. C'est un métier où l'on n'aime que les victoires. »

Après quelques mots de condoléances pour Chaban, le premier secrétaire du PS me dit, les yeux dans les yeux :

« Au fond, vous n'êtes pas de chez nous. Vous êtes de droite. »

Et c'était lui qui me disait ça ? Son culot m'abasourdit.

« Non, je suis libre, répondis-je. Et de drauche. »

Je me reconnaissais bien dans cette expression, mi-droite, mi-gauche, inventée, je crois, par André Frossard, catholique mystique et goguenard professionnel que je fréquentais déjà. Il m'a semblé que Mitterrand n'avait pas détesté ma réponse : il n'évoqua plus jamais mon droitisme, sauf longtemps après, derrière mon dos.

À l'automne suivant, j'adhérai au PS, avec ma mère, à la section d'Elbeuf, pour aider René Youinou, notre héros cédétiste de Mai 68, à conquérir la mairie de la ville, ce qu'il fit quelques années plus tard. Affligé d'un absentéisme qui n'avait d'égal que mon mauvais esprit, je crois n'avoir pas laissé de souvenirs impérissables dans le parti où, à Paris, au sein des hautes instances du bureau exécutif, des hiérarques réclamaient régulièrement mon exclusion. Irrités par l'ironie de certains de mes articles, ils prétendaient, à juste titre, que je n'avais rien à y faire. J'y suis resté quatre ans, par provocation.

VGE : un « délicat parfum de savonnette »

Au second tour de l'élection présidentielle, le 19 mai 1974, Valéry Giscard d'Estaing a battu François Mitterrand de justesse : l'écart n'est que de 424 000 voix. VGE n'en a pas moins survolé la campagne avec une aisance, un sens de la repartie et une grande maîtrise des dossiers. Il a surtout écrasé le candidat de la gauche au cours du face-à-face télévisé qui les a opposés entre les deux tours.

Peu de temps avant de mourir, Mitterrand l'a reconnu lors de sa dernière conversation avec Giscard : « En 1974, j'étais convaincu que je gagnerais et j'ai senti que j'étais battu lorsque vous avez dit dans notre débat : "Monsieur Mitterrand, vous n'avez pas le monopole du cœur"[1]. » VGE prétendait que la formule lui était venue sur le coup, ce qu'on peine à croire, mais il est vrai qu'il a toujours excellé dans l'improvisation.

J'ai mal vécu l'échec du candidat de la gauche : je ne supportais l'idée que la France se donne, quatre ans après sa mort, au tombeur du Général que j'avais fini par diaboliser, oubliant la haine et les délires de Mitterrand qui, il n'y a pas si longtemps, traitait de Gaulle de surnoms de dictateurs.

Né avec une cuillère en argent dans la bouche, le nouveau président est un héritier dans tous les sens du terme. Un cas d'école idéal pour le sociologue Pierre Bourdieu qui, à l'époque, fustige de livre en livre l'endogamie à la française et la reproduction des élites. Son père, Edmond Giscard

1. Actes de la journée d'études organisée en 2006 sur les années Giscard, avec la participation de l'ancien président, par le Centre d'histoire de Sciences Po et l'Institut pour la démocratie en Europe, sous la direction de Serge Berstein et Jean-François Sirinelli, publiés par Armand Colin.

d'Estaing, président de la Société financière et coloniale, est membre de l'Institut après avoir cachetonné dans huit conseils d'administration en Indochine. VGE est, par sa mère, le petit-fils de Jacques Bardoux, sénateur puis député du Puy-de-Dôme, et l'arrière-petit-fils d'Agénor Bardoux, écrivain prolifique, ami de Flaubert, l'une des grandes figures de la IIIe République, qui fut ministre de l'Instruction publique et avait, excusez du peu, recruté Maupassant à son cabinet.

Mais VGE n'a pas seulement de la branche et du beurre ; il a aussi du coffre : à dix-huit ans, il a quitté le monde plus ou moins vichyste de sa parentèle pour participer à la Libération de Paris, en 1944, avant de s'engager dans la 1re armée française du général de Lattre de Tassigny. Il en est sorti avec le grade de brigadier et une citation qui vante son « calme » et son « sang-froid » lors d'un acte d'héroïsme où il a fait preuve d'un « complet mépris des armes automatiques et des mortiers qui l'environnaient ».

Il aurait pu continuer dans ce style flamboyant mais non, il ne sera pas un héros romantique et restera fidèle à la tradition familiale. Il aime trop les atmosphères feutrées. Pour comprendre Giscard, il faut le voir en sa, que dis-je, en ses demeures. Il est affligé de cette frugalité aristocratique, propre aux hobereaux qui, ayant à payer sans cesse les factures de réfection de toitures ou de canalisations, économisent sur tout le reste, à commencer par le chauffage et l'alimentation. Dans son superbe château d'Authon, c'est soupe tous les soirs et les repas se terminent presque toujours par une compote. Le tout avec les fruits et les légumes du jardin.

Certes, VGE propose volontiers à ses visiteurs de partager un thé avec des biscuits anglais. Il les enjoint même de se servir à leur guise. Mais, dans ses fonctions les plus hautes, y compris à l'Élysée, il a toujours fait montre d'une pingrerie qui amusait ses collaborateurs. Il lui est rarement arrivé de casser sa tirelire. Sauf quand il s'agit de chasser. Alors, il ne compte plus.

Il est grand (1 mètre 89), souple et lisse. Inutile de chercher le défaut, le détail qui tue : il est parfait. De tous les portraits de Giscard, celui de Jean Cau, en veuvage du Général, dans *Croquis de mémoire*, est sans doute le seul qui ose dire la vérité sur la première impression que dégage le nouveau président : « Je n'ai, de ma vie, rencontré un homme plus propre, *faisant* plus impeccablement propre, de mains, d'ongles, de chemise, de crâne, d'oreilles, de barbe et de tout[1]. »

Ses chaussures fascinaient Cau, « qui n'avaient jamais marché dans les crottes et poussières du monde ». VGE croyait, poursuit-il, qu'il « entraînerait la France derrière lui en laissant, dans son élégant sillage, un parfum délicat de savonnette. C'était oublier que les peuples, comme les chiens, aiment les odeurs de soudard (de Gaulle) ; de paysan (Pompidou) ; et même, troubles et d'aventurier, celles que dégagea Mitterrand ».

Dans son genre, Giscard est beau, d'une beauté qui n'est pas d'ici. Les yeux légèrement bridés, le nez frémissant, comme un chien de chasse, il pourrait passer, sans sa stature, pour un prince de Mongolie dans sa steppe, près de la frontière de la Chine, pays qui le fascine. Le charme se rompt, parfois, seulement quand, la bouche en cul-de-poule, il se met à parler ou plutôt à chochoter.

VGE est au-dessus du lot. Il peut improviser à tout

1. J. Cau, *Croquis de mémoire*, *op. cit.*

moment des discours sur des sujets compliqués et prend ses décisions à la vitesse de l'éclair. Un jour qu'ils parlaient de Giscard après avoir vu l'une de ses prestations télévisuelles, le Général avait dit à son fils Philippe de Gaulle : « Il dépasse tout le monde de cent coudées, mais il le fait trop voir. Quand on a une pareille envergure, il faut toujours donner aux gens l'illusion qu'ils sont au moins aussi intelligents que vous[1]. » Et de rappeler qu'en Grande-Bretagne, les politiciens de tout niveau truffent volontiers leurs discours de fausses hésitations. C'est ce qu'on appelle le ton d'Oxford.

Giscard n'a pas compris les ressorts des humains. Comme s'il croyait que le monde avait été créé pour qu'il soit admiré, célébré, il aime afficher sa beauté, son intelligence, ses joies, ses enfants. Il ne sait pas que le bonheur, comme disait l'écrivain-journaliste américain Ambrose Bierce, est cette « sensation agréable que nous éprouvons devant le malheur d'autrui ».

Giscard est un hors-venu. Il est au genre humain ce que le poulpe est au monde animal. Le séquençage du génome de ce céphalopode a permis aux scientifiques de conclure qu'il s'agissait d'une espèce unique en son genre. Avec son système nerveux ultra-complexe, ses neurones partout, jusque dans les tentacules, ses yeux comme des caméras, il fait penser à un extraterrestre. Au point que des chercheurs réputés comme Chandra Wickramasinghe ont avancé l'hypothèse que des comètes ou des astéroïdes porteurs d'œufs pourraient avoir été à l'origine de l'émergence soudaine du poulpe sur la terre, il y a 270 millions d'années.

La même question peut se poser à propos de Giscard.

1. Ph. de Gaulle, *De Gaulle, mon père*, *op. cit.*

Parfois, dans les bons jours, il semble rentrer d'une partie de chasse avec Thomas Jefferson dans les forêts de Virginie, au XVIIIe siècle. Mais très souvent, par exemple après une de ces démonstrations éblouissantes et sans notes dont il a le secret, on se demande s'il n'est pas arrivé la veille d'une exoplanète habitable, à des milliers d'années-lumière de la nôtre.

Giscard est si intelligent qu'il peut, parfois, en devenir idiot : la preuve, il ne sait pas s'y prendre avec les humains ; il est gauche, *à côté*. Il est aussi pourvu d'un sens de l'humour très particulier : ses blagues tombent presque toujours à plat, ce qui ne l'empêche pas de récidiver, à la consternation de ses amis.

Il y a en lui quelque chose du Général, cet « oncle original » plus ou moins farfelu dont me parlait Messmer. Secrétaire d'État, puis ministre pendant sept ans sous de Gaulle, Giscard a observé le grand homme et s'est calqué sur lui, au point de le singer parfois. Il est fasciné par ses postures altières et son « exercice solitaire du pouvoir » qu'il condamnait en 1967, un an après avoir été viré du gouvernement.

Il a aiguisé son caractère sur celui du Général. Un exemple édifiant raconté par Peyrefitte[1]. Le 30 janvier 1963, alors que le conseil des ministres examine le décret sur le personnel enseignant en Algérie, de Gaulle s'indigne qu'il ne soit pas payé et « jette un œil sévère du côté de Giscard qui ne bronche pas ».

« Agacé que Giscard n'ait pas réagi », de Gaulle interpelle directement le ministre des Finances sur les salaires non

1. A. Peyrefitte, *C'était de Gaulle*, Éditions de Fallois/Fayard, 3 vol., t. I, 1994.

versés. Sans succès. « Giscard reste muet, écrit Peyrefitte. Un autre aurait bredouillé, se serait confondu en excuses. Giscard soutient le regard du Général et a la force de se taire. »

Politiquement, il était à peu près aussi inclassable que de Gaulle : étatiste et libéral. Il a aussi le culte de l'intérêt général, expression qu'il emploie souvent. S'il est plus européen que le grand homme, ce qui n'est pas difficile, Giscard considère comme lui que la France est une personne. D'une certaine manière, il est, ô paradoxe, son vrai fils prodigue, Pompidou jouant le rôle du fils aîné, travailleur et obéissant, dans la parabole biblique.

On ne pardonne pas aux autres les peines qu'on leur a infligées. Après que Giscard a été écarté, en 1966, du ministère des Finances confié à Debré, de Gaulle lui a fait dire sa sympathie avant de l'accabler des foudres de l'Éternel. Il n'a pas compris la colère du freluquet qui s'estima « congédié comme un domestique », alors que l'Équipement lui avait été proposé en lot de consolation. Mais pour qui se prend-il, celui-là ?

Il l'a vu venir. Giscard commença à peine à remuer une oreille que, déjà, le Général mettait les siens en garde : « « Il ne faut pas que les gaullistes et l'UNR se fassent "couillonner", dit-il ainsi à Foccart, le 11 mai 1966, alors qu'ils évoquent les législatives de l'année suivante. Ceux qui ne seront pas d'accord, on les descendra en flammes. Si c'est nécessaire, on descendra Giscard d'Estaing. Il faut être intransigeant[1]. »

De Gaulle soupçonne Pompidou de faiblesse, de complaisance à l'égard de Giscard. En pactisant avec lui, dit-il, les gaullistes creusent leur tombe. Après les législatives de

1. J. Foccart, *Journal de l'Élysée*, t. I, *op. cit.*

1968, le Général avait ainsi insisté, avec succès, auprès de Foccart pour que les nouveaux députés UDR ne portent pas VGE à la présidence de la commission des Finances à l'Assemblée nationale : « Ils ne se rendent pas compte que Giscard est un adversaire, d'ailleurs cela apparaîtra au grand jour plus tard. Déjà, il a montré son vrai visage le 30 mai [...] quand il a dit à Pompidou : "Allez-vous-en !" C'était en pleine émeute, enfin dans un climat tendu. Il travaillait [...] en fin de compte, contre moi[1]. »

VGE et le Général ont-ils été si antinomiques ? Contrairement à Pompidou, si à l'aise dans son XXe siècle, de Gaulle était un homme du XVIIe qui avait une conception sacerdotale de la politique et une vision quasi mystique de la France, à la manière de Richelieu dont il s'abreuvait des œuvres, en bonne place dans son bureau de Colombey-les-Deux-Églises.

Philosophiquement, Giscard est une synthèse entre de Gaulle, l'homme de foi du passé, et Pompidou, l'hédoniste matérialiste de son temps.

1. *Ibid.*, t. II, *Le Général en Mai (1968-1969)*, 1998.

17

CHIRAC, UN QUEUILLE GAULLISTE

> Qu'est-ce qui les sépare ? Leurs idées. Ils en ont si peu.
>
> GEORGES CLEMENCEAU

Un soir, quelques mois après avoir annoncé à Mitterrand que je voulais écrire sa biographie, j'ai avoué à Chirac, le vin aidant, que j'écrirais sa vie, dans les années à venir : qu'il ne s'étonnât pas si je prenais des notes quand je le suivais, ce serait « un roman d'aventures à la Alexandre Dumas ».

« Quelle étrange idée ! s'était exclamé Chirac. Ça n'intéressera personne, en dehors des Corréziens, et encore...

— Je crois qu'un jour, vous serez président. »

C'était une manie : Nostradamus amateur, je voyais des futurs présidents partout, du moins quand les personnages étaient romanesques. La scène se passait la même année que ma première conversation avec Mitterrand : en 1972, *Le Nouvel Observateur* m'avait envoyé le suivre un week-end dans sa circonscription d'Ussel, en Corrèze. J'avais eu un coup de foudre. Pas pour le politique. Pour le personnage.

Chirac non plus n'était pas humain. Pas parce que, comme Giscard dont il serait bientôt le Premier ministre, il semblait venir d'une autre galaxie mais parce que, chez lui, la part animale prenait toute la place. Haut perché, les narines à l'affût, prêt à avaler la mer, les poissons, les bigorneaux, il haletait comme un chien, galopait comme un cheval, copulait comme un lapin, s'empiffrait comme un cochon. Tout lui faisait ventre.

Sa bouche était comme le trou d'une chaudière qu'il fallait tout le temps alimenter. La clope au bec, en bras de chemise, beau comme un dieu, Chirac tournait à plein régime. Je n'avais jamais vu et ne reverrais jamais autant d'énergie et d'empathie en marche, au service d'un vague credo, fracassant les clivages, la droite, la gauche, quelle importance, pourvu que nos verres soient pleins, allez, Raymond, encore un coup pour la route, et puis, tiens, en l'honneur de Minette, un toast « à nos femmes, à nos chevaux et à ceux qui les montent ». Toujours pressé, même pour la chosette, il était surnommé par ses conquêtes, c'était selon, « Atchoum » ou « Cinq minutes, douche comprise ». L'œil complice, l'air égrillard, il entraînait tout le monde, les gaullistes, bien sûr, mais aussi les centristes, les socialistes et même les communistes corréziens. Au fil des ans, dans son fief, j'ai souvent entendu la même profession de foi d'électeurs ou de membres du PC : « Je suis communiste mais je vote Chirac. »

Le dimanche, Chirac me proposa de déjeuner avec lui en tête-à-tête dans un restaurant de Bort-les-Orgues qui donnait sur un lac artificiel, bleu comme l'azur. Au moment de passer les commandes, je le déçus beaucoup quand je lui dis que j'étais végétarien. « Mais comment faites-vous pour rester en bonne santé ? » demanda-t-il, navré pour moi. C'est la première fois que je le vis manger. Un spectacle fascinant, comme une opération du Saint-Esprit : à peine servi, le plat était englouti et l'assiette saucée.

Même à table, Chirac était très collectif. Comme mes grands-mères, il s'inquiétait que je manque et demanda à la serveuse du rab de gratin de pommes de terre à la crème. La portion était si gargantuesque qu'il la finit à ma place. Je remontai dans son estime quand arriva le plateau de fromages et que je me goinfrai comme lui des plus pourris : des chèvres coulants, des salers orangés, des saint-nectaire baveux, des bleus d'Auvergne qui sentaient la bouse. Rien que d'écrire ces noms, je salive comme le chien devant l'écuelle.

« Il n'est de problème qu'une absence de solution ne puisse résoudre »

Chirac était un ogre et la faim menait ses titanesques enjambées. Entre les repas, vers 10 heures puis vers 17 heures, il lui fallait toujours casser la croûte comme les ouvriers du bâtiment : il s'enfournait alors des sandwichs géants au pâté ou au saucisson avec des cornichons (« Très important, les cornichons ! »). Plutôt que gaulliste, pompidolien, voire crypto-fasciste comme le prétendait la presse de gauche, il était avant tout un disciple de Rabelais qui disait : « Le grand Dieu fit les planètes et nous faisons les plats nets. »

Sur le plan politique aussi, Chirac était rabelaisien. De cette première conversation, je tirai l'impression qu'il était encore en construction, pas fini, ouvert à tous les vents, prêt à épouser n'importe quelle idéologie, une impression qui dura jusqu'à sa mort puisque, des décennies plus tard, à la fin de son deuxième mandat, il soutint sérieusement devant moi que le libéralisme avait fait plus de morts que le communisme !

Après avoir été communiste et « Algérie française », à peu près simultanément, ce qui n'est pas banal, Chirac se référait, en guise d'idéologie, à un pot-au-feu indigeste avec autant de gauche (le partage) que de droite (l'autorité) au milieu desquelles trempaient des passions « fana mili » et des utopies comme l'autogestion, portées par le PSU, le parti de son ami Rocard, le tout dans un bouillon radical-socialiste.

Ce n'était pas un hasard si Chirac avait repris, avec sa bénédiction, la circonscription de celui qu'on appelait le bon père Queuille, député puis sénateur radical-socialiste pendant trente-neuf ans. Le candidat gaulliste s'était bien coulé dans le moule, le paysage. Il avait eu, il est vrai, une belle porte d'entrée qu'avait ouverte Françoise, l'épouse d'un de ses meilleurs amis, Jérôme Monod, qui était la petite-fille du grand homme – en format réduit – de la Corrèze.

Monument local, parangon du radical-socialisme, ancien résistant mais antigaulliste, trois fois président du Conseil sous la IVe République, Henri Queuille aimait dire, entre autres bons mots : « Il n'est de problème qu'une absence de solution ne puisse résoudre. » Ou encore : « La politique, ce n'est pas de résoudre les problèmes, c'est de faire taire ceux qui les posent. » En somme, du Chirac tout craché.

Ami du petit peuple, Chirac était fait pour cette terre de gauche où ses parents avaient leurs racines et où, enfant, il passait toutes ses vacances. Quand il se présenta pour la première fois en Corrèze, en 1967, il travaillait au cabinet de Pompidou à Matignon. Le Premier ministre lui avait trouvé une circonscription pénarde, à Paris, mais il avait préféré aller ferrailler sur ses terres familiales, dans un secteur réputé difficile.

Après qu'il l'eut emporté, à la surprise générale, aux élections législatives de 1967, dans une circonscription ancrée à gauche, de Gaulle avait demandé à rencontrer « la bête » et, son examen réussi, le nouveau député était entré au gouvernement comme secrétaire d'État aux Problèmes de l'emploi – c'était la dénomination – auprès du ministre aux Affaires sociales.

« Chaban est si léger qu'il ne fera pas le poids »

C'est cet homme-là qui allait, à la fin, faire roi Giscard, son antithèse sur à peu près tous les plans. En exécutant Chaban avant le premier tour de la présidentielle de 1974, il a permis au ministre des Finances de prendre son envol avant d'affronter Mitterrand au second.

Sans doute Chirac aurait-il été le candidat rêvé de Pompidou à sa succession. Le président défunt l'avait souvent laissé entendre. Sorte de père de substitution, il le considérait comme un deuxième fils : plus d'un a pu le vérifier en surprenant ses regards énamourés couvant son « bulldozer », comme il le surnommait.

C'est Pompidou qui lui avait fourré dans la tête l'idée qu'il pourrait prétendre un jour aux premiers rôles. Directeur de cabinet à Matignon puis secrétaire général du RPR avant de partir dans les affaires, Jérôme Monod était l'un des meilleurs amis de Chirac. Il s'amusait toujours des clichés journalistiques : « Chirac n'était pas programmé pour la présidence de la République, m'a dit un jour Monod. C'est une fable ! Dans les années 1960, jusqu'à ce qu'il devienne député, il n'y pensait même pas, il n'avait qu'une ambition, prendre la direction de l'aviation civile avec une vague arrière-pensée qu'il n'osait formuler : devenir un jour patron de Dassault parce que le vieux Marcel, qui l'avait connu petit, l'avait à la bonne. »

Pompidou était mort prématurément. Comme pour ménager les vieux gaullistes qui ne l'aimaient pas, il avait mis Chirac en selle beaucoup trop tard en l'installant enfin dans un grand ministère, l'Intérieur, six jours seulement avant de mourir. C'était ballot : le bulldozer n'avait même pas eu le temps de démarrer.

Chirac n'avait jamais aimé Chaban dont il m'a souvent dit, comme à d'autres, les mois précédents, avec une confondante prescience : « Si vous croyez qu'il peut être élu, vous vous mettez le doigt dans l'œil jusqu'au trou de balle. Il est i-né-li-gi-ble. Je vous accorde qu'il est sympa, bien sapé et bien coiffé. Oh ! il présente bien, mais dès qu'il ouvre son moulin à sornettes, il devient un épouvantail à électeurs. Il est si léger, le pauvre, qu'il ne fera jamais le poids ! »

Foccart tente de raisonner Chirac dont Juillet et Garaud, les deux harpies éplorées du président mort, attisent les préventions contre Chaban. Le 11 avril, le plus secret des conseillers du Général puis de Pompidou rend visite au nouveau ministre de l'Intérieur, place Beauvau. « L'entretien est très désagréable », rapporte-t-il. Après lui avoir dit qu'il souhaite « que Chaban gagne » et qu'il fera tout pour lui, Chirac affirme que Pompidou aurait souhaité Messmer comme successeur.

Foccart proteste :

« À trois reprises, et la dernière fois il y a moins de deux mois, le président m'a dit : "S'il m'arrive quelque chose, si je viens à disparaître brutalement, le mieux placé d'entre vous est Chaban."

— Cela m'étonne beaucoup.

— Cela peut vous étonner, mais ce n'est pas un ragot de deuxième main. C'est une vérité affirmée à moi. »

Les deux ont raison. Même avant d'arriver en fin de vie et de sombrer, la souffrance aidant, dans les affres de la paranoïa, Pompidou disait souvent aux uns le contraire de ce qu'il venait de déclarer aux autres. C'est un métier qu'a bien résumé Richelieu : « Savoir dissimuler est le savoir des rois. » Le président avait même paru souhaiter, quelque temps avant sa mort, que Giscard lui succède alors qu'il l'avait toujours exécré, même quand il le ménageait. Parfois, c'était même plus fort que lui, il laissait éclater sa détestation comme ce jour où il lui avait dit pour l'humilier, devant témoins, à la sortie d'un conseil de ministres : « Alors, les tigres n'ont pas fait trop de bruit, dans la soute de l'avion ? »

Accusant le coup, Giscard n'avait pas répondu. Pompidou faisait allusion au voyage de son ministre des Finances en URSS, quelques jours plus tôt. Les autorités soviétiques avaient accepté de satisfaire sa demande de venir chasser le tigre de Sibérie ou « tigre de l'Amour ». C'est le plus grand fauve et l'un des plus gros prédateurs terrestres : sa taille s'élève à plus d'un mètre au garrot et son poids peut atteindre 350 kilos pour les mâles, 200 pour les femelles.

En danger d'extinction et déclaré « espèce protégée » depuis 1962, ce tigre se fait rare en Sibérie et les hôtes soviétiques de Giscard décidèrent, pour son bon plaisir, de prélever deux spécimens dans un zoo avant de les lâcher, comme des faisans, sur leur habitat traditionnel, devant leur invité qui n'avait ainsi aucune chance de rentrer bredouille en France. À l'aller, ils ont fait le voyage dans le même avion que lui, mais dans la soute, il va de soi. Pour eux, bien sûr, il n'y a pas eu de retour.

Giscard était-il au courant de la supercherie ? Pas sûr. Les services secrets français s'étaient en tout cas empressés de communiquer à l'Élysée l'information qui avait fait la joie et l'indignation de Pompidou. Jusqu'à son dernier souffle, le président n'aura jamais fait preuve d'une tendresse particulière pour VGE qu'il ne jugeait pas « électoral » et dont il avait dit naguère : « Son problème, c'est le peuple. » S'il avait choisi son successeur, c'eût été sans doute Messmer, d'une loyauté si grande qu'elle passait parfois pour de la bêtise.

Giscard-Chirac : la double méprise

« Vous devez absolument vous présenter », dit à Messmer son ministre de l'Intérieur qui s'est rendu à Matignon après qu'est tombée la nouvelle de la mort de Pompidou. Placide, le chef de gouvernement ne relève pas.

Chirac espère, comme Juillet et Garaud, que Messmer annoncera sans attendre sa candidature, ce qui, pense-t-il, empêchera Giscard, son ministre, et peut-être même Chaban, de se déclarer. Mais le chef du gouvernement envoie paître tous ses partisans. Non, ce n'est pas pour lui.

Sans doute ne se sent-il pas assez médiatique ni même assez politique pour s'aventurer dans une campagne présidentielle. Peut-être craint-il que ne soit dévoilée sa double vie que Gilberte, son épouse officielle, supporte mal. Il est aussi conscient que les Français ont envie de changement, de nouveauté, pas forcément d'un ancien légionnaire empesé, fût-il un héros de guerre au regard bleu ciel, avec une liste de décorations longue comme le bras.

Après que Giscard lui eut confirmé qu'il remballerait ses ambitions pour lui laisser la place, Messmer se tâte. Quand, enfin, il décide d'y aller dans le cadre d'une candidature unique, une semaine a passé et il est trop tard : Chaban s'est jeté le premier dans l'arène deux jours après le décès de Pompidou – alors que « le cadavre n'était pas encore froid », s'indignent ses ennemis.

Prônant une « majorité élargie » tout en se plaçant dans la continuité de Pompidou, le ministre des Finances s'est lancé ensuite en annonçant depuis sa ville de Chamalières, dans « cette mairie de la province d'Auvergne », avec une formule qui restera dans les annales : « Comment conduirai-je cette campagne ? Je voudrais regarder la France au fond des yeux, lui dire mon message et écouter le sien. »

Alors, va pour Giscard qui démarre à fond de cale, avec maestria. Mais au lieu de se rallier au ministre des Finances comme un bourgeois de Calais, Chirac met au point, avec son couple infernal Juillet-Garaud, une manœuvre destinée à plomber la campagne de Chaban : « l'appel des quarante-trois », diffusé le 13 avril – trente-neuf parlementaires de la majorité (dont trente-trois UDR), auxquels il faut ajouter quatre ministres dont Jean Taittinger, le très respecté garde des Sceaux. Manifeste de soutien subliminal à VGE, le texte réclame une candidature unique et laisse entendre que le maire de Bordeaux l'a refusée.

À partir de ce jour-là, Chaban saigne comme les bêtes que tire le week-end Pierre Juillet, grand organisateur des chasses présidentielles, et qui continuent de trotter en laissant derrière elles des guirlandes vermillon, jusqu'à ce que chute et mort s'ensuivent. Au fur et à mesure de la campagne, il perd son teint hâlé de golfeur du dimanche et devient de plus en plus hâve, voire jaune. Au premier tour, Giscard obtient 32,6 %, plus du double des voix recueillies par le maire de Bordeaux, l'ex-favori.

Au début de la campagne, Giscard a laissé entendre à Chirac qu'il le nommerait à Matignon s'il était élu. Il semble, soudain, fasciné par ce ministre de l'Intérieur qui, il n'y a pas si longtemps, était son secrétaire d'État aux Finances, chargé du Budget, et qu'il battait alors froid parce qu'il le considérait à juste titre comme « l'œil de Pompidou ».

Du genre cérébral et poisson froid, Giscard n'avait pas grand-chose en commun avec cet agité du bocal, qui grillait cigarette sur cigarette, supportait mal la position assise et semblait atteint, comme son ami Jérôme Monod, du syndrome des jambes sans repos (SJSR) qui l'amenait à taper sans arrêt du pied pendant les réunions, tic dont je suis moi-même affecté et qui est, je le reconnais, très énervant pour les autres.

Mais Giscard était déjà fasciné par sa stupéfiante capacité de travail. Sans parler de la loyauté sans limites du secrétaire d'État à Pompidou : il avait la fidélité dans le sang. Après la mort du président, Chirac ne pouvait-il pas mettre toutes ses qualités à son service ? C'est à partir de là que commence le mécanisme qui va conduire à « la double méprise », titre d'un livre très éclairant de Catherine Nay sur la relation entre les deux hommes qui se sous-estiment l'un l'autre et réciproquement[1].

Piquante, cultivée et indépendante d'esprit, Catherine Nay est avec Michèle Cotta la meilleure incarnation de cette génération de jeunes femmes journalistes que Françoise Giroud, la directrice de *L'Express*, a lancées à l'assaut de la politique où domine – le mot est faible – la gent masculine. Elles ont révolutionné leur métier en racontant la vie poli-

1. Catherine Nay, *La Double Méprise*, Grasset, 1980.

tique de l'intérieur, sur un ton qui donne un coup de vieux au style souvent compassé de leurs confrères.

Se plaçant sous le haut patronage de Tchekhov ou de Pinter, Catherine Nay n'aime rien tant que le romanesque de la politique et détaille avec ironie ce grand malentendu qui a dominé la politique française pendant plusieurs années : les accordailles, les épousailles puis le divorce d'un ménage « bien trop joli pour durer », entre deux hommes que tout séparait et qui se sont trompés l'un sur l'autre.

Tandis que Giscard croyait nommer à Matignon un simple exécutant, un peu simplet et très laborieux, Chirac s'imaginait qu'il aurait les coudées franches avec un président au-dessus des partis, nonchalant, sinon lunaire, qui, selon lui, « ne travaillait pas » quand ils cohabitaient au ministère des Finances.

Chirac croyait, par exemple, que VGE continuerait à disparaître régulièrement plusieurs jours de suite, comme il en avait jusque-là l'habitude, pour aller chasser le fauve ou l'éléphant au Mozambique ou en Centrafrique avant de revenir le teint hâlé, la bouche en cœur.

Dès son arrivée à Matignon, il lui faut déchanter. Devenu président, Giscard chassait toujours, mais moins souvent et moins longtemps.

18

COUP DE JEUNE SUR LA FRANCE

On met très longtemps à devenir jeune.

PABLO PICASSO

Sous la Ve République, la composition du gouvernement se fait à deux. Telle était la pratique au temps du Général comme de Pompidou. Le président donne quelques indications sur les grands postes et le Premier ministre établit la liste. Cette fois, les usages ont changé : c'est Giscard qui a constitué l'équipe après deux ou trois concessions à Chirac.

Certes, Chirac a bataillé et obtenu la nomination de plusieurs élus UDR proches de lui : Jacques Soufflet, compagnon de la Libération, aux Armées ; Robert Galley, un autre compagnon de la Libération, à l'Équipement ; René Tomasini, un « parrain » et un fidèle, secrétaire d'État aux Relations avec le Parlement.

Grand prince, Giscard a même accepté la suggestion de Chirac pour le ministère de la Santé : Simone Veil, une de ses « copines », ancienne déportée à Auschwitz-Birkenau, secrétaire générale du Conseil supérieur de la magistrature après avoir travaillé au cabinet de René Pleven, garde des Sceaux, sous la présidence de Pompidou. Elle a voté Chaban à la présidentielle. Personne n'est parfait.

Mais ce gouvernement n'est pas celui d'une « majorité élargie », comme l'avait promis Giscard aux Français ; il est à 90 % giscardien avec Michel Poniatowski, ministre d'État, ministre de l'Intérieur, comme numéro deux, Jean Lecanuet, garde des Sceaux, numéro trois, et... Jean-Jacques Servan-Schreiber, ministre des Réformes, numéro cinq après Soufflet.

Visionnaire incontestable dont l'antigaullisme forcené brouille souvent la vue, JJSS apparaît, d'entrée de jeu, comme l'une des pièces maîtresses du gouvernement. Avec Poniatowski et un autre fidèle de Giscard, Jean-Pierre Fourcade, alors maire de Saint-Cloud, Servan-Schreiber fait partie des ministres réunis en conclave, à l'Élysée, pour lire, sous la haute autorité du président, le projet de discours de politique générale que Chirac doit prononcer devant l'Assemblée nationale et qu'il est venu leur présenter. Un « conseil de la couronne », s'amuse Catherine Nay qui raconte que Servan-Schreiber, le propriétaire de *L'Express* en congé du journal, « prenant sans doute le Premier ministre pour un journaliste stagiaire, s'écrie sans plus de façons : "Ce papier est entièrement à refaire ! Il ne vaut rien... Pompidou n'aurait pas dit autre chose il y a dix ans" ».

Sur quoi, Giscard demande, devant Chirac, à Yves Cannac, secrétaire général adjoint de l'Élysée, un normalien brillant, réputé pour ses talents de « bonne plume », de réécrire le discours du nouveau Premier ministre. C'est ce qu'on appelle une humiliation publique. La légendaire modestie de Chirac devrait l'en préserver des affres mais il a déjà la haine, une haine culturelle, anthropologique, qu'il aura de plus en plus de mal à camoufler. Il déteste désormais le président et prépare sa vengeance.

Quand Juillet et Garaud mettent de « l'acide dans les rouages »

Le 5 juin, Chirac ne change quasiment rien à son discours de politique générale revu et corrigé par Cannac avant de demander, le 9, la tête de JJSS qui, ce dimanche, a convoqué la presse pour dénoncer la reprise des essais nucléaires dans le Pacifique : les autorités militaires auraient mis le gouvernement devant le fait accompli, s'est indigné le ministre des Réformes, alors que l'ordre de les réaliser avait été signé par le président en personne...

Le chef de l'État est partisan d'une admonestation, et qu'on n'en parle plus. Pas Chirac. Il a souvent raconté, par la suite, qu'il s'était précipité à l'Élysée, en rentrant de sa circonscription de Corrèze, et aurait arraché à Giscard, en mettant sa démission dans la balance, le limogeage de JJSS qui aura ainsi été le ministre le plus éphémère de la Vᵉ République (treize jours).

Après avoir cédé, Giscard couvre, au conseil des ministres suivant, Servan-Schreiber d'éloges très sonores. C'est la règle du jeu. Mais il en fait beaucoup : alors qu'il a soutenu le principe des essais nucléaires pendant la campagne présidentielle, le voilà qui laisse entendre que JJSS n'avait pas vraiment tort ; s'il a été congédié, la raison est en fait « non le fond du problème, mais sa forme ». Les gaullistes s'étranglent de colère.

Pour VGE non plus, la vengeance n'est pas un plat qui se mange froid. Seulement cinq semaines plus tard, le 16 juillet 1974, il prend sa revanche en faisant entrer Françoise Giroud, l'alter ego de JJSS, au gouvernement : emblématique directrice de *L'Express*, bras droit de Servan-Schreiber pour la presse et bras gauche dans la vie, Giroud devient secrétaire d'État auprès du Premier ministre, chargée de la Condition féminine, où elle fera des étincelles. Elle aime rappeler qu'elle a voté Mitterrand à la présidentielle, au grand dam des gaullistes.

L'épisode JJSS donne une idée des relations entre les deux hommes : dès les premiers jours, elles sont méfiantes, urticantes. Vivant sous le régime de la communauté réduite aux aguets, ils semblent n'avoir qu'un point commun, leur jeunesse : le président a quarante-huit ans, le Premier ministre quarante-deux. Pour le reste, c'est bras de fer les bons jours et guerre totale les mauvais. Installée à Matignon et toujours en contact téléphonique avec Pierre Juillet, Marie-France Garaud n'arrange rien. Longtemps après, Chirac a reconnu devant moi qu'entre le président et lui elle n'avait cessé de « mettre de l'acide dans les rouages » : « Notre conflit n'était plus seulement politique, il était devenu viscéral, passionnel. Ils n'auraient pas été là à me monter sans arrêt le bourrichon contre Giscard, les choses se seraient mieux passées. »

Certes. Mais les giscardiens manquent de finesse. Divulguer son dessein, disait Richelieu, « c'est comme parler d'une chose pour ne pas la faire ». Chirac ne peut accepter le rôle que Giscard lui a tacitement assigné et que Poniatowski a défini ouvertement, non sans naïveté, devant des parlementaires centristes : celui de fossoyeur du gaullisme. « Il faut casser l'UDR, a dit le ministre de l'Intérieur. Le Premier ministre va s'en charger. »

Non-sens : sans le parti gaulliste, Chirac sait qu'il n'est rien qu'un oiseau de passage, à la merci de Giscard qui le jettera quand il n'en aura plus besoin. C'est pourquoi il se démènera, avec son duo infernal, pour prendre le contrôle de l'UDR dont il fera un instrument de résistance à l'emprise du président avant de le transformer en machine de guerre pour la conquête de l'Élysée.

À Giscard qui lui dit un jour le bonheur qu'il a de travailler avec Chirac, si « épatant » et si « dévoué », Claude Pierre-Brossolette, le secrétaire général de l'Élysée, objecte, prémonitoire : « Méfiez-vous quand même. Il est ambitieux. Il sera un jour ce que vous avez été par rapport à Pompidou. Un rival. »

Alors, Giscard : « Vous n'y êtes pas. C'est un enfant, Chirac. Il n'a pas d'envergure. Il me sera toujours fidèle. »

En attendant, Chirac ne perd pas de temps. Le 14 décembre 1974, alors que Giscard est parti aux Antilles, Chirac n'a pu, malgré ses prétendus efforts, le joindre pour le « prévenir » : il prend le secrétariat général de l'UDR que lui a cédé Alexandre Sanguinetti en bon grognard. La veille, après avoir fait campagne contre Chaban à la présidentielle, il était encore honni par les militants et n'avait même pas la carte du parti. Après son 18 brumaire, rien ne peut plus arrêter la chiraquisation de l'appareil gaulliste.

Le chef de l'État ne s'en émeut pas outre mesure. Même si la politique politicienne vit des beaux jours, grâce aux talents du vénéneux duo Juillet-Garaud et pour le plaisir gourmand des gazettes, le couple Giscard-Chirac, si mal assorti soit-il, est en train de réformer la France comme elle ne l'a pas été depuis 1958. Le pays ne sera plus jamais le même, pour le meilleur et pour le pire.

Pendant plusieurs mois, le Parlement n'a pas le temps de respirer et les projets de loi tombent sur lui comme les obus à la bataille de Gravelotte lors de la guerre franco-prussienne de 1870. C'est une pétarade, un feu d'artifice permanent. La première réforme du septennat est l'abaissement de la majorité, donc de l'âge électoral, de vingt et un à dix-huit ans. Après quoi, tout s'enchaîne. La révision constitutionnelle qui donne aux parlementaires (soixante députés ou sénateurs) la possibilité de contester la constitutionnalité d'une loi. Le divorce par consentement mutuel. L'éclatement de l'ORTF, mastodonte de l'audiovisuel public, qui accélère la libéralisation amorcée sous le gouvernement Chaban, pour en finir avec l'information d'État, contrôlée par un ministre. La légalisation de l'avortement, enfin, avec la loi sur l'interruption volontaire de grossesse (IVG).

Lors d'un colloque de politologie qui s'est tenu en 2006, Giscard a prétendu qu'il avait été surpris par la mort de Pompidou dont il aurait à peu près tout ignoré de la maladie[1]. Il a même osé dire que, à l'époque, il n'envisageait pas de se présenter à la présidence avant 1983, à la fin du deuxième mandat que n'aurait pas manqué d'effectuer son prédécesseur. Des mensonges éhontés, indignes de son intelligence.

Un jour qu'il était en veine de confidences, Giscard m'avait raconté comment le projet de loi légalisant l'avortement était déjà dans les tiroirs quand il était arrivé à l'Élysée : fin 1973, il avait demandé à Michel Poniatowski, ministre

1. Actes de la journée d'études organisée par le Centre d'histoire de Sciences Po et l'Institut pour la démocratie en Europe, *op. cit.*

de la Santé, de lui préparer un texte dont il avait fixé les grandes lignes avec lui. « Quand nous sommes arrivés au pouvoir, m'avait-il dit, tout était écrit, prêt à être voté. »

Logiquement, Jean Lecanuet aurait dû porter le projet. Le garde des Sceaux s'imposait à tous points de vue : il était favorable à la légalisation de l'avortement et, en plus, il avait l'entregent, la compétence, l'expérience, qualités nécessaires pour défendre cette cause. Mais il risquait de déstabiliser son électorat, consubstantiellement catholique.

Ç'aurait pu être Françoise Giroud, secrétaire d'État à la Condition féminine, mais à quoi bon blesser encore le Premier ministre qui ne la supportait pas ? Ce fut finalement à Simone Veil, la « copine » de Chirac, ministre de la Santé et néophyte de la politique, qu'échut la rude tâche de présenter « le projet de loi relatif à l'interruption volontaire de la grossesse ».

Dans mes articles du *Nouvel Observateur*, je porte sur Simone Veil les mêmes yeux émerveillés que Philippe de Commynes, toute révérence gardée, sur Louis XI. Si je ne me compare pas, bien sûr, au célèbre chroniqueur, j'ai canonisé Simone Veil dans ma tête et quand elle fond en larmes après avoir essuyé de nouvelles insultes pendant le débat parlementaire, je pleure comme un veau dans les travées du Palais-Bourbon réservées à la presse.

J'ai vingt-cinq ans, je suis un jeune marié mais je ne peux me déprendre, en regardant batailler Simone Veil, de sentiments qui ressemblent à ceux que Gérard de Nerval éprouvait devant sa « Sylvie » : « Je me sentais vivre en elle, et elle vivait pour moi seul. Son sourire me remplissait d'une béatitude infinie ; la vibration de sa voix si douce et cependant fortement timbrée me faisait tressaillir de joie et d'amour. » J'aime qu'elle porte, à une lettre près, le même nom que Simone Weil, autre sainte personnelle, l'une de mes amours d'adolescent, dans les bras de laquelle je suis allé si souvent me réfugier en lisant *La pesanteur et la grâce*, chef-d'œuvre que ma mère portait haut et dont je ne me sépare jamais. Elle ne m'a jamais déçu.

Quand nous parlons, la ministre de la Santé et moi, dans son appartement cossu de la place Vauban où elle me donne rendez-vous dès potron-minet, je suis comme paralysé. Quand elle est abattue, voire dévastée, j'ai envie de poser ma main sur son épaule mais quelque chose me retient toujours, qui n'est pas notre différence d'âge : vingt-deux ans. Je dois à la vérité de dire que la même envie me prend lorsque je la trouve toute ragaillardie. Quel que soit son état, je suis en pâmoison.

Après avoir tiré un gros halo de fumée sur sa clope, elle s'exclame : « Ah ! Les salauds ! » à propos des nombreux députés de la majorité qui tentent de bloquer son projet de loi. « Quelle bande d'affreux salauds ! Je les hais ! » Elle reproche à plusieurs ministres importants de s'être mis aux abris. Simone Veil n'a pas volé sa réputation de méchanceté et les noms d'oiseaux se bousculent dans sa bouche. Mais à mes yeux, elle a toutes les excuses. Après l'épreuve de la déportation à Auschwitz où moururent ses parents, il lui faut subir les misérables clabaudages du Conseil de l'Ordre des médecins et d'une partie de la presse.

Dans notre campagne normande, les naissances n'étaient souvent pas bienvenues et quand Marcelle O., une de nos voisines, annonça à son mari qu'elle attendait un septième enfant, il monta au grenier où il prétendait avoir à faire. Une heure après, l'épouse le retrouva pendu. Dans les fermes alentour se nouaient d'affreuses tragédies de ce genre et, à la fin, c'étaient toujours les femmes qui écopaient, d'une manière ou d'une autre. Catholique mystique, ma mère les fournissait en préservatifs ou en documentation sur la contraception tout en militant, bien sûr, pour la légalisation de l'avortement.

Avant le vote de la loi, trois cent mille femmes au moins recouraient chaque année à l'avortement, dans des conditions souvent indignes et une hygiène improbable, avec celles qu'on appelait les « faiseuses d'anges ». Sans parler des complications qui suivaient et des traumatismes psychologiques. Simone Veil avait trouvé les mots justes : l'interruption volontaire de grossesse devait être une « exception » pour empêcher le pire. Mais ça n'a pas suffi à rassurer les adversaires du texte.

« Le commerce de la mort deviendra une industrie lucrative et on revendra les fœtus à des usines de traitement des graisses animales », tonne Jacques Médecin, député-maire giscardien de Nice, tandis que Hector Rolland, député-maire UDR de Moulins, refuse avec son inimitable accent « une Saint-Barthélemy où des enfants en puissance seraient journellement sacrifiés ».

Le 29 novembre 1974, c'est grâce aux voix de gauche que le texte est adopté. Ont voté pour 55 UDR seulement sur 174, 17 républicains indépendants sur 65 et 27 réformateurs (centristes) sur 52, ces derniers obtenant le meilleur score des partis de la majorité présidentielle, grâce au travail souterrain de Lecanuet.

19

VGE OU DE GAULLE LE PETIT

> La grandeur d'un destin se fait de ce qu'on refuse plus que de ce qu'on obtient.
>
> FRANÇOISE CHANDERNAGOR

Élu président de la République trois ans auparavant, Louis-Napoléon Bonaparte n'a pas commis son coup d'État du 2 décembre 1851 pour le plaisir, lors d'une poussée d'hubris, mais parce que la Constitution lui interdisait de se représenter. L'évènement inspira à Victor Hugo, son ancien partisan, un pamphlet tonitruant où il traitait le neveu de l'Empereur, entre autres, de « criminel » ou de « dernier des hommes ». Son titre : *Napoléon le Petit*.

Quand on examine le bilan de Napoléon III, le sobriquet paraît injuste mais il lui est resté, participant pour beaucoup à « la légende noire » qui flotte encore autour du second empereur des Français (1852-1870), lequel mesurait 1 mètre 71, trois centimètres de plus que son célèbre ancêtre. Giscard le surplombe de dix-huit centimètres et, même s'il mérite, comme lui, à certains égards, une réhabilitation, on ne peut résister à l'envie de le surnommer « de Gaulle le Petit ».

Du Général, Giscard m'a fait un jour ce portrait admiratif qui est aussi, à certains égards, un autoportrait : « Dominant physiquement. Désintéressé. Lorsque vous prenez un cours de tennis ou de ski, le professeur vous apprend à regarder au loin, toujours plus loin, pour anticiper. De Gaulle, c'était pareil. J'étais son ministre pendant sept ans, il m'a appris à voir toujours plus loin. Son seul défaut : la rancune. Il ne pardonnait pas la déloyauté[1]. »

Comme le de Gaulle de 1958 dont il se voudrait le miroir, Giscard engage la France, seize ans plus tard, dans un toboggan de réformes, pour la plupart sociétales cette fois. C'est ainsi que l'historien Max Gallo, longtemps militant de gauche et ancien porte-parole du gouvernement sous la présidence de Mitterrand, a pu déclarer un jour, bluffé comme beaucoup de socialistes par l'action réformatrice de VGE, qu'« il y a eu deux grands présidents sous la Ve République, de Gaulle et Giscard[2] ».

VGE a souvent un coup d'avance. La moindre de ses fulgurances n'est pas sa brusque passion pour l'informatique et il n'est pas exagéré de dire que, grâce à lui, la France fut un moment aux avant-postes de la révolution numérique. Alors que le marché français des ordinateurs est dominé par des entreprises américaines comme IBM, Giscard est inquiet pour la souveraineté du pays. Il commande un rapport à deux inspecteurs des Finances, Simon Nora et Alain Minc, sur l'informatisation de la société. Prophétique, le document sera publié en 1977 et rencontrera un incroyable succès de librairie, marquant longtemps les esprits.

1. Voir son interview par Romain Gubert et l'auteur dans *Le Point* du 8 mai 2014.

2. Le 27 juillet 2003, sur France Culture.

L'année suivante, Giscard charge Gérard Théry, polytechnicien visionnaire, de lancer Télétel, un réseau informatique français, dont les terminaux porteront le nom de Minitel. Un écosystème complet (parc, applications, plateforme de paiements), très en avance sur l'époque. Steve Jobs, créateur d'Apple et pionnier de l'ordinateur personnel, s'était-il inspiré du Minitel ? Théry en est convaincu : « Il en a acheté un et l'a dépiauté pour savoir comment il marchait. » Grâce à cette console qui pénétra jusque dans neuf millions de foyers français, la France fut longtemps en pointe avant d'être noyée, à la fin du siècle, par la déferlante de l'Internet *made in USA*. Au moins avait-elle essayé...

En somme, là encore, VGE s'est mis dans les pas du Général, VRP du génie français. Après avoir observé de près le grand homme au travail le temps d'un septennat au ministère des Finances, entre 1959 et 1966, VGE sait gouverner et même déléguer. Il aime aussi invoquer, comme de Gaulle, « l'intérêt général » et paraît s'accommoder d'un Premier ministre qui, avec son inépuisable énergie, l'extrême loyauté en moins, ressemble à Michel Debré. Bien que très dissemblables, Giscard et Chirac auront finalement constitué un tandem de choc qui a transformé la France de fond en comble.

Au début des années 1960 quand il était encore « en formation au gouvernement », de Gaulle qui l'avait repéré donna un jour ce conseil à Giscard qui aimait le rappeler : « Il faut savoir sortir du maelström. Plus il est grand, plus on doit s'en éloigner. » VGE cherche continuellement à prendre de la distance, de la hauteur. Si le nouveau président ne prend pas régulièrement son vendredi pour faire le tour du parc, un des rites immuables du grand homme avec la messe du dimanche, il lui arrive de disparaître plusieurs heures ou quelques jours. Pour une partie de chasse ou un petit béguin.

Il lui arrive aussi d'être injoignable pour de bonnes raisons, une habitude du Général qui, le 6 octobre 1966, avait répondu au président de Madagascar, Philibert Tsiranana, après qu'il lui eut demandé comment il tenait le coup : « Je vais vous donner mes secrets qui sont simples. D'abord, je n'ai pas le téléphone depuis 1940, je ne m'en sers que lorsque je ne peux pas faire autrement. Ensuite, j'ai un horaire extrêmement précis ; je ne vois que les gens que je dois voir et je n'accepte personne en dehors des audiences qui sont prévues. Enfin, à huit heures moins dix du soir, je m'en vais et personne, vous entendez bien, personne ne peut me déranger ; sauf s'il y a la guerre ou des évènements d'une importance considérable... Et puis dites-vous que j'ai des ministres, j'ai des collaborateurs. Bien entendu, je donne l'impulsion mais l'exécution n'est pas de mon fait[1]. »

Giscard coche plus ou moins toutes les cases, sauf la dernière : il entend se mêler de tout, selon son bon plaisir, y compris de l'exécution, n'en déplaise à son Premier ministre.

Giscard, adepte de la théorie des cent jours

Giscard a tiré une autre leçon du gaullisme : la stratégie de 1958 quand de Gaulle a réformé la France comme l'éclair, en quelques semaines, ne laissant pas à l'opposition le temps de se retourner, à la manière du blitzkrieg du général Guderian qui, avec ses blindés, en 1940, avait défoncé les lignes françaises en moins de temps qu'il ne faut pour

1. J. Foccart, *Journal de l'Élysée*, t. II, *op. cit.*

le dire. Bousculant « le pot de fleurs », une des expressions favorites du Général, il a fait sienne une formule que ce dernier aimait répéter : « Les chiens aboient, la caravane passe. »

Dans *La tyrannie du statu quo*, un livre paru en 1984 et écrit avec son épouse Rose, Milton Friedman, Prix Nobel d'économie, montre, preuves à l'appui, que, pour réformer, il faut agir vite. Les dirigeants qui ont changé la face de leur pays, affirment les deux auteurs, sont ceux qui se sont mis en action dès leur accession au pouvoir, profitant que l'opposition était assommée par sa défaite, avant que se redressent les conservatismes de tous bords.

Œcuméniques, Rose et Milton Friedman s'intéressent plus particulièrement aux cas de Roosevelt, Reagan, Thatcher et Mitterrand, qui avaient souvent des textes de loi tout prêts dans leurs cartons quand ils arrivèrent aux affaires. Leur livre est lumineux : tout nouveau pouvoir n'a guère plus de cent jours pour changer radicalement le pays. Mais ils ont oublié, de manière incompréhensible, de Gaulle et Giscard.

VGE est un adepte de la théorie des cent jours. Les États-Unis, dit-il, ont une pratique beaucoup plus ancienne que la France de l'élection du président au suffrage universel. Et, de cette expérience, Franklin D. Roosevelt avait su tirer les leçons à partir de l'Inauguration Day, en 1933, quand il lança ses réformes tous azimuts. « Il fallait donc faire un maximum de choses dès 1974 », conclut Giscard.

En trois mois et même davantage, Giscard a administré la preuve, après de Gaulle, que la France est réformable dès lors que les gouvernants ont la volonté de changer l'ordre établi, y compris, comme on l'a vu sur l'avortement, contre leur propre majorité. Une leçon dont auraient pu s'inspirer, par la suite, Chirac, Hollande ou Macron.

Qu'importent les freins ou les réticences, pourvu que les réformes avancent. La droite n'est pas tous les jours à la fête, après l'élection de son champion. Elle s'agace quand, au cours d'une visite de prison, le chef de l'État serre avec ostentation la main d'un détenu. Elle tique encore quand, pour affirmer la compassion du nouveau pouvoir pour les taulards, Lecanuet (Justice) libéralise la détention et les aménagements de peine, avec la secrétaire d'État à la Condition pénitentiaire, Hélène Dorlhac, médecin psychiatre.

De la condition pénitentiaire à la condition féminine, il n'y a qu'un pas ou un adjectif à changer. En ce temps-là, si la femme n'est pas considérée « comme un bien meuble », ce qui est encore le cas des animaux (article 528 du Code civil), elle est toujours moins bien traitée que l'homme qui a fait les lois et pour qui elle n'est qu'une conquête, voire une colonie.

Dans tous les cas de figure, l'homme est, si j'ose dire, beaucoup plus égal que la femme. Pensez ! En 1965, avant le vote de la réforme des régimes matrimoniaux portée par le ministre de la Justice, Jean Foyer, les femmes avaient encore besoin du consentement de leurs maris pour gérer leurs biens propres, exercer une activité professionnelle ou même ouvrir un compte bancaire. Il s'agit maintenant de parachever, sinon de parfaire, le travail de libération de la femme commencé sous de Gaulle.

Giscard a transformé la société en profondeur. Avec la loi du 11 juillet 1975 qui instaure le consentement mutuel pour le divorce, il a contribué à dédramatiser celui-ci. Pour l'obtenir, il est désormais inutile de monter des dossiers sordides, d'inventer des « preuves » d'infidélités. Je viens d'un temps où la séparation d'un couple marié était une tragédie et pouvait conduire, pour l'un des époux, voire les deux, à une sorte de proscription sociale. Maintenant, c'est devenu, si j'ose dire, une habitude. S'il reste une épreuve qui peut être traumatisante, le divorce devient souvent, grâce à cette réforme, une simple formalité administrative dans un monde où, depuis la préhistoire, on s'éprend et se reprend. La loi de 1975 porte enfin un coup à l'hypocrisie que l'on dit bourgeoise en dépénalisant l'adultère, pour le grand malheur des cabinets de détectives privés : s'il reste une faute civile, ce n'est plus une faute pénale.

Louis XV le Bien-Aimé... si mal-aimé

Aucun domaine n'est épargné par le grand chamboule-tout. Sur le plan idéologique, le message présidentiel de Giscard aux deux Assemblées, lu par leurs présidents respectifs, le 30 mai 1974, donne le ton. Y est célébrée, notamment, « la France de Diderot, de Michelet, de Waldeck-Rousseau, de Léon Blum », c'est-à-dire la France de gauche.

Après que le président semble avoir accaparé ses valeurs et ses grandes figures, la gauche ne sait plus à quel saint se vouer. Ses éditorialistes sont à peu près dans l'état des chattes auxquelles on aurait pris leurs petits. Désemparés, ils crient : « Au voleur ! » Il fallait un historien pour remettre les choses à leur place. Ce sera Jacques Ozouf.

Dans un article qui a fait date, Ozouf rend hommage à Giscard dont il doute qu'il « soit aussi prisonnier qu'on l'a dit des tics de sa classe[1] ». À ses yeux, le nouveau président est même l'anti-Pompidou, lequel ne pouvait que défendre le système méritocratique qui l'avait arraché de sa classe

1. *Le Nouvel Observateur*, 26 août 1974.

sociale pour le porter au sommet, au terme d'« une ascension sociale si chèrement payée ».

Pompidou, poursuit l'historien, avait à « démontrer » son appartenance à « la société de l'argent et du privilège », que « Giscard au contraire doit faire oublier ». Mais à la fin, VGE n'est qu'une réincarnation d'André Tardieu : brillantissime, une collection de succès scolaires et universitaires, une idée par seconde, longtemps disciple de Clemenceau, un long fume-cigarette vissé entre les dents, celui que *L'Action française* surnommait « Mirobolant » fut président du Conseil à trois reprises – seize mois en tout – entre 1929 et 1932. C'est peu de dire que Tardieu a fait sensation.

Partisan d'une relance et de l'augmentation des revenus populaires, promoteur de l'assurance-vieillesse et de la gratuité des lycées, André Tardieu s'était tourné un jour, pendant un débat parlementaire, vers la gauche de l'hémicycle : « Ne tirez pas sur moi, je porte vos enfants dans mes bras ! » Après quoi, il fut rejeté par le système, vira à droite et tout rentra dans l'ordre.

Plus de quarante ans après Tardieu et moins de quinze ans avant Clinton, Giscard triangule sans le savoir. C'est un précurseur, un ouvreur de portes, qui pille les idées des adversaires dès lors qu'il les juge bonnes. L'un de ses meilleurs biographes, Philippe Ratte, l'a défini dans *Valéry Giscard d'Estaing, l'autre grand président*[1] comme l'anti-Machiavel : ce n'est pas un théoricien de l'action, aussi à l'aise dans le conflit qu'un poisson dans l'eau ; il ne croit pas, comme l'auteur du *Prince*, que tous les moyens sont

1. Philippe Ratte, *Valéry Giscard d'Estaing, l'autre grand président*, Odile Jacob, 2020.

bons et qu'il vaut toujours mieux être « craint » qu'être « aimé ». Deuxième successeur du Général, il fait penser à Louis XV dit « le Bien-Aimé » (avant de devenir si mal-aimé !) qui monte sur le trône après Louis XIV, Roi-Soleil et monarque absolu. Pour un peu, il en ferait son modèle.

20

LE ROI S'AMUSE

> Ah, la belle statue ! Oh, le beau piédestal !
> Les vertus sont à pied et le vice à cheval !
>
> Quatrain populaire à propos de la statue équestre de Louis XV à Paris, détruite à la Révolution

Il est toujours étonnant d'observer la propension de certains personnages publics à creuser leur propre tombe parce qu'ils se refusent obstinément, contrairement au commun des mortels, à cacher leurs démons secrets, leurs petites lubies enfantines. Ce fut le cas de Giscard qui se plut longtemps à rappeler qu'il descendait de Louis XV.

Quel profit Giscard pouvait-il espérer en tirer ? Aucun. En se rengorgeant d'avoir ce lointain ancêtre, il ne faisait que réveiller la fibre antimonarchique, toujours bien vivante chez une partie des Français. En plus, s'il régna longtemps (cinquante-neuf ans), Louis XV ne fut pas, de l'avis général, un grand roi. Le pouvoir l'ennuyait et ses guerres furent catastrophiques.

Ce roi faisait certes profession d'humanité. « Le sang de nos ennemis est toujours le sang des hommes, disait-il. La vraie gloire est de l'épargner. » Homme à femmes, il avait une réputation de débauché et logeait ses concubines dans un quartier de Versailles, le Parc-aux-Cerfs, qui, dans le langage populaire, devint bientôt synonyme de maison close.

Érudit et timide, Louis XV ne savait pas communiquer. Le petit peuple lui reprochait de ne pas s'intéresser à lui, la noblesse de désacraliser la monarchie. Décédé à soixante-quatre ans de la petite vérole, il fut enterré nuitamment, à la sauvette. Après sa mort, une chanson populaire a dit tout le mal que pensait le bas peuple de l'amant de la Pompadour et de la Du Barry :

Ami des propos libertins,
Buveur fameux et roi célèbre
Par la chasse et les catins :
voilà ton oraison funèbre.

Non sans arguments, Giscard se targue de descendre de Mlle Bénard, dame de compagnie de Madame Adélaïde, l'une des filles de Louis XV, roi qui donna beaucoup dans la roture. Elle aurait eu de ce monarque très coureur un enfant non reconnu, Adélaïde-Louise-Françoise, future comtesse de Montalivet. Une lignée royale ne lui suffit pas. Il lui faut aussi du sang aristocratique, même s'il est arrivé par la porte de service. VGE se flatte par ailleurs du patronyme d'Estaing rajouté à Giscard par le Conseil d'État, en 1922, à la demande d'Edmond, son père, en hommage à une trisaïeule, Lucie-Madeleine, elle-même d'origine bâtarde, qui aurait été engendrée par le dernier titulaire du nom.

La généalogie et la particule

Entachées de bâtardise, les ascendances aristocratiques de Giscard sont souvent contestées quand elles ne sont pas moquées. C'est peut-être pour cette raison qu'il a toujours eu besoin de se les approprier, non sans enfantillage, en y faisant allusion ou en achetant, en 2005, avec son frère Olivier, ancien maire du village, et leur cousin Philippe, le château d'Estaing, dans l'Aveyron, jadis fief d'un Tristan du même nom qui aurait sauvé la vie de Philippe Auguste à la bataille de Bouvines en 1214.

Il y a chez VGE un culte de la généalogie et une passion de la particule qu'il a du mal à cacher et qui contribuera pour beaucoup au rejet violent dont il sera victime. Pas peu fier d'avoir pour ancêtre Charles Henri d'Estaing, marquis de Saillans, il est toujours très disert sur ce marin hardi qui participa en première ligne, aux côtés de La Fayette, à la guerre d'indépendance des Américains contre les Anglais, avant d'être promu amiral pendant la Révolution française et guillotiné sous la Terreur en 1794.

Giscard ne voit pas les sourires en coin quand il célèbre à l'envi cet amiral d'Estaing, mal vu par les historiens de la chose navale comme Étienne Taillemite qui a souligné, dans son *Dictionnaire des marins français*, paru en 1982, ses « maladresses » et sa « manie des réformes ». L'ancêtre amiral du président a tout pour lui, le brio, le charisme, la créativité, mais pas le sens du maniement des hommes.

VGE aime beaucoup parler lignée, extraction. À l'aube de son règne, porté par un mélange de puérilité et d'audace, il entame, en se livrant plus que de raison, un lent processus d'autodestruction. Notamment parce qu'il fait fi des grandes leçons du Général, qu'il a souvent entendues quand il était son ministre et qui résonnent comme autant d'injonctions à s'élever et à s'éloigner de la piétaille comme de la pédantaille : « La grandeur a besoin de mystère. On admire mal ce qu'on connaît bien. »

VGE est un pur produit de l'élite française. Bachelier à seize ans, énarque et polytechnicien, il est convaincu – il me l'a souvent dit – qu'il suffit « d'une petite dizaine de personnes pour prendre la France » – parfois, le chiffre diminue. Un jour, il m'a parlé de cinq personnes parmi lesquelles il mettait en tête Jean Sérisé, un grand commis d'État qui fut longtemps son collaborateur après avoir travaillé avec Mendès, la vivacité d'esprit personnifiée, ce que l'on pouvait trouver de mieux dans les « élites » françaises. Telle est la conception du pouvoir de Giscard. Elle n'est pas si éloignée de celle de Mitterrand qui m'a expliqué un jour que l'on pouvait « prendre la France avec une trentaine de personnes », une autre fois « avec une cinquantaine ».

Revendiquant une place dans la lignée que certains lui contestent, il cherche, en même temps, à être quelqu'un d'autre. Grisé par ses premiers succès, enivré par lui-même, il entend supprimer toute distance entre le peuple et lui, contrairement à de Gaulle, qui surplombait les Français, dans ses limbes. Il est prêt à tout pour se laver de l'accusation répétée sans cesse par ses ennemis : qu'il ne serait qu'un aristocrate coupé du peuple.

Flanqué du prince Poniatowski, numéro deux du gouvernement, et du comte d'Ornano, son proche ami, ministre de l'Industrie, VGE tente de faire peuple avec une diction, un sociolecte et une gaucherie qui ne font qu'accuser ses origines, celles de la haute bourgeoisie où l'on voussoie ses parents et, plus tard, son épouse, ses enfants. Il paraît avoir oublié qu'en chaque Français ou presque sommeille un révolutionnaire prêt à entonner la chanson qui, à partir de 1790, glorifiait les exécutions sommaires sur les réverbères :

Ah ! ça ira, ça ira, ça ira,
Les aristocrates à la lanterne !
Ah ! ça ira, ça ira, ça ira,
Les aristocrates, on les pendra !

Après avoir joué, il n'y a pas si longtemps, de l'accordéon avec Yvette Horner, la virtuose de la musette, Giscard s'invite de temps en temps à dîner chez le Français moyen. À Noël 1974, il convie avec une ostentation de dame d'œuvre trois éboueurs africains à petit-déjeuner avec lui à l'Élysée. Lors des traditionnels vœux présidentiels du 31 décembre, il fait fort encore en n'oubliant pas les immigrés « qui doivent se sentir à leur place dans la société française qui les accueille ». Plus il fait la cour aux petites gens, plus transparaît sa fibre aristocratique.

Autant de paroles ou de gestes, inspirés par de bons sentiments, qui provoquent lazzis et plaisanteries ; ils culmineront avec la célèbre couverture du *Nouvel Observateur* où, sous un portrait de lui, couronné, avec perruque et en hermine, figure ce titre qui tue : « L'homme qui voulait être roi[1] ». Comme souvent, Giscard peine à opérer des replis stratégiques. Il persiste et il s'enfonce. En essayant de faire oublier d'où il vient, il n'est pas seulement maladroit, voire ridicule, mais, parfois, pathétique, comme un prince en exil.

1. Numéro du 2 février 1981.

21

COMME UN VOL DE GERFAUTS

> Comme un vol de gerfauts hors du charnier natal,
> Fatigués de porter leurs misères hautaines...
>
> JOSÉ MARIA DE HEREDIA

Le 11 mars 1882, Ernest Renan, historien des religions et grande figure intellectuelle de son siècle, prononce à la Sorbonne une conférence intitulée : « Qu'est-ce qu'une nation ? » Quand il le publiera, ce texte court deviendra le bréviaire de la IIIe République – avant de devenir le mien, soit dit en passant.

Encore un qui est en avance sur son époque et pas qu'un peu. Aux yeux de Renan, la nation garantit la liberté qui serait perdue si le monde n'avait qu'une seule loi et un seul maître. Gaullienne est la définition qu'il donne – on croirait entendre de Gaulle parler, la gouaille en moins.

Le Breton Renan ne croit pas que la nation se résume à une race ni à une religion. D'abord, parce qu'« il n'y a pas de race pure » : « Les plus nobles pays, l'Angleterre, la France, l'Italie, sont ceux où le sang est le plus mêlé. »

Quant à la religion, elle est, selon lui, « devenue chose individuelle ; elle regarde la conscience de chacun ».

Toute société ayant besoin de transcendance, une nation, dit Renan, « est une âme, un principe spirituel ». Elle s'appuie sur deux choses : « L'une est la possession en commun d'un riche legs de souvenirs ; l'autre est le consentement actuel, le désir de vivre ensemble, la volonté de faire vivre l'héritage qu'on a reçu indivis. »

Naturellement fidèle au culte des ancêtres, une nation est, observe-t-il, « une grande solidarité, constituée par les sacrifices qu'on a faits et de ceux qu'on est disposé à faire encore. Elle suppose un passé ; elle se résume pourtant dans le présent par un fait tangible : le consentement, le désir clairement exprimé de continuer la vie commune. L'existence d'une nation est (pardonnez-moi cette métaphore) un plébiscite de tous les jours, comme l'existence de l'individu est une affirmation perpétuelle de vie ».

C'est pourquoi la nation est une plante fragile qu'il ne faut jamais négliger de biner, d'aérer, d'arroser. « L'homme, conclut Renan, n'est esclave ni de sa race, ni de sa langue, ni de sa religion, ni du cours des fleuves, ni de la direction des chaînes de montagnes. » Quand il s'agrège avec ses congénères, il crée « une conscience morale » : « Tant que cette conscience morale prouve sa force par les sacrifices qu'exige l'abdication de l'individu au profit d'une communauté, elle est légitime, elle a le droit d'exister. » Sinon…

Sinon, mieux vaut ne pas y penser. En relisant « Qu'est-ce qu'une nation ? » de Renan, le « prophète de Tréguier », encore un livre que mon grand-père maternel m'a offert, je sens descendre sur moi un mélange de nostalgie et d'accablement, voire de détresse. Que sera devenu notre pays quand cette définition de la nation, « conscience morale », aura fini de perdre son sens et que nous serons ramenés à l'état de ramas de communautés se regardant en chiens de faïence ? Comment avons-nous pu tant dégringoler la pente depuis Giscard ?

Me reviennent en mémoire deux vers d'un poème sublime, « Recueillement », que Baudelaire a rajouté, en 1868, dans une nouvelle édition des *Fleurs du mal* :

Sois sage, ô ma Douleur, et tiens-toi plus tranquille
Tu réclamais le soir ; il descend ; le voici...

Après avoir retrouvé le poème dans la « Pléiade », je l'ai lu à haute voix. Il m'a semblé que mon regard s'est voilé quand je suis arrivé à la fin :

Et, comme un long linceul traînant à l'Orient
Entends, ma chère, entends la douce Nuit qui marche.

Ensuite, j'ai écouté mon bourdon qui me disait de sortir et de marcher. J'ai pris mon chapeau et je suis sorti en hâte de mon domicile pour me fondre dans Marseille, son soleil, ses embruns, ses rivières de rires. Au bout de quelques pas, la vie avait repris le dessus.

Quand Giscard suspend l'immigration

Que sont devenus le « consentement » et « le désir de vivre ensemble » chers à Ernest Renan ? Il ne nous reste plus, dans sa définition de la nation, que le « legs de souvenirs ». Près d'un siècle et demi après sa conférence, on ne voit pas bien ce qui fait encore le lien entre nous. Les plus pessimistes sont convaincus que la France n'est plus qu'un centre d'accueil, le vestige d'un passé qui s'en va, un bateau ivre, rempli à ras bord de toute la misère du monde. C'est le genre de questions polémiques qui sont apparues dans les années 1970, quand l'immigration s'invita dans le débat public.

Ce n'est pas l'immigration qui a provoqué le déclin français. Il lui était bien antérieur. On peut dire que sa perception remonte à la fin du XIXe siècle, après la défaite de la France face à la Prusse lors de la bataille de Sedan qui conduisit à la capitulation de notre pays, à l'arrestation de Napoléon III et à la chute du Second Empire : d'une débâcle l'autre, 1870 préfigurait 1940. Depuis lors, le déclinisme a fait florès, par intermittence.

« Comme un vol de gerfauts, ivres d'un rêve héroïque et brutal », pour reprendre les mots du poète Heredia dans *Les conquérants*, les étrangers, à commencer par moi-même, à l'âge de quatre ans, n'ont jamais cessé, depuis des siècles, de se poser en France. Si elle est consubstantielle à notre pays, l'immigration a déjà posé des problèmes dans le passé, notamment à la fin du XIXe siècle, quand des travailleurs italiens, accusés de « voler » les emplois des autochtones, furent massacrés à Marseille, Beaucaire, Aigues-Mortes.

Giscard considère que le sujet est si important qu'un secrétariat d'État aux Travailleurs immigrés a été créé, pour la première fois depuis 1938, dans le premier gouvernement Chirac. Confié d'abord à André Postel-Vinay, un compagnon de la Libération, qui démissionne rapidement pour cause de crédits insuffisants et de mésentente avec le Premier ministre, le poste échoit finalement à Paul Dijoud, un énarque giscardien, élu des Hautes-Alpes.

Sur ce plan comme sur d'autres, Giscard est un visionnaire : « de Gaulle le Petit » estime qu'il est temps de contrôler l'immigration. Après les fortes poussées migratoires des années 1960, la France compte alors quatre millions d'étrangers sur son territoire : un pour douze Français. Si l'immigration européenne, notamment espagnole ou portugaise, est bien acceptée, les enquêtes d'opinion montrent une nette hostilité envers les Nord-Africains avec plus de 50 % d'opinions défavorables.

Prenant prétexte de la crise économique provoquée par le choc pétrolier de 1973 et la multiplication par quatre du prix du baril, Giscard décide, en accord avec Chirac, d'instituer un moratoire : le 4 juillet 1974 est annoncée la suspension jusqu'en octobre de l'entrée des immigrés en France, le temps de tout mettre à plat et d'établir « une politique nouvelle de l'immigration ». Dieu sait quelle bronca aurait suscitée, les décennies suivantes, une telle mesure.

Mais l'immigration est, à l'époque, un sujet que n'ont pas encore « idéologisé » et rendu inflammable les gardiens enfiévrés du temple de l'antiracisme. André Postel-Vinay, encore secrétaire d'État et homme de progrès, exprimera à peu près le sentiment général quand il dira : « Nous ne pouvons accueillir la misère sans limite. Nous en péririons sans la soulager. »

Bien sûr, la pause durera plus longtemps que prévu mais elle sera mise à profit, par Paul Dijoud, son successeur, pour mieux contrôler les flux, lutter contre les ségrégations au logement, favoriser la formation et l'éducation, établir une charte des droits et des obligations des immigrés. Sans oublier d'autoriser les familles à rejoindre leur chef, sous certaines conditions, quand il est régulièrement installé en France.

C'est ce qu'on appelle « le regroupement familial » et qui sera la croix d'infamie portée par Giscard jusqu'à la fin de sa vie. Depuis, la gauche et la droite s'accusent mutuellement d'avoir favorisé les flux migratoires. Force est de constater que les deux se sont relayées pour arriver au résultat que l'on sait. Mais, contrairement à une légende urbaine, ce n'est pas Giscard qui a ouvert le bal.

22

LE REGROUPEMENT FAMILIAL, MACHINE INFERNALE

> Nous ne possédons rien au monde – car le hasard peut tout nous ôter – sinon le pouvoir de dire « je ».
>
> SIMONE WEIL

Longtemps, j'eus peine à croire Giscard quand, au hasard de nos rendez-vous, il revenait en boucle sur le regroupement familial, l'un de ses tracassins : « Je ne comprends rien à cette histoire. Ce n'est pas moi qui ai mis en route cette machine infernale. Elle date des années 1920 quand les étrangers en situation régulière, résidant en France, ont acquis le droit de faire venir sous conditions leur conjoint et leurs enfants mineurs. Après quoi, une circulaire de 1947, sous le gouvernement Blum, a tout encadré en exigeant notamment que l'immigré dispose en ce cas d'un logement familial, afin d'éviter la création de taudis urbains et ruraux. »

Pendant longtemps, je n'ai rien fait des notes prises sur les sempiternelles litanies que VGE ressassait devant moi sur le regroupement familial. C'est en travaillant sur ce livre que je les ai retrouvées avant de vérifier l'existence de la circulaire de 1947 – en date du 20 janvier exactement –, signée par le ministre de la Santé et de la Population, le socialiste Pierre Ségelle, « relative à l'introduction, l'accueil et l'implantation des immigrants et de leur famille ».

Cette circulaire, comme celles qui suivront – autour d'une vingtaine –, entend réglementer et encourager l'immigration des familles des travailleurs étrangers, phénomène appelé « à exercer la plus heureuse influence sur la réussite des opérations d'introduction en France de la main-d'œuvre étrangère et sur l'intégration de celle-ci dans l'ensemble du corps social français ».

Dans ce procès-là, ce n'est donc que justice de relaxer Giscard : l'ancien président avait raison, ce n'est pas lui qui a inventé le regroupement familial comme le martèlent les « experts » et on ne peut lui imputer l'explosion migratoire qui a commencé sous son mandat avant d'atteindre son plafond dans les années 1980 et 1990 pour le crever ensuite. Le drame est qu'à force d'être répétés, les mensonges finissent souvent par devenir les vérités révélées.

C'est le drame des médias avec lesquels Giscard, malgré sa passion de la com, sera si souvent en délicatesse. Si le journalisme a tendance à se transformer en machine à fabriquer des fausses nouvelles, c'est parce qu'il se complaît, par fatigue ou habitude, dans le psittacisme, le radotage. C'est aussi parce que cette profession considère que le retour aux sources ou leur vérification est une perte de temps et préfère recopier ou faire chorus : sur le regroupement familial, ce fut mon cas et je bats ma coulpe.

Dans sa préface au livre de Balzac *Les journalistes*, une monographie de la presse parisienne, Gérard de Nerval se gausse du « canard », cette « nouvelle quelquefois vraie, toujours exagérée, souvent fausse ». Il « remonte à la plus haute antiquité, ajoute-t-il. Les histoires de tous les peuples ont commencé par des canards ». Il est même « à la base des religions ». Et d'évoquer plusieurs personnages qui « sont devenus réels à force d'avoir été inventés ».

Le coup d'État permanent du Conseil d'État

La responsabilité de Giscard et de Chirac dans l'institution du regroupement familial est ainsi devenue réelle à force d'avoir été inventée. Un canard géant. Les deux hommes ont tenté, d'un côté, de limiter les flux et, de l'autre, de multiplier les dispositifs favorisant l'intégration. C'est dans ce contexte qu'ils ont aussi remis en question le principe de la libre circulation qui, depuis les accords d'Évian, en 1962, ne profitait qu'aux Algériens.

Au départ, on l'a vu, la libre circulation entre la France et le nouvel État indépendant est prévue pour les Européens d'Algérie dont le régime gaulliste n'a jamais imaginé que, contrairement aux accords d'Évian signés par le FLN, ils seraient à ce point poussés à l'exode. D'abord, par les massacres des « pieds-noirs » à Oran, enclave européenne, le 5 juillet 1962, jour de la proclamation officielle de l'indépendance : un carnage de plusieurs centaines de personnes (entre trois cents et sept cents) qui est, de toute évidence, prémédité et qui, sans qu'on ait pu le prouver, a sans doute été « pensé » par le clan d'Oujda, l'aile dure du FLN – où figurent, entre autres, Houari Boumediene et Abdelaziz Bouteflika – qui s'est emparé du pouvoir à Alger en éliminant toutes les autres forces.

Ensuite, la fuite des derniers pieds-noirs sera précipitée par l'effondrement économique de l'Algérie à cause des incroyables erreurs de gestion de la clique de prévaricateurs islamo-marxistes au pouvoir, autrement dit Ahmed Ben Bella et le clan d'Oujda, qui ont accaparé les moyens de production. En 1968, un nouvel accord entre la France et les autorités algériennes freine l'immigration des ressortissants algériens en leur conférant toutefois un avantage sur les autres étrangers : l'obtention quasi automatique d'un titre de séjour de dix ans pour eux et leur famille.

Sous la férule du président Houari Boumediene (1965-1978), psychopathe à tête de mort qui a fini par renverser son compère Ben Bella, premier chef d'État après l'indépendance (1963-1965), l'Algérie est en état de panique économique : vitale est pour elle la manne des envois d'argent au bled qui ruissellent ensuite sur un pays exsangue, géré en dépit du bon sens. Une famille s'installant en France, c'est autant de versements en moins dans son pays d'origine.

Si elle est pourvoyeuse de devises, l'immigration est aussi un constat d'échec pour l'Algérie. Ne supportant pas, comme tous les totalitarismes, qu'on la quitte, elle a mis au point un système de bannissement : une fois qu'on est parti, c'est pour ne plus revenir. Mais rien ne peut tempérer la frénésie migratoire de ses jeunes ressortissants, preuve du fiasco total d'un État qui n'est même pas capable, contrairement au Maroc ou à la Tunisie, de se doter d'une économie touristique.

La corruption est, avec l'islamo-marxisme, idéologie d'État sous Ben Bella, Boumediene et consorts jusqu'à Zéroual, vite écarté, puis Boudiaf, vite assassiné. Elle n'a pas compté qu'un peu dans la déroute économique de l'Algérie indépendante. Mais la France a toujours été trop pleutre pour poser le problème et engager la procédure des « biens mal acquis » contre les ex-barons du FLN qui lui donnaient des leçons de morale en se gavant avec les baux des dizaines de milliers de mètres carrés d'immobilier qu'ils possèdent du côté des Champs-Élysées ou ailleurs.

Gaspillant ou détournant sa rente pétrolière, les maffieux de l'État algérien ont si mal géré leurs ressources humaines qu'ils ont même été jusqu'à faire construire les infrastructures autoroutières ou les complexes immobiliers par des colonies de... Chinois venus en « avion-cargo », tandis que ses bras vaillants fuyaient en France. Étouffant sous le joug pesant d'un FLN tout-puissant et vétilleux, la jeunesse algérienne n'a songé qu'à fuir, là-bas fuir.

Le pouvoir algérien n'a cessé de se recroqueviller en stoppant l'enseignement du français ou en introduisant des principes islamiques dans le droit civil : on ne dira jamais assez les effets sédatifs de la religion, opium du peuple, comme disait Karl Marx. L'Algérie est un pays où l'on peut vous envoyer en prison après avoir découvert chez vous un Coran... avec une page déchirée. La justice y est totalement islamisée. C'est ainsi qu'en 2021, un islamologue sérieux comme Saïd Djabelkhir, spécialiste du soufisme, a été condamné à trois ans ferme pour avoir eu l'outrecuidance d'écrire, ô infamie, que la tradition musulmane du sacrifice de l'agneau existait avant l'avènement de l'islam. En rappelant ce fait indiscutable, il se serait rendu coupable d'« offense à l'islam ».

Comme tous les peuples, les Algériens ont besoin de rêves, de perspectives. Comment les trouver dans le pourrissoir où le FLN et ses héritiers les parquent depuis 1962 ? Tandis que s'agrandit le fossé culturel entre les deux pays, les jeunes Algériens pas ou mal formés qui débarquent en France, attirés par les avantages sociaux, sont de plus en plus souvent condamnés à pointer au chômage dès leur arrivée. Les digues de paperasserie ne pouvant rien contre les forces du désespoir, l'immigration algérienne a fini par dominer toutes les autres.

Combien y a-t-il d'Algériens dans l'Hexagone ? Il n'est pas question de le savoir. La loi française interdisant d'établir des statistiques sur les origines ethniques, les autorités en profitent pour tout embrouiller. Il faut se contenter d'évaluations, voire d'approximations. Un certain consensus s'établit autour du chiffre de quatre millions de personnes d'origine algérienne, sur plusieurs générations, dont deux millions de binationaux, qui résideraient en France. Avec une fourchette haute que les autorités d'Alger fixent volontiers à six millions, soit quasiment un Français sur dix.

Avec le décret du 29 avril 1976 signé par Jacques Chirac et plusieurs ministres comme Michel Durafour (Travail) et Michel Poniatowski (Intérieur), la droite, après avoir tout remis à plat, a échafaudé un nouveau système de regroupement familial, supposé plus restrictif mais en conformité avec le droit européen. Un an et demi plus tard, la situation économique s'étant dégradée, le successeur de Chirac à Matignon, Raymond Barre, décide de restreindre le regroupement familial aux membres de la famille qui n'ont pas l'intention de travailler en France.

C'est le décret du 10 novembre 1977 qui sera retoqué par le Conseil d'État, la plus haute magistrature du pays. On peut tourner la chose dans tous les sens, le juge administratif suprême a commis là un putsch, il n'y a pas d'autres mots : en érigeant le regroupement familial, matrice de l'immigration, en principe intangible du droit français sans vraiment étayer sa décision, il a confisqué au politique, donc à la souveraineté ou à la représentation populaires, le dossier de l'immigration.

Le politique propose, lui, il dispose : telle est la conception du Conseil d'État, maison close de l'entre-soi, qui grignote, carotte, boulotte. Au point qu'il se croit autorisé à faire la loi dans certains domaines, aux dépens du gouvernement et du Parlement. En s'appuyant quand ça l'arrange sur le droit international ou sur un préambule de la Constitution de la... IVe République, il a institué peu à peu un droit à l'immigration contre lequel rien ne peut prévaloir.

Perpétrant ce que Mitterrand appelait un « coup d'État permanent », le Conseil d'État s'est assis sur l'article 2 de la Constitution de 1958 qui établit que le « principe de la République » est « le gouvernement du peuple, par le peuple et pour le peuple ». Il a piétiné l'article 3 qui assure que « la souveraineté nationale appartient au peuple ». Au lieu de se comporter en instance supérieure qui interprète les lois, le judiciaire est en train de devenir l'égal de l'exécutif et du législatif.

L'attitude du Conseil d'État illustre une fois encore la trahison des prétendues élites et leur mépris de la volonté populaire. C'est peu de dire que l'attitude du juge administratif suprême ne fut pas exemplaire pendant l'Occupation où il laissa passer sans tiquer les lois d'exception de Vichy. Cette fois encore, il donnera à son conformisme et à sa pleutrerie le langage de la modération.

Giscard a commis une erreur, comme tous ses successeurs. Il n'a jamais osé se dresser contre la volonté du Conseil d'État qui, après lui avoir fait la leçon au nom des bons sentiments, s'est accaparé, depuis 1977, le dossier de l'immigration devenu son « domaine réservé » avec le succès que l'on sait. Indigné, le Général aurait tempêté, pris le peuple à témoin et réformé la Constitution. VGE a préféré s'incliner. N'est pas de Gaulle qui veut.

L'immigration restera son grand remords. Sur ce plan, il est vrai qu'il n'a pas été aidé par sa propre majorité. Elle accueille ainsi fraîchement le projet de Lionel Stoléru, un homme de progrès, secrétaire d'État chargé des Travailleurs manuels et des Immigrés, qui, après s'être fait rembarrer sur l'immigration familiale, tente de durcir les conditions d'entrée et de séjour des étrangers.

À l'Assemblée nationale, le texte est mis en pièces. Homme de droite s'il en est et président de la commission des Lois après avoir été garde des Sceaux du Général, Jean Foyer le juge « très sévère, trop sévère ». Pour un peu, il crierait au fascisme. « Si de telles conditions d'entrée avaient existé, s'indigne-t-il, ni Soutine, ni Chagall, ni Modigliani n'auraient pu pénétrer sur le territoire français. » Même Alain Peyrefitte, pourtant devenu ministre de la Justice, prend ses distances en évoquant « un raidissement des pouvoirs publics vis-à-vis des immigrés ».

Longtemps après avoir quitté la présidence, dans un article retentissant pour *Le Figaro magazine*, Giscard écrira : « Le type de problème auquel nous aurons à faire face se déplace de celui de l'immigration vers celui de l'invasion[1]. » Il enjoindra aussi les Français à revenir à « la conception traditionnelle de la nationalité française : le droit du sang ».

Au temps jadis, quand la France s'apprenait

C'est ainsi que la France, incapable d'intégrer les nouveaux arrivants, a commencé à ressembler à un grand centre de transit. Quand les ultimes foudres auront fini de démem-

1. Le 11 septembre 1991.

brer sa carcasse décrépite, à l'heure du jugement dernier, c'est le Conseil d'État qu'il faudra traîner en priorité devant le tribunal de l'Histoire. Aussi soumise qu'ectoplasmique, la classe politique n'en pouvait mais. Son tort est de n'avoir pas osé résister.

Dans ce domaine comme dans d'autres, alors que tout est cul par-dessus tête, dans une société où les bourreaux sont souvent considérés comme des victimes et les victimes comme des bourreaux, le rapport de forces s'est quasiment inversé sous l'influence des hauts magistrats : c'est l'étranger qui, aujourd'hui, a la main.

Jusqu'à présent, la France était, comme l'avait dit Renan dans sa conférence en Sorbonne, « une âme », un principe spirituel qui irradiait le monde. Elle se révérait, elle s'apprenait, elle se méritait. Puis, à force de se ventrouiller dans la haine de soi et de se donner aux premiers venus avec son inclination séculaire pour la servitude, le grand délitement a commencé.

Même s'il avait participé en première ligne à la libération de la France, notamment avec le débarquement de Normandie, je me souviens des affres de mon père – Américain mais immigré – quand il attendait le renouvellement de sa carte de séjour. Je me souviens aussi de l'avoir vu lire les entrées du dictionnaire l'une après l'autre pour y découvrir avec gourmandise les mots chantants, parfois rares, dont il truffait ses conversations. À la maison, il parlait toujours français, jamais anglais, avec un accent à couper au couteau.

C'est mon père, l'Américain de Chicago, qui m'a donné le goût de collectionner comme des papillons les jolis mots de la langue française, notamment ceux que les générations précédentes ont ensevelis sous des pelletées de tout-venant. Trop luxuriants, parfois tangents, ils ne correspondent plus à une époque où il faut que tout soit propre, utilitaire, sans aspérité.

« Nous passons nos journées à marcher sur les corps et les mots morts de nos ancêtres, disait Papa. Notre devoir est de leur redonner vie. »

Pourvu d'une mémoire d'éléphant, il gardait ces mots dans sa tête. La mienne étant une passoire, je les note sur un carnet avant de les placer dans mes livres, avec l'espoir fou de leur redonner vie : la fruition (montée du désir), un grimpion (arriviste), à la venvole (à la légère), une malaventure (fâcheux accident), se ramentevoir (se souvenir avec nostalgie), faire la chosette (faire l'amour) ou un frivolet (diminutif de frivole).

Incapable de réciter sans hésiter mes poèmes préférés, j'ai entendu, au cours de ma vie, des amis déclamer des textes interminables : Claude Lanzmann, le « Sermon sur la mort » de Bossuet (25 pages) ; Jean d'Ormesson, une partie de *La Jeune Parque* de Valéry (40 pages) ; Pierre Bénichou, des pages et des pages du plus beau recueil d'Aragon, *Les Poètes*, dans lequel figure le sublime « Second intermède ».

Immigré (né aux États-Unis) et fils d'immigré (mon père n'a jamais eu la nationalité française), je ne cesserai plus jamais, comme tant d'étrangers ou Français de fraîche souche, de vénérer cette langue et d'en exhumer les perles que consignent ses vieux dictionnaires, le Ménage ou le Furetière, comme des mines d'or que je pourrais passer le reste de ma vie à piocher.

Si la France n'est plus tout à fait la France et qu'elle semble souvent avancer comme les vieilles agoniques, quasi à quatre pattes, la tête baissée, ce n'est pas la faute aux immigrés qui, en principe, auraient dû reverdir ses artères, son visage fané, ses membres ankylosés. C'est sa molle indolence qui a conduit, depuis des décennies, à la décomposition en cours. Sur tous les plans, à commencer par le régalien : l'école, la justice, la sécurité, les entrées aux frontières, tout a cédé.

Comment enchaîner la mer qui afflue et immerge tout, les valeurs, les repères, les commémorations nationales ? Qu'ils soient de droite ou de gauche, les vrais spécialistes de l'immigration arrivent à peu près aux mêmes chiffres. Après plusieurs décennies de déni, à l'exception de la démographe Michèle Tribalat, longtemps honteusement calomniée, les yeux se dessillent et les bouches s'ouvrent[1].

Si l'on prend en compte la proportion d'immigrés ou d'enfants d'immigrés, soit les première et deuxième générations, on arrive au taux de 21 % de la population totale (ou de 27 % si on retient la définition internationale de l'immigré) ? C'est ce qu'assure un spécialiste de la question à droite, ancien préfet et proche d'Alain Juppé, puis de Valérie Pécresse, Patrick Stefanini[2].

Homme de gauche, le préfet Didier Leschi, directeur de l'Office français de l'immigration, ne dit pas autre chose. Il n'y a jamais eu, répète-t-il, « autant d'immigrés en pourcentage de la population[3] ». Et, pour expliquer l'explosion des chiffres, il met en question « l'échec des sociétés postcoloniales », qui pousse les jeunes et les classes moyennes à

1. De Michèle Tribalat, lanceuse d'alerte, qui écrit sur l'immigration depuis les années 1990, on peut lire, notamment, *Les Yeux grands fermés. L'immigration en France*, Denoël, 2010.

2. Patrick Stefanini, *Immigration. Ces réalités qu'on nous cache*, Robert Laffont, 2020.

3. Didier Leschi, *Ce grand dérangement. L'immigration en face*, Gallimard, 2020.

« fuir » leur pays d'origine. Mais les gouvernements, de gauche ou de droite, étaient-ils obligés de se soumettre au Conseil d'État et d'accueillir à bras ouverts, sans la canaliser, toute la misère du monde ? Fallait-il accepter, les yeux fermés, tous les islamistes qui ne songent qu'à convertir, endoctriner, changer nos mœurs ?

23

LES CHEVALIERS DE LA DÉCROISSANCE

> C'est bien, le progrès, mais ça fait trop longtemps que ça dure.
>
> JAMES THURBER

C'est dans les années 1970 que l'Occident a découvert que, pour reprendre la formule du grand chef sioux du XIXe siècle, Sitting Bull, l'homme a été fait pour la terre et non la terre pour l'homme. Révélation qui donnera naissance à toutes sortes de mouvements : l'écologie, la décroissance, l'antispécisme.

Plusieurs prophètes ont le pressentiment de cette révolution. Des artistes, pour la plupart. Nino Ferrer, par exemple. Qu'aurait été la chanson française en cette fin de siècle sans ce natif de Gênes, de son vrai nom Agostino Ferrari ? Il lui aurait manqué le décalage, la sortie de route. Troubadour prémonitoire, il chante la démolition à venir. D'où, peut-être, son mal de vivre qu'il traînera, de succès en succès, jusqu'à son suicide d'une balle de fusil de chasse près de sa propriété du Lot, en 1998, à l'âge de soixante-trois ans, deux mois après la mort de sa mère.

Nino Ferrer est le seul chanteur qui fait l'unanimité à la

ferme du Bosc-Roger-en-Roumois où mon père mène un combat incessant contre la variétoche française qu'adore ma mère et qui l'accompagne sur son transistor dans toutes tâches ménagères ou jardinières. Je me souviens que pendant nos vacances au camping de Ramatuelle nous chantions souvent ses grands succès. À sa façon, humble, souriant et désinvolte, c'était un prophète qui, si j'ose dire, regrettait l'avenir.

Sortie en 1971, soit un an avant la publication d'un rapport explosif du Club de Rome intitulé *Les limites à la croissance*, sa chanson « La maison près de la fontaine » est un hymne de résistance, le « Chant des partisans » des écolos qui étaient alors stigmatisés, quand les citadins péteux ne les prenaient pas, comme mes parents bobos bio, pour des fadas rétrogrades. La chanson évoquait une ancienne maison couverte de vigne vierge, qui sentait la confiture, l'automne, l'enfance, l'éternité, et qui, depuis, a fait place à l'usine et au supermarché. Depuis, dit le texte, ça sent l'hydrogène sulfuré, l'essence, la guerre, la société : « Et c'est normal / C'est le progrès. »

Quand la chanson de Nino Ferrer commence à passer à la radio, rares sont ceux qui croient que le monde n'a pas devant lui des siècles de croissance et de progrès, sur une planète qui recèle des sources d'énergie inépuisables et où il suffit de se baisser pour s'en gaver : le premier choc pétrolier ne s'est pas encore produit.

Le 16 octobre 1973, brusque changement de paradigme, ce choc plongera l'Occident dans une crise économique majeure, provoquant une remise en question du modèle économique. Dans la foulée de l'offensive militaire arabe contre Israël le jour du Kippour, les pays arabes de l'OPEP (Organisation des pays exportateurs de pétrole) ont décidé d'augmenter le prix du pétrole de 70 % et de fermer le robinet de l'or noir aux pays qui, comme les États-Unis ou la Hollande, soutiennent l'État hébreu.

La sanction fait, si j'ose dire, tache d'huile en Occident. Même l'Espagne de Franco, pro-arabe et anti-israélienne, est gravement touchée. À l'autre bout du monde, au Mexique qui dispose pourtant d'importants gisements pétroliers, le prix de l'essence a doublé en une journée. Tels sont les effets de la mondialisation qui apparaît plus que jamais comme une réalité : l'or noir est son sang, il circule d'une économie à l'autre et quand il cesse de tourner tout s'arrête. Les voitures, les avions, les marteaux piqueurs. Partout sur la planète, la croissance économique est brisée net.

« On n'a pas de pétrole, mais on a des idées »

C'est une avalanche de mauvaises nouvelles qui, cet automne-là, dégringolent sur les Français. Le brut devient quatre fois plus cher en quatre mois et les prix de détail augmentent aussitôt de 12 % en rythme annuel. La production industrielle chutera de 10 % deux ans plus tard avant que soit franchie, en 1977, la barre du million de chômeurs qui marque la fin du plein-emploi. C'est la fin des « Trente Glorieuses » et le début des « Trente Piteuses ».

La France a pourtant été très rapide à la détente. Pour faire face, Pierre Messmer, le Premier ministre de Pompidou, met d'abord en place des mesures d'économie d'énergie qui relèvent du système D : limitation de la vitesse automobile, interdiction de la publicité lumineuse, de l'éclairage des bureaux inoccupés, etc. Ensuite, il lance, début 1974, un ambitieux plan de construction de treize nouvelles centrales nucléaires que Giscard renforcera sitôt élu à la présidence.

Cet automne-là, les écologistes poussent aussi vite que les cèpes après les grosses pluies. Sur l'isolation, le gaspillage, les sources d'énergies alternatives comme le solaire et l'éolien, ils ont beaucoup à dire. À La Capelle, mes parents ne sont pas en reste, qui se lancent dans une surenchère écologiste. Papa en profite pour revenir sur sa marotte : « Il faut émigrer dans le Sud, en Provence ou en Italie. Là-bas, on arrivera toujours à se débrouiller avec les panneaux solaires ! »

En France comme ailleurs dans le monde, le moral est en berne mais tout est fait pour le remonter. Sous la présidence de Giscard, un message publicitaire passe en boucle sur les chaînes de la télévision d'État. Au bord d'une rivière, un pêcheur à la ligne s'adresse aux téléspectateurs, d'une voix caverneuse : « En France, on a toutes sortes de choses. On a la meilleure cuisine du monde, une industrie puissante, la pétanque, une histoire glorieuse [...]. Pourtant, une chose nous manque, une chose essentielle : le pétrole. Le pétrole, nous sommes obligés de l'acheter à d'autres. Cher, trop cher. En France, on n'a pas de pétrole, mais on a des idées. »

Un choc de cette ampleur, comme le malheur, n'arrive jamais seul. Après celui de 1973, vint celui de 1979. Quand c'était fini, ça recommençait. La crise énergétique aura été le supplice chinois de tous les gouvernants occidentaux et a précipité l'alternance en Grande-Bretagne où, à la fin de la décennie, Margaret Thatcher, la Dame de fer du conservatisme, est portée au pouvoir avant que Ronald Reagan soit élu, en 1980, quarantième président des États-Unis pour déréguler et mettre en œuvre sa « Révolution conservatrice ». Les flambées sur les prix du pétrole ont profité aux partisans du néolibéralisme. Sauf quand, comme en France, ils étaient plus ou moins au pouvoir.

Giscard a-t-il été à la hauteur ? Comme tous les gouvernants occidentaux, il a entrepris de réduire la dépendance de l'économie française au pétrole, mais, contrairement à la plupart, il a utilisé les grands moyens en développant la filière nucléaire à marche forcée : en sept ans, il a lancé un programme de quarante-cinq centrales, presque quatre fois plus que prévu. « Nous ne voulions pas être dépendants indéfiniment du bon vouloir et des caprices de ceux qui décomptaient le pétrole et qui en fixaient le prix à leur guise », déclarera-t-il avant de tancer les écologistes : « Si vous êtes pour la France asservie [...], alors, vous pouvez dire non[1]. »

Après le premier choc pétrolier, si VGE eut un tort, ce fut, avec Jacques Chirac, son Premier ministre, de faire moins peser la charge du surcoût de l'énergie sur les Français que sur les entreprises, accablées de nouveaux impôts et taxes de toutes sortes. Politiquement et à court terme, c'était moins coûteux, quasi indolore. Économiquement et à long terme, la facture fut très lourde : les patrons réduisirent les embauches et les investissements qui sont les emplois de demain.

Le premier paradoxe de cette crise planétaire de l'énergie est qu'elle accéléra encore la mondialisation. Pour s'en sortir, il fallait, soudain, exporter plus. La part des exportations dans la production industrielle de la France passa ainsi de 26 % en 1973 à 32 % en 1979, l'amenant à devancer le Japon pour devenir le troisième exportateur mondial, ce qui n'était pas rien. Elle est, depuis, tombée au sixième rang, devant la Corée du Sud.

Le second paradoxe est que cette crise n'a pas profité à ceux que l'on croyait. Trente ans après, le niveau de vie de

1. Réunion publique à Dax, le 20 avril 1981.

trois grands pays exportateurs de pétrole comme l'Arabie saoudite, le Venezuela et le Nigéria avait considérablement baissé alors que celui des pays européens avait augmenté de... 50 %.

S'il en fallait une, voilà bien la preuve que, comme l'écrivit l'historien, économiste et iconoclaste Jacques Marseille, « en longue durée, la principale des richesses n'est pas l'or, qu'il soit jaune ou noir, mais l'utilisation de la matière grise[1] ».

1. Chronique dans le magazine *Enjeux-Les Échos*, le 1er octobre 2003.

24

FIN DE SIÈCLE

> Les hommes politiques et les couches doivent être changés souvent… et pour les mêmes raisons.
>
> GEORGE BERNARD SHAW

Il sera beaucoup pardonné à Giscard pour avoir été le président sous lequel la deuxième chaîne de la télévision publique a lancé « Apostrophes », l'émission-culte de Bernard Pivot. C'était en 1975. Elle durera jusqu'en 1990. Recevant tous les écrivains qui comptaient en France et dans le monde, de Norman Mailer à Mario Vargas Llosa en passant par Marguerite Duras ou Louis Aragon, ce magazine culturel a symbolisé les années 1970, puis 1980. Il recevra aussi tous les grands intellectuels, de Georges Dumézil à Claude Lévi-Strauss en passant par Pierre Nora.

Dialogue fréquent, pendant l'ère « Apostrophes » :

« Êtes-vous libres à dîner vendredi ?

— Ben non, c'est vendredi, c'est "Apostrophes". »

Ce soir-là, on ne sortait pas, on avait rendez-vous avec le poste de télévision. Samedi, on achetait le livre dont l'auteur nous avait plu. Dimanche, on le lisait et, le reste de la semaine, on refaisait l'émission. Avec ses façons de Français moyen, pas élitiste, amateur de football et de bons vins, Pivot, Gavroche cravaté, fut un grand passeur qui amena des centaines de milliers de Français à la littérature.

C'était le temps du livre-roi quand tout le monde, politicien, acteur ou chanteur, devait avoir publié le sien. Il fallait être « littéraire ». Giscard qui se piquait d'écrire fut, comme Mitterrand, invité à « Apostrophes » où il parla de Maupassant dont il aimait les phrases simples. Après son mandat, il publia au demeurant cinq romans avec des phrases simples, mais n'est pas Maupassant qui veut.

En revanche, les trois tomes de ses Mémoires, *Le pouvoir et la vie*, dans lesquels il raconte son septennat, valent le détour. Une vraie réussite. Y apparaît une sorte d'insecte haut perché, au long cou, un monument de brio et de narcissisme, pourvu d'antennes multiples, auquel rien n'échappe, sauf, peut-être, l'essentiel – la transcendance, et encore, je ne le jurerais pas. Avec ça, hypersensible et totalement déjanté, capable d'écrire à propos de sa ministre de la Famille et de la Condition féminine, auparavant en charge des Universités, Alice Saunier-Seïté, une ancienne boursière, fille de boulanger, devenue géographe, universitaire, puis recteur, qu'il écoute discourir pendant une campagne électorale : « Je la regarde parler devant moi tournée de trois quarts. Son corps est musclé, avec des mouvements d'une aisance féline et des jambes qui me paraissent bronzées. Une pensée bizarre me traverse l'esprit : quand elle faisait l'amour, elle devait y mettre la même véhémence. »

Imagine-t-on de Gaulle, engoncé dans son surmoi, écrire ça ? De tous les présidents français, VGE ne fut pas le moins porté sur les femmes. Ce n'est pas une affectation, c'est une obsession de tous les instants. Il est pourtant bien loti : fille de François de Brantes, comte romain, résistant, mort au camp de concentration de Mauthausen, et de la princesse Aymone de Faucigny-Lucinge, Anne-Aymone est une femme discrète mais solaire, au regard vif, reine des rosiers, des boutures et des plaisirs simples, qui préfère les bottes de ferme aux talons hauts. Une aristocrate, une vraie, à l'anglaise, l'arrosoir à la main. Mais changement de pré réjouit les boucs et Giscard a toujours des envies de gambiller.

Jusqu'à son élection, le secret avait été bien gardé. Il explose plusieurs semaines après celle-ci : au petit matin, alors que Paris s'éveille, le nouveau président, au volant de la Ferrari prêtée par un ami, le réalisateur Roger Vadim, a enfoncé l'arrière de la camionnette d'un laitier. Au moment de l'accident, VGE aurait été pompette et en compagnie de l'actrice Marlène Jobert, mon phantasme à fossette de l'époque, qui a toujours démenti. Révélée par *Le Canard enchaîné*, l'affaire a fait les choux gras des échotiers.

J'ai souvent été témoin des coquineries de Giscard. À quatre-vingts et même à plus de quatre-vingt-dix ans, il était du genre à jouer les jolis cœurs, voire à sombrer dans la drague lourde avec la jeune fille d'une vingtaine d'années que l'hôte charitable avait placée à côté de lui. Alors que je l'appelais, quelques années avant sa mort, il décrocha avant de poursuivre la conversation qu'il avait commencée – en anglais et en mains libres – sur un autre portable avec une Chinoise qui, à en juger par le timbre de sa voix, n'avait pas trente ans. Des minauderies de site de rencontre. Passé un certain âge, il y a toujours quelque chose d'infantile dans l'amour.

Sartre, Beauvoir et Aragon en faveur des pédophiles

Tout a été dit sur cet aphrodisiaque qu'est le pouvoir. Depuis toujours, il vit en concubinage avec la libido qui, ajustée sur l'hubris, connaît, selon l'air du moment, des hauts et des bas : l'Histoire montre qu'il y a des cycles de Kondratiev en sexologie comme en économie. En ce temps que les moins de cinquante ans ne peuvent pas connaître, avant que la chape de plomb de la morale ou du puritanisme tombe à nouveau sur le monde, la classe politique se vautrait dans une sorte de lupanar géant.

Dans la foulée de la libération des mœurs commencée en mai 68 et après le décès du Général-Commandeur dont la statue a été reléguée dans une arrière-pièce, tout le monde s'en donne à cœur joie. La classe politique commence à ressembler à la maison close qu'était *Le Nouvel Observateur* quand j'y suis entré quelques années plus tôt. Sur ce plan aussi, une grande partie de la gauche commence à délirer, comme en témoigne une pétition hallucinante.

À l'époque, l'Histoire semble avancer à coups de pétitions. C'est en tout cas ce que croient les pétitionnaires, métier en pleine expansion. En 1960, le Manifeste des 121, « Déclaration sur le droit à l'insoumission dans la guerre d'Algérie », appelle à la négociation. Signé notamment par François Sagan, Simone Signoret, Simone de Beauvoir, Jean-Paul Sartre, François Truffaut, Jean-François Revel, il a été publié dans une éphémère feuille militante, *Vérité-Liberté*.

En 1971, nouveau séisme, *Le Nouvel Observateur* annonce à la une l'appel des « 343 Françaises » qui ont le courage de signer le Manifeste « Je me suis fait avorter », s'exposant ainsi – c'est avant la loi Veil – à des poursuites pénales. Parmi elles, Catherine Deneuve, Jeanne Moreau, Marguerite Duras et toujours Simone de Beauvoir. « Trois cent quarante-trois salopes », résumera le journal satirique *Charlie Hebdo*. La formule restera.

Le Monde ne peut pas être en reste. En 1977, il publie une pétition qui défend le droit d'avoir, en tant qu'adulte, des relations avec les enfants, alors que s'ouvre aux assises de Versailles le procès de trois hommes pour « attentats à la pudeur sans violence » sur mineurs de moins de quinze ans, en l'espèce des enfants de douze et treize ans filmés et photographiés pendant des jeux sexuels.

Rédigé par Gabriel Matzneff, lequel entame avec *Le Monde* une collaboration régulière qui durera jusqu'en 1982, le texte de soutien aux pédophiles est signé par une grande partie de l'intelligentsia : Louis Aragon, Simone de Beauvoir, Jean-Paul Sartre, Philippe Sollers, Roland Barthes, Jack Lang, Bernard Kouchner, Gilles Deleuze, André Glucksmann, Christiane Rochefort, etc.

Plusieurs signataires du manifeste pédophile ont, depuis, bredouillé des excuses. Le pape de Mai 68, Daniel Cohn-Bendit, qui ne figure pas sur la liste rose et qui, par la suite, condamnera la pédophilie, a néanmoins avoué lui-même dans un livre, publié deux ans plus tôt, qu'il lui est arrivé, ô merveille, de caresser les « gosses » qui ouvraient sa braguette[1]. Rien d'anormal : c'est une fin de siècle où il est interdit d'interdire, où les repères sont atomisés et où il ne faut hésiter devant rien, quitte à sombrer dans l'abjection ou l'imbécillité, pour mettre à bas l'ordre moral.

Roland Barthes n'a-t-il pas déclaré, on l'a vu, que la langue était « un fascisme » dans sa conférence inaugurale

1. Daniel Cohn-Bendit, *Le Grand Bazar*, Belfond, 1975.

au Collège de France, en 1977 ? À l'ère de la permissivité, tout est autorisé : du maoïsme mortifère à la pédophilie délétère, il n'y a qu'un pas. Ce sont souvent les mêmes qui, comme Barthes ou Sollers, sombrent dedans. Qu'importent les errements des uns et des autres, pourvu qu'ils restent dans le camp du Bien, où ils trouveront toujours protection et qui change, selon les ans, de couleur, de nature.

Edgar Faure, roi du vaudeville et de la porte dérobée

Au temps de l'Âge de pierre gaullien, Foccart avait été sermonner Mme de Gaulle pour qu'elle veuille bien recevoir la nouvelle épouse de Gaston Palewski, gaulliste historique, président du Conseil constitutionnel et homme à femmes notoire. Depuis, le vieux monde est retourné à ses habitudes, celles de la IVe République qui sentait si fort le stupre. Sur fond d'insouciance et de galipettes, voici le retour du régime des partis et de la « veulerie générale » qui seraient, selon le Général, les marqueurs de l'après-gaullisme.

Au milieu des années 1970, quand on est une jeune femme, mieux vaut ne pas se trouver, par exemple, à l'arrière d'une voiture avec Edgar Faure. Pour être surdoué, académicien, puits de culture, agrégé de droit romain, ancien président du Conseil (deux fois), ex-ministre de l'Éducation nationale du Général qui disait l'apprécier, il n'en est pas moins chaud lapin.

Nous ne sommes pas encore au XXIe, le siècle victimaire où tout le monde est le Christ de tout le monde et où chacun se livre, après les avoir exhibés, à des concours de stigmates. Des consœurs comme Michèle Cotta ou Catherine Nay savent se défendre contre les mains lestes ou les propositions graveleuses. Parfois, les taloches fusent et les excuses suivent.

Un jour, Edgar Faure m'a montré les aménagements auxquels il a fait procéder dans son bureau de président de l'Assemblée nationale, fonction qu'il occupe de 1973 à 1978. Ils ont pour objet de permettre à la courtisane de passage de disparaître en moins de temps qu'il ne faut pour le dire, en cas de visite inopinée de sa femme, Lucie, qu'il adore par ailleurs. L'approche de l'épouse est signalée par les huissiers dès qu'elle quitte leurs appartements privés, sur le même palier, ce qui lui laisse deux minutes, guère plus, pour se retourner.

La vie d'Edgar Faure est un vaudeville et l'hôtel de Lassay fait penser à l'appartement de « Brin d'amour » (Jack Lemmon) dans *La garçonnière*, le film de Billy Wilder : il y a beaucoup d'allées et venues. Son repaire est pourvu d'une porte dérobée qui donne sur un couloir mais aussi d'un grand placard où la cocotte de passage peut s'enfermer, assise sur un siège molletonné, en attendant que Lucie Faure reparte.

« Pourquoi une sortie et une cachette ? demandé-je.

— Pour ne jamais être pris au dépourvu. »

Après la mort de Lucie Faure, une grande dame qui penche à gauche, romancière à ses heures, directrice de la revue *La Nef*, il est inconsolable et, comme beaucoup, je l'ai vu pleurer plusieurs fois à chaudes larmes. Quelques mois plus tard, je le croise. L'air royal, il descend le grand escalier de l'hôtel de Lassay, derrière une michetonneuse maquillée comme une voiture volée, le visage noyé sous une chevelure d'un blond fluorescent, un ananas de fête foraine. Il s'arrête, me prend à part et me murmure à l'oreille en zozotant : « Je zais ce que vous penzez. Qu'elle est d'une grande vulgarité. Mais, que voulez-vous, ze zuiz' encore en veuvage. » Et de pouffer. On ne fait pas plus drôle et plus démodé.

Edgar Faure est un festival permanent. Nul, à mes yeux, n'est jamais arrivé au niveau de cet as de l'autodérision, qui enfile les formules à mourir de rire : « Voici que s'avance l'immobilisme et nous ne savons pas comment l'arrêter. » Ou bien : « Lorsqu'un problème est difficile, il faut toujours recourir à une solution compliquée. » Ou encore, dans un dîner : « J'ai assez parlé de moi. Et si on parlait de mon dernier livre ? » Sans oublier celle-là : « Oui, le peuple français est le peuple le plus intelligent de la terre. Voilà pourquoi, sans doute, il ne réfléchit pas. »

Vérité en deçà des années 1970, erreur au-delà. À l'époque, il ne m'est pas venu une seule fois à l'idée de raconter, d'une manière ou d'une autre, les exploits sexuels d'Edgar Faure. C'est qu'ils sont intimes et que prévaut encore le célèbre commandement intimatoire de Claude Angeli, rédacteur en chef du *Canard enchaîné* : « Le journalisme s'arrête à la porte de la chambre à coucher. »

Grand pourvoyeur de déductions fiscales pour ses électeurs comme les polisseurs ou les monteurs de pipes de Saint-Claude, Edgar Faure incarnait une conception dépassée, voire détestable, de la politique. Mais j'étais sous le charme – et je n'étais pas le seul – de cet érudit, facilitateur ficelle, qui s'amusait de tout, y compris de lui-même et de ses vanités.

S'il prenait tout à la farce, il avait quand même rejoint de Gaulle à Londres, en 1942, avant de devenir procureur général adjoint au tribunal de Nuremberg. Qu'il changeât de parti comme de chemise – il en a fait tant – ne l'empêchait pas d'avoir des convictions fortes, comme la construction européenne, ou d'avoir accompli plusieurs faits d'armes : ainsi de « l'indépendance dans l'interdépendance » qui, au Maroc, en 1955, amorça sa décolonisation.

Un jour, Edgar Faure souhaita me voir de toute urgence. C'était pour me dire adieu et ça se passa lors d'un déjeuner, au restaurant Le Train bleu, à la gare de Lyon, en 1988, quelques semaines avant sa mort qu'il m'annonça comme imminente. Il avait le regard épouvanté, les traits marqués et l'esprit suraigu des cancéreux sur la fin. Mais il avait toujours la force de blaguer : « Z'aurais dû faire tabac ou bistrot. Quand le tenancier zède zon fonds de commerce, il a une belle retraite. Moi, z'ai zué sang et eau pour mon petit parti, le Nouveau Contrat zocial. Eh bien, zavez-vous combien ze l'ai vendu, après d'âpres négociations ? Une misère, même pas une unité[1], le prix de n'importe quel débit de tabac. Ze métier est en perte de vitesse. Je ne le conseille plus à personne. »

À la fin de sa vie, Edgar Faure, qui avait tous les talents, aimait chanter, en s'accompagnant au piano, une chanson pour Marie-Jeanne, sa seconde épouse, de trente-cinq ans sa cadette :

On vit pour un instant, un instant qui vibre et qui passe
On vit pour un instant, un instant de feu et de glace
On vit pour un instant et le reste du temps, on attend

Tel est le métier politique, en ce temps-là : une sorte d'art de vivre qui tient du concours d'éloquence, de la joute de culture générale, du championnat de bons mots. Sans parler d'un parti pris de désinvolture qui peut aller jusqu'à

1. Dans le langage d'Edgar Faure, une unité équivaut à un million.

l'inconvenance, avec des effleurements polissons, des allusions grivoises. Même s'il cherche à singer de Gaulle avec lequel il avait un entretien hebdomadaire quand il était son ministre des Finances, Giscard est comme Mitterrand, comme l'ineffable « Edgar », un libertin du pouvoir. Le monde leur appartient. Après de Gaulle et malgré la crise économique provoquée par le premier choc pétrolier, la France a retrouvé, comme eux, une certaine insouciance.

25

UN DÎNER PRESQUE PARFAIT

> Lorsque les haines ont éclaté, toutes les réconciliations sont fausses.
>
> DENIS DIDEROT

Chirac est tout sauf insouciant. Il vit une véritable histoire d'amour avec une journaliste du *Figaro*, Jacqueline Chabridon, qui n'est pas sans rappeler celle, déjà ancienne, de François Mitterrand avec Anne Pingeot, historienne d'art. Il est prêt à tout quitter pour elle. Il inquiète ses deux âmes damnées, Juillet et Garaud, qui le jugent de plus en plus déstructuré.

Chirac n'est pas déstructuré ; il est habité. Même si je l'ai beaucoup fréquenté, je n'ai jamais réussi à comprendre ce qui le dévorait, au juste : un excès de vitalité, une angoisse existentielle, la haine de soi, une forme de masochisme, sans doute les quatre en même temps, ce qui l'amène à finir ses journées à plus d'heure. Je n'aurais pas aimé être dans sa tête qui, soit dit en passant, n'est pas toujours pleine : la cervelle est souvent sur les murs.

Il y a chez lui quelque chose d'irrationnel qui se déploie dans son exécration de Giscard qui n'a, en retour, que mépris pour lui et ne le cache même pas, après avoir cherché, pendant quelques mois, à l'apprivoiser – à l'élever. « Une fois, quand j'étais président et lui Premier ministre, m'a raconté, scandalisé, VGE, je l'ai invité à venir à l'Opéra avec moi pour le sortir de son moule, de ses mécanismes d'automate. Il s'est endormi au bout de cinq minutes. J'avais honte d'être assis à côté de lui. » Chirac, lui, a honte d'être sous la coupe d'un hédoniste aux narines tressaillantes, qui semble jouir de chaque instant de la vie.

Le Premier ministre a toujours mauvaise conscience. Le journaliste Paul Guilbert, qui était son ami, me disait souvent : « Chirac n'est pas venu sur terre pour profiter de la vie, ce qui, à ses yeux, est un crime. » Il ne supporte pas que VGE se donne si souvent du bon temps. Il a ainsi des mots très durs pour ses escapades en Afrique où, souvent injoignable, Giscard court la gueuse et traque les fauves.

Chirac estime que ce ne sont pas là des comportements dignes de la fonction présidentielle. « Cela dit quelque chose sur sa vraie nature, s'indigne le Premier ministre. Et puis, ce n'est pas convenable. » Il est d'autant plus révolté qu'il déteste la chasse et la fausse virilité de ceux que je l'ai entendu appeler les « bouchers du dimanche ». « Je suis antichasseur, dira-t-il un jour à un amateur. Mais je vous comprends, bien sûr : si un lièvre vous attaque, il faut que vous puissiez vous défendre ! »

Si l'on a du mal à trouver de sérieux désaccords politiques entre Giscard et Chirac, il y a, en revanche, une sévère incompatibilité d'humeur qui grandit avec le temps. Au bout de quelques mois de cohabitation, elle est déjà à son comble, le chef du gouvernement pestant à voix de plus en plus haute contre le « monarchisme » de VGE et le président critiquant sans cesse devant les siens « l'immaturité » de son Premier ministre.

Il y a du délitement dans l'air. Depuis le début de l'année 1976, Chirac répète régulièrement à Giscard qu'il doit lui trouver un remplaçant. Il ne se contrôle plus. Une fois, visant Fourcade, le ministre de l'Économie, il tonne, lors d'un conseil des ministres, contre « les technocrates imbéciles » qui refusent une politique de relance. Une autre fois, alors que le même ministre parle à la tribune du Palais-Bourbon, le chef du gouvernement, assis sur le banc du gouvernement, fabrique ostensiblement des cocottes en papier. Qu'attend donc le chef de l'État pour se séparer de lui, et qu'on n'en parle plus ?

Dans *Chaque pas doit être un but*, le premier tome de ses *Mémoires*, Chirac écrit drôlement, après avoir souligné l'intelligence et la stature « exceptionnelles » de Giscard : « Sans doute a-t-il mis beaucoup de temps à s'apercevoir de ma propre existence[1]. » Et, plus loin, il ajoute : « J'ai très vite compris que, dans son échelle des valeurs, il y avait lui-même, tout en haut, puis plus rien, et enfin moi très en dessous. »

Alors que le climat devient délétère entre eux, une réconciliation est-elle encore possible ? Selon Giscard, c'est son épouse Anne-Aymone qui a eu l'idée de proposer aux Chirac de les rejoindre un jour ou deux au fort de Brégançon, la résidence d'été du chef de l'État : « Nous n'avons jamais reçu les Chirac, en dehors des réceptions officielles, dit-elle. Ce n'est pas normal. Il y a maintenant deux ans qu'il est votre Premier ministre. Je comprends qu'il s'en étonne et qu'il en soit blessé. »

1. Jacques Chirac, *Mémoires*, Nil, 2 vol., t. I, *Chaque pas doit être un but*, 2009.

« La tête, les chevilles, il a tout qui enfle »

Les Chirac sont invités par les Giscard à passer le week-end de la Pentecôte 1976 au fort de Brégançon, résidence d'été des présidents depuis de Gaulle. Apparemment, l'heure n'est pas au farniente. Le 31 mai, le Premier ministre avait transmis au président une lettre manuscrite dans laquelle il réclamait la formation d'un gouvernement ramassé, l'affirmation de son rôle et la dissolution de l'Assemblée nationale afin de provoquer des élections législatives à l'automne. Une sorte de mise sous tutelle de VGE.

Pendant le séjour des Chirac, c'est à peine si les deux hommes ont abordé la question. C'est toujours comme ça, avant une rupture : on n'évoque pas les sujets qui fâchent. Les habitués des séances de conciliation avant les divorces savent de quoi je parle : entre le président et son Premier ministre, c'est bien une procédure de divorce qui a commencé.

Reparti furieux de Brégançon, Chirac dit ne plus souffrir l'obsession de l'étiquette et du protocole dont Giscard est, selon lui, gravement atteint. Il assure que, lors du dîner du samedi, le couple présidentiel avait eu droit à des fauteuils, alors qu'il lui avait fallu se contenter d'une chaise, comme son épouse, comme le moniteur de ski invité le même soir, avec sa femme, « pour l'humilier ».

Que Giscard, affligé d'un gros complexe de supériorité, ait blessé son Premier ministre dont les nerfs étaient à vif, cela ne fait pas de doute : Chirac ne joue pas, il est vraiment mortifié. Mais on a peine à croire que le président l'ait fait exprès. On ne se refait pas. La bouche en cul, la diction chochotante de la haute, il n'a sans doute pu, malgré ses efforts, se mettre au niveau de son Premier ministre.

Chirac ne se maîtrise plus. Je l'entends encore me dire

devant son alter ego, Jérôme Monod, hilare : « Cet olibrius ne se mouche pas du pied. La tête, les chevilles, il a tout qui enfle. S'il ne sort plus de l'Élysée, c'est qu'il ne peut plus passer à travers les portes. Vous voulez que je vous dise, je suis sûr qu'il croit que Dieu a fait l'homme à son image ! »

En voie de dégénérescence avancée, la politique est-elle en train de devenir une nouvelle version de *La guerre des boutons* ou une sous-discipline de l'entomologie moléculaire ? La rupture se déroule, sur fond de guéguerre entre les partis de la majorité, l'UDF (centriste) d'un côté, le RPR (gaulliste) de l'autre.

Fin juillet, Chirac fait porter une lettre de démission à Giscard qui la garde sous le coude : ça lui passera avant que ça le reprenne. Le chef de l'État ne veut pas, de surcroît, offrir aux Français le spectacle d'une « crise gouvernementale balnéaire », comme disent les Italiens. Avant le premier conseil des ministres de rentrée, convoqué pour le 25 août 1976, le Premier ministre revient à la charge : il ne se sent plus « en état » de continuer à exercer ses fonctions. Le président comprend enfin qu'il ne peut plus éviter une crise qu'il jugera plus tard « inutile et dommageable[1] ».

En fin de matinée, depuis l'hôtel Matignon, Chirac annonce aux Français, dans une brève allocution télévisée, la voix saccadée, le visage tendu par la haine plus que par l'émotion : « Je ne dispose pas des moyens que j'estime aujourd'hui nécessaires pour assumer efficacement les fonctions de Premier ministre et, dans ces conditions, j'ai décidé d'y mettre fin. »

1. Valéry Giscard d'Estaing, *Le Pouvoir et la Vie*, Compagnie 12, 1988-2006.

Le même jour, Chirac annonce à VGE qu'il a l'intention de « faire autre chose » et qu'il envisage d'ouvrir une galerie de peinture, un vieux rêve. « Une chose est sûre, lui promet-il, vous n'entendrez plus parler de moi ! »

Chirac ou l'homme qui veut être quelqu'un d'autre. Sans doute croit-il ce qu'il dit à ce moment-là : il y a toujours en lui une voix qui lui murmure de tout envoyer valdinguer pour se lancer dans l'archéologie ou le commerce des arts premiers. Mais il finit toujours par retomber sur ses jambes : peu après, il refondera le parti gaulliste, rebaptisé RPR (Rassemblement pour la République), et entamera la longue marche qui, presque vingt ans plus tard, le mènera à l'Élysée.

26

L'ÉLÉPHANTESQUE MONSIEUR BARRE

> À force de me serrer la ceinture, j'ai les bretelles qui n'arrivent plus à joindre les deux bouts.
>
> COLUCHE

Un été, alors que nous marchions dans la forêt moussue qui borde son château, à Authon, dans le Loir-et-Cher, Giscard, en veine de confidences, m'avait laissé entendre que la politique était la continuation de la chasse par d'autres moyens.

Avant de tirer sur le cerf qu'il avait décidé de « prélever », disait Giscard, il marchait des heures, les semaines précédentes, dans les chênaies ou les hêtraies, affouillant le sol avec ses yeux de lynx. Il repérait les lieux, cherchait les traces du gibier, essayait de comprendre ses habitudes. Jusqu'au grand jour où, enfin, il le tuait.

N'avait-il pas procédé ainsi contre de Gaulle, sa plus grosse victime, après que celui-ci l'eut écarté du ministère des Finances pour y recaser Debré, en 1966 ? Je ne lui posai pas la question, elle l'aurait gêné, mieux valait le laisser poursuivre ses confidences. Trois ans et une phrase choc lui avaient suffi pour régler son compte au grand homme avant le référendum de 1969, de sinistre mémoire : « En ce qui me concerne, avec regret mais avec certitude, je ne voterai pas le projet de loi référendaire. »

« Mon instinct de chasseur m'a toujours donné un coup d'avance en politique, m'affirma VGE ce jour-là. Il faut une longue patience et, quand l'occasion se présente, viser juste. » Alors que nous nous enfoncions sous la canopée, en aspirant à grandes goulées la fraîcheur répandue par les frondaisons, j'étais fasciné par la sensualité rustique de Giscard, son animalité qui s'éployait, soudain, au contact de la nature.

Je pensais à tous les éléphants qu'il allait naguère chasser en Centrafrique – il ne s'en vantait plus – et qui devaient lui procurer puissance mille, une fois descendus, les mêmes sentiments mêlés qu'il éprouvait devant la carcasse du cerf qu'il venait d'abattre, des sentiments dont il me parlait si bien. « Jouissance » d'avoir visé juste. « Effroi » devant la mort qu'il avait donnée. « Nostalgie » aussi en pensant à la vie fauchée.

« Comme tous les chasseurs, j'anticipe, poursuivit-il, au point que quand Chirac a démissionné, je n'ai pas été pris au dépourvu, contrairement à ce que j'ai tenté de faire croire. J'avais pensé depuis longtemps la solution de rechange. C'était Barre auquel je destinais Matignon avant même d'être élu président. »

Dans ses Mémoires, *Le pouvoir et la vie*, Giscard écrit quasiment le contraire. Soi-disant pris de court par le coup d'éclat de Chirac, il aurait mené une longue réflexion avant de trouver « le merle blanc » : pour remplacer Chirac, il aurait d'abord songé à un gaulliste, assure-t-il. Après avoir éliminé Chaban, trop antagonique avec le Premier ministre démissionnaire, puis sondé Guichard qui avait refusé pour les mêmes raisons, il se serait finalement rabattu sur Peyrefitte qu'il convoqua à l'Élysée, à la fin juillet 1976, pour le tâter.

Le mémorialiste du Général exerce une fascination certaine sur Giscard. Contrairement à Pompidou qui lui reprochait ses erreurs ou sa gaullolâtrie, VGE le considère comme l'un des rares intellectuels qui n'aient pas échoué en politique : régulièrement réélu dans son fief de Provins, en Seine-et-Marne, il n'hésita pas à se coltiner des fonctions ingrates comme le secrétariat général de l'UDR entre 1972 et 1973.

Comme Guichard, Peyrefitte repousse d'instinct la proposition. Même s'il lui tarde de revenir au gouvernement, après que Pompidou l'a mis en pénitence, l'ancien ministre de l'Éducation de Mai 68 pense qu'à Matignon, il ne disposerait d'aucune autorité sur le mouvement gaulliste pour lequel il ne serait jamais que le cheval de Troie de la revanche giscardienne. Du pur bon sens.

Le jour où Giscard fut « ébloui » par Barre

Sans doute Giscard a-t-il proposé Matignon à Peyrefitte en sachant que l'autre refuserait, pour se l'attacher et lui signifier, de façon subliminale, qu'il était à ses yeux un personnage important qui faisait partie, à terme, des quelques rares Premiers ministrables. Il m'a au demeurant confirmé, à plusieurs reprises, qu'il avait songé à lui pour remplacer Barre en 1980.

Pourquoi, alors, raconte-t-il ces balivernes dans ces Mémoires ? Sans doute pour ne pas rehausser la statue de Barre : en 1992, quand paraît *L'affrontement*, deuxième tome du *Pouvoir et la vie*, les deux hommes sont encore en concurrence. Même si « l'homme carré dans un corps rond » est moins flambard après son échec à la présidentielle de 1988, il reste dans le jeu. Une vingtaine d'années plus tard, quand il me fait ces confidences, Barre repose au cimetière et la rancune de Giscard à son endroit a disparu.

La vérité est qu'avant même la démission de Chirac le nom de Barre s'était imposé à VGE. Le connaissant depuis les années 1960, quand il était directeur de cabinet de Jean-Marcel Jeanneney, le ministre de l'Industrie, Giscard avait été l'écouter « par hasard » alors que Barre donnait une conférence, avant la présidentielle de 1974. « Je fus ébloui, m'a dit Giscard. C'est ce jour-là que j'ai eu le déclic, un coup de foudre que je n'ai, bien sûr, confié à personne pour qu'il ne devienne pas une cible de tir aux pigeons. »

« Après ça, a continué Giscard, j'ai décidé que Barre serait l'une des grandes figures de mon septennat si, un jour, j'étais élu président et, dès que les choses ont commencé à se dégrader avec Chirac, c'est-à-dire très vite, je l'ai testé en lui demandant de préparer avec moi le sommet du G6 à Rambouillet avant de le faire entrer subrepticement au gouvernement comme ministre du Commerce extérieur. » L'impressionnaient, entre autres, le charisme, le parler vrai, le sens de la pédagogie et la maîtrise des dossiers de ce professeur d'économie, auteur d'un manuel qui faisait référence et que les étudiants appelaient « le Barre ». Un homme d'État. L'anti-Chirac ? Quand je lui ai dit ça, la bouche en fondement de poule de Giscard a lâché une litote : « Après une période qui avait été dominée par la politique politicienne alors que le chômage et l'inflation augmentaient, j'ai pensé que Barre était ce qu'il fallait pour la France. » Un choix a priori très culotté.

L'éléphantesque Barre, bientôt surnommé Babar, ne risquait-il pas de casser beaucoup de porcelaine ? Son embonpoint est trompeur : dessous, c'est un homme de caractère qui n'a que mépris pour les politiciens. Quand il était vice-président de la Commission européenne, chargé de l'Économie et des Finances, le futur Premier ministre avait présenté aux pays membres deux documents auxquels fut donné chaque fois le nom prémonitoire de plan Barre et qui recommandaient une politique d'austérité. Le dernier avait jeté les bases de l'Union économique et monétaire.

L'un de ses titres de gloire était d'avoir convaincu de Gaulle de ne pas dévaluer lors de la crise monétaire de 1968. Partisan du franc fort et de la rigueur budgétaire, il incarne l'orthodoxie gaullienne dans la lignée de Jacques Rueff, l'architecte du redressement économique opéré par le Général après son retour au pouvoir. Car, pour être européen, Barre n'en est pas moins gaulliste.

Natif de l'île de La Réunion, il donne le sentiment d'être très fort, voire insubmersible. À condition de ne pas trop gratter. Le nouveau Premier ministre souffre d'une blessure qui restera ouverte tout au long de sa vie : ses parents se sont séparés après que son père fut accusé de banqueroute frauduleuse. Engagé volontaire à dix-sept ans, en 1915, lors de la Grande Guerre, René Barre en revint avec trois citations et fonda la « Maison Barre », société d'import-export, qui périclita au bout de quelques années. La belle-famille, qui comptait de riches sucriers, vint à son secours, engloutissant de grosses sommes dans l'affaire. Las ! René fut finalement traîné devant les assises où, prenant tout sur lui, il fut acquitté en 1928, sous les applaudissements, mais le mal était fait.

René Barre fut, dès lors, considéré comme un paria par sa famille et, jusqu'à sa mort, en 1975, son fils n'a jamais cherché à le revoir. C'est sans doute dans cette histoire que l'on peut trouver l'origine de la rage de réussir de Raymond, son exécration du « système » avec ses « rumeurs », son goût de la provocation contre ce qu'il appelle le « microcosme », sa jouissance intense quand il marche sur les têtes des « élites ».

Englobait-il le « lobby juif » dans sa détestation ? Des gazetiers ont cherché à en faire un antisémite, nostalgique de Pétain, mais si tel était le cas, il cachait bien son jeu, même si, un jour, à propos de l'attentat de la rue Copernic, on le verra, sa langue a fourché – à moins que son inconscient n'ait parlé. Il était trop ouvert et pas assez conventionnel pour haïr les Juifs. Les passions tristes, très peu pour lui ! Raymond Barre fut sans doute l'un des hommes d'État les plus gaullistes de la Ve République.

« *Un pays corporatiste, émeutier et sondagier* »

Je me souviens de l'avoir entendu me donner, à plusieurs années d'intervalle, la même définition de la France : « un pays corporatiste, émeutier et sondagier ». Une définition qui aurait pu sortir de la bouche du Général. À ceci près : de Gaulle aurait attribué ces trois qualificatifs aux Français, pas à la nation.

Barre dit la vérité aux Français et, apparemment, ça passe : « Il faut que nous comprenions que la raison principale de la situation que nous connaissons tient en une seule formule : la France vit au-dessus de ses moyens. Les revenus augmentent plus vite que la production, le crédit est distribué de façon trop abondante, les dépenses de l'État excèdent les recettes[1]. »

De Gaulle est revenu, on l'appelle « Monsieur Barre ». Certes, s'adonnant souvent à son schumpetérisme, du nom de l'économiste Schumpeter, apôtre de « la destruction créatrice », le nouveau Premier ministre fait scandale quand il déclare qu'il faut laisser les « canards boiteux » à leur triste sort et cesser de subventionner les entreprises en difficulté.

À son propos, Giscard a déclaré après sa nomination : « C'est sans doute le meilleur économiste français, en tout cas l'un des tout premiers. » L'ancien professeur d'économie à la faculté de droit de Caen, pédagogue hors pair, a laissé l'image d'un antipoliticien qui n'hésite pas à prendre des décisions impopulaires et à s'attaquer aux tabous. Il a réussi notamment à mettre fin au contrôle des prix, absurde exception française, symbole de l'hyperbureaucratie, qui corsète l'économie et fabrique de l'inflation.

Les dernières années de sa vie, Giscard qui parle toujours de Barre avec un mélange d'affection et d'admiration aime rappeler l'une des phrases que celui-ci lui a souvent servies : « Ne comptez pas sur moi, monsieur le président, pour ne pas dire la vérité aux Français ! » De ce point de vue, il est incorrigible et tranche avec presque tous ses successeurs.

Mais la rigueur de Barre n'est pas du rigorisme : ce Père Fouettard est aussi un Père Fêtard. Il a le vin gai et ne garde pas les yeux dans ses poches devant les belles femmes. L'œil égrillard et le sourire en coin, il a l'habitude de s'échapper

1. Déclaration de Raymond Barre à la télévision, le 22 septembre 1976.

de l'hôtel Matignon, à la fin des dîners officiels : après avoir prélevé une bouteille de champagne dans le réfrigérateur, il prend congé de Madame et accourt au pavillon de Musique, au fond du jardin – une petite maison qu'il a fait décorer comme un lupanar, garnie de rideaux bouffants. La suite ne nous regarde pas.

Au début du XXIe siècle, j'attendais un rendez-vous avec le Premier ministre du moment quand s'était approché de moi le très distingué huissier à lunettes et à corps long qui, depuis plusieurs décennies, incarnait à l'étage la continuité républicaine. « Je pars demain à la retraite », m'avait-il annoncé avec un mélange d'émotion et de solennité.

Je lui posai alors la question à laquelle il n'avait jamais voulu répondre jusqu'à présent :

« De tous, quels auront été les Premiers ministres les plus sympas ?

— Mauroy, Chirac et Barre, répondit-il sans hésiter.

— Barre ? demandai-je, étonné.

— Oui, parce que, comme les deux autres, il aime les gens et la vie. Travailler avec ces trois-là, ça n'était que du bonheur ! Ça changeait des irritables, des bonnets de nuit. »

Partageant sa passion pour la cuisine française à l'ancienne, sous le signe du céleri rémoulade et des œufs cocotte, j'ai croisé Barre à plusieurs reprises dans des restaurants gastronomiques à petits prix, en compagnie de sexagénaires girondes avec lesquelles il semblait parler de tout, sauf de politique.

On lui aurait donné le bon Dieu sans confession et c'était un grand tort. La vertu est une merveilleuse qualité mais quel dommage de la laisser gâcher par les gens vertueux ! Longtemps après sa mort, *Le Canard enchaîné* a révélé que Barre avait dissimulé pendant des années 6,8 millions au

Crédit suisse, à Bâle[1]. On ne peut croire qu'il s'agissait là du fruit de prévarications : ce n'était pas son genre. Sans doute avait-il puisé, comme la rumeur en avait couru, dans les fonds secrets : le coffre de Matignon était vide quand la gauche est arrivée au pouvoir. Il est vrai que, comme disait Mark Twain, « les animaux supérieurs ne sont jamais atteints de cette maladie qu'on appelle le sens moral ». En politique comme ailleurs.

1. Numéro du 3 juillet 2019.

27

LE SYNDROME DE L'ENFANT DE CHŒUR

> Si le travail bien fait est source de joies puissantes, la paresse savourée en gourmet ne l'est pas moins.
>
> FRANÇOIS CAVANNA

« On avait quand même bien travaillé, non ? » Jusqu'à sa mort, Giscard aimait se féliciter des résultats économiques qu'il avait obtenus, malgré les vicissitudes pétrolières. Son tempérament et sa branche ne l'inclinaient certes pas à la modestie, mais il faut reconnaître qu'avec Barre, il a bien géré la France.

Giscard a-t-il voulu refaire, avec son Premier ministre, le coup du Général avec Rueff, parangon de la rigueur et architecte du redressement économique des années 1960 ? Sans aucun doute. Après le choc pétrolier de 1973, la relance économique, conduite par le gouvernement Chirac, avait dopé l'inflation, creusé le déficit du commerce extérieur et provoqué la chute du franc. La France s'était alors installée dans la stagflation qui, a dit un jour Giscard, amène « à prendre, à quelques mois d'intervalle, des décisions conjoncturelles ou des ajustements sociaux apparemment contradictoires[1] ».

Et VGE d'évoquer une politique de l'escarpolette, c'est-à-dire de la balançoire : on bringuebale d'une extrémité à l'autre. Une autre fois, il emprunte une image à la navigation à voile : « C'est le Pot au Noir, avec ses changements de vents et une mer mal formée. Il faut constamment empanner[2]. » Barre est plus cruel encore. Pour évoquer la politique de son prédécesseur, le chef du gouvernement évoque une succession de « coups de frein brutaux » et de « coups d'accélérateur massifs ». D'où le carambolage.

L'heure est désormais au redressement qui, selon Barre, passe par le rétablissement des équilibres, la maîtrise de l'inflation et le renforcement du franc. Du Rueff *bis repetita*. Même thérapie, mêmes effets. À partir de 1977, les dépenses publiques sont à peu près stabilisées et les prix commencent à être contenus quand, soudain, l'inflation repart à la hausse, après le deuxième choc pétrolier de 1979.

Comment les Français perçoivent-ils la situation ? Pas bien. Si le revenu des cadres stagne entre 1974 et 1980, le pouvoir d'achat des ouvriers ne cesse, en dépit des difficultés, de progresser, tout comme le salaire minimum et le minimum vieillesse. Mais la baisse incontestable des inégalités est occultée par l'apparition du chômage de masse : du début à la fin du septennat, le taux est passé de 2,3 à 4,4 % : de 400 000 à plus d'un million de demandeurs d'emploi – soit dit en passant, deux fois moins que Mit-

1. Actes de la journée d'études organisée par le Centre d'histoire de Sciences Po et l'Institut pour la démocratie en Europe, *op. cit.*

2. Virer de bord en passant par vent arrière.

terrand en 1984 ou trois fois moins que Mitterrand encore en 1993 !

Si l'on gratte les chiffres, c'est sous Giscard, à cause des deux chocs pétroliers, que le pays a commencé à se désindustrialiser. Rien de grave, si le phénomène ne s'était accéléré au cours des décennies suivantes. Sur une plus longue période, les chiffres sont en tout cas terrifiants : l'emploi salarié dans l'industrie manufacturière, qui représentait encore 5,4 millions de personnes en 1974, est tombé une cinquantaine d'années plus tard à 2,7, soit deux fois moins ; la part de cette même industrie dans le PIB est passée de 30 % dans les années 1950 à 11 % en 2020[1].

Était-ce le sens de l'Histoire ? La plupart de nos gouvernants l'ont cru, qui ont laissé filer en célébrant la montée du tertiaire qu'ils présentaient comme le futur eldorado. Il a fallu déchanter : la désindustrialisation a conduit la France à sous-traiter une grande partie de sa production manufacturière, aux dépens de sa souveraineté. Une tragédie aussi qui a changé de fond en comble sa sociologie : aujourd'hui, la classe ouvrière française est en passe de devenir une espèce en voie de disparition, un vieux souvenir qui meublera pour quelque temps encore les discours des barbons podagres de la vieille gauche marxiste.

Même si Giscard et Barre ont commis des erreurs, il leur sera beaucoup pardonné : ils ont été les derniers dirigeants français à ne pas garder les yeux rivés sur la prochaine élection. Ne boudons pas notre plaisir, ça n'arrivera pas avant

1. Rapport d'information du Comité d'évaluation et de contrôle des politiques publiques sur l'évaluation de la politique industrielle, présenté le 21 janvier 2021 par les députés Olivier Marleix (LR) et Thierry Michels (LREM).

longtemps. À l'approche de la présidentielle de 1981, ils n'hésiteront même pas à durcir les mesures de rigueur nécessaires pour faire face au deuxième choc pétrolier. Pas banal.

Le tandem – c'en est un – communie dans la religion de l'équilibre des comptes, qui est censé favoriser la croissance. Quand VGE était ministre des Finances, en 1965, il avait au demeurant présenté, à la grande satisfaction du Général, le premier budget à l'équilibre depuis la Libération.

Lorsque Giscard et Barre quittent le pouvoir en 1981, après la victoire de Mitterrand, ils ont ainsi un bilan comptable plus que convenable, ce qui leur fait de belles jambes. De 1974 à 1980, la France affiche, malgré les crises, le taux de croissance le plus élevé des pays industrialisés, derrière le Japon. Quant aux finances publiques, elles sont dans l'état où ils les avaient trouvées : pas de déficit public et une dette de 20,7 % par rapport à la richesse nationale. C'est après eux que la grande dégringolade économique a commencé.

Obsédés par l'exemple du Général qui a toujours vu plus loin que l'élection cantonale à venir, Giscard et Barre ont été tous deux frappés du syndrome de l'enfant de chœur. Convaincus que les Français les jugeront sur leurs résultats, ils sont sûrs d'eux à l'approche de la présidentielle. Il est vrai qu'à la surprise quasi générale, les élections législatives leur ont donné raison.

Quand Giscard veut dédier son livre à... Trotski

Le 27 janvier 1978, dans son discours fondateur de Verdun-sur-le-Doubs, un village de mille deux cents habitants, en Saône-et-Loire, Giscard se présente comme un avatar du Général, l'homme qui disait non : « Gouverner, c'est donner, mais c'est aussi refuser et, parfois, pour servir la justice, c'est reprendre. Or, il est facile de donner mais il est difficile de refuser ou de reprendre. »

Ce jour-là, devant une assistance de vingt-cinq mille personnes, il accumule les bonnes formules du genre : « Malheureusement, il n'est pas plus efficace de voter contre la crise que de voter contre la maladie [...]. Et si nous pensons nous en débarrasser par la facilité, l'économie se vengera et elle se vengera sur les Français. »

Giscard est là dans la continuité de *Démocratie française*, ouvrage qu'il a publié deux ans plus tôt. Écrit par Yves Cannac, secrétaire général adjoint de l'Élysée, et supervisé par Jean Sérisé, son alter ego, c'est un plaidoyer pour changer la politique, faire bouger les lignes, dépasser la droite et la gauche. Quand il a lancé sa campagne présidentielle, quatre décennies après, Emmanuel Macron n'avait plus qu'à se servir dedans.

VGE aurait pu hurler au plagiat mais il ne l'a pas fait, sans doute parce qu'il aurait aimé que le candidat d'En Marche, ancien ministre de François Hollande, réussisse à mettre en œuvre son projet : rassembler deux Français sur trois en gouvernant au centre. Un projet que son lointain successeur a lui aussi raté en ne ralliant qu'un Français sur trois.

Giscard et Macron sont tous deux propres comme des écuelles de chats, comme lustrés à neuf, jamais une bugne sur la cravate ni d'ongle en deuil, comme ça pouvait arriver à Mitterrand ou à Chirac. Ils sont pareillement théâtraux, obsédés par la com. Ils ont le même tempérament, la même tendance aux caprices, aux lubies. Après avoir appelé Giscard « de Gaulle le Petit », on pourrait surnommer Macron

« Giscard le Petit » s'il n'était finalement plus sage, moins extravagant.

VGE est-il braque ? Une idée abracadabrante a failli gâcher l'opération *Démocratie française* : elle illustre bien les bouffées délirantes qui, parfois, envahissent Giscard. Quand le président annonce à Sérisé qu'il dédiera le livre à Trotski, l'inventeur du goulag, l'autre s'étrangle :

« Ce n'est pas pensable !

— Mais c'est un génie ! Vous êtes un réactionnaire !

— Vous faites ce que vous voulez mais, moi, je ne continue pas à travailler à ce livre dans ces conditions[1]. »

Pourquoi pas le dédier à Mao ou à Robespierre, pendant qu'il y était ? VGE dédiera finalement *Démocratie française* à Marianne et à Gavroche, ce qui était quand même plus raisonnable.

Alors que, selon le schéma gramscien, la gauche continue de conquérir Marianne et sa société civile, la majorité sortante gagne quand même, et assez largement, les législatives des 12 et 19 mars 1978 : 277 élus pour la droite (UDF, RPR) contre 199 pour la gauche (PS, PC, radicaux). Mais l'exécutif doit maintenant faire face à des vents mauvais : ils remplissent le ciel de nuages pleins de graines voyageuses qui, une fois semées, germeront lors la présidentielle de 1981.

C'est l'époque où les médias, qui s'adonnent de plus en plus à la sinistrose, commencent à répéter du matin au soir la même phrase qui deviendra leur credo pour les trois décennies à venir, même quand la croissance sera revenue : « C'est la crise. »

C'est l'époque où la France, en proie au « désenchantement du monde », selon la célèbre formule du sociologue

1. Georges Valance, *VGE, une vie*, Flammarion, 2011.

Max Weber, commence à se déchristianiser : en 1970, 80 % des enfants d'une génération étaient encore baptisés ; en 1990, le pourcentage tombe à 50 %. Huit couples sur dix se mariaient à l'église ; vingt ans plus tard, ce n'est plus que cinq sur dix. Cabriole de l'Histoire : la crise des vocations amènera bientôt l'Église de France à importer des missionnaires... africains.

C'est l'époque où la France, pays ontologiquement rural, s'urbanise à grande vitesse, sous l'effet de la croissance. En 1945, le nombre d'actifs dans l'agriculture était évalué à dix millions. Il n'en reste plus que deux millions en 1982. Il ne faut pas s'étonner si monte, chez les Français, la nostalgie des villages de leur enfance qui se vident de leur substance, chaque pilier disparaissant l'un après l'autre : le médecin, l'instituteur, l'épicier, le cafetier et, bien sûr, le curé. Comme le note l'historien Pierre Nora, on assiste, en réaction, à « l'émergence du culte du patrimoine, le début de l'écologie politique, avec le sentiment que nous sommes sur une voie qui mène à notre perte[1] ».

C'est l'époque où le déni devient la pierre angulaire de la politique française, les chiens de Pavlov de la gauche ou de la droite dures ne cessant de s'indigner que Giscard ait pu, un jour, oser ranger la France dans les « pays de dimension moyenne » – même s'il a réclamé une place pour elle dans le groupe de tête. Une banalité perçue comme une offense, d'autant que, sous l'impulsion de VGE, la construction européenne avance à grands pas. Dans ce climat, les Français ont de plus en plus tendance à se pencher sur le passé et leur « roman national », comme en témoignent les succès de librairie ou les couvertures de magazines de plus

1. *Revue des Deux Mondes*, novembre 2017.

en plus souvent consacrés à l'Histoire. Signe des temps, l'un des grands succès de la chanson en 1979 est, après « Born to be alive » de Patrick Hernandez, « Aline » de Christophe, titre déjà numéro un en... 1965.

Une chanson kitsch en diable, qui frise le ridicule sinon pis, et que j'adore chanter à tue-tête avec mes amis du *Nouvel Obs*, Jean-François Josselin et toute la bande, criant « Aline » pour qu'elle revienne, et on pleurait, pleurait, on avait trop de peine...

Coauteur des « Mots bleus », l'une des plus belles chansons françaises, Christophe est un artiste qui incarne mieux que personne la décadence mais la sienne est autrement plus flamboyante que celle qui, depuis, nous a pris dans ses filets et tirés vers le bas, en pente douce.

28

JARDINAGE

> Chaque matin, songer aux gens qu'on va cultiver, aux pots qu'il faut arroser.
>
> JEAN GIRAUDOUX

S'il y avait eu un concours du jardin le plus fleuri du hameau de La Capelle, ma mère l'aurait gagné haut la main qu'elle a verte. Après plusieurs attaques de pucerons ou de taches noires sur ses rosiers, elle a fini par trouver une espèce qui a pris l'ascendant sur les autres, parce qu'elle est plus adaptée au terrain, au climat : la pivoine.

« C'est une rose sans les épines », dit ma mère. Pas ourlée ni vulvaire mais plantureuse et fermière, c'est-à-dire normande, la pivoine a de surcroît, après la fanaison, en infusion, des vertus sédatives et anti-inflammatoires. Surtout, en cosmétique, elle hydrate les cellules de la peau et apaise les éruptions en donnant un teint éclatant, comme celui de ma mère.

Grasse et humique, la terre est si bonne, au Bosc-Roger-en-Roumois, que les fleurs se livrent une guerre sans merci. Les dahlias et les gaillardes font certes de la résistance mais ce sont les pivoines qui ont fini par s'imposer partout, en particulier dans le grand massif, protégé par un pommier, que longent les visiteurs en se rendant à la maison familiale. Rouges, roses, blanches, jaunes ou fuchsia, elles sont exubérantes.

Un proverbe hippie dit que faire l'amour dans un champ excite les fleurs. Les pivoines n'ont pas besoin de ça pour déborder de joie. Naturellement radieuses, elles mettent du bonheur partout, en particulier sur le visage de Maman quand elle les bine, les arrose, coupe leurs corolles fanées. Il me suffit de fermer les yeux pour la revoir passer d'un pied à l'autre, un bob sur la tête, avec sa sarclette ou son arrosoir.

Avez-vous compris où je veux en venir ? Dans *Othello*, Shakespeare fait dire à Iago : « Le personnage que nous sommes, c'est un jardin, et notre volonté le cultive » (traduction française de l'anglais moderne : « *Our bodies are like gardens and our willpower is like the gardener* »). Reine du jardinage, ma mère n'est pas seulement experte en pivoines mais aussi en salades, choux, poireaux. Sans parler des framboisiers que je dévaste, à la belle saison. Souvent, je donne un coup de main à ma mère en mettant le transistor à fond quand passe la chanson que j'aurai sans doute le plus fredonnée dans ma vie, « Hotel California », interprétée par Don Henley avec un duo stupéfiant à la guitare, Don Felder et Glenn Frey. Et, connaissant les paroles par cœur, je hurle en sarclant les batavias ou en binant les fraises : « *But they just can't kill the beast !* »

« Qu'est-ce qui restera de tout ça dans cent ans ? »

Le monde et les humains sont des jardins que nous cultivons. Ainsi Maman « jardine » ses anciens élèves du lycée qu'elle reçoit de temps en temps, l'été, autour de sodas et d'un gâteau au chocolat, pour parler de la vie, de l'amour, de la mort. Elle « jardine » les militants socialistes de la section d'Elbeuf. Mitterrand aussi « jardine ». Les journalistes comme moi, les électeurs de gauche, les grands maires, les hauts fonctionnaires ou les jeunes pousses du PS. Toujours en quête de boutures, il fait partie, en plus, de ces grands politiques qui pensent à leur descendance.

De Gaulle, par exemple, cherchait toujours à renouveler son cheptel. Sur les conseils avisés de ses proches, il a fait la carrière de plusieurs jouvenceaux qu'il a sortis de la société civile et de l'anonymat : un professeur agrégé de lettres, Robert Poujade, futur maire de Dijon et plusieurs fois ministre sous la Ve, ou un grand ingénieur, homme clé du secteur atomique, puis informatique, Robert Galley, bientôt maire de Troyes et ministre inamovible du Général à Giscard, de 1968 à 1981.

Mitterrand avait, lui, l'obsession de la relève. « Que pensez-vous d'Édith Cresson ? » me demanda-t-il un jour dans un train entre Paris et Châtellerault. Je souris. « Mais qu'est-ce que vous croyez ? s'amusa-t-il. Je n'ai pas eu d'histoire avec elle. On ne prête qu'aux riches. » Ce dialogue m'en rappelle un autre, avec Chirac. « J'ai beaucoup d'admiration pour Michèle Barzach qui, je crois, pourrait avoir un jour un destin national », m'assura-t-il. « Dans quel secteur ? » ricanai-je bêtement. Après ça, il me fera la tête pendant le reste du voyage que nous faisons ensemble.

Gynécologue et psychanalyste, elle sera sa ministre de la Santé pendant deux ans, de 1986 à 1988. Une femme brillante au demeurant.

Chirac, qui connaissait bien Édith Cresson, m'avait dressé un jour la liste de tous les anciens flirts (ou davantage) que Mitterrand avait appelés au gouvernement après 1981. « Ce n'est pas un gouvernement, c'est un harem », s'indignait-il, l'œil coquin, mais il ne pourra être lui-même exempt de ce reproche après son élection à la présidence en 1995. J'avais repéré au moins trois ex avérées qui, au demeurant, étaient toutes compétentes dans leur domaine.

C'était une autre époque et, nourri au lait féministe de ma mère, je m'étonne encore de n'avoir pas été révolté par ces mœurs singulières où tant de femmes politiques, caricaturées en « Marie-couche-toi-là », ne devaient souvent leur promotion qu'au bon vouloir de leurs chefs qui se comportaient comme des proxénètes. C'était ce que l'on appelait « la promotion canapé ». Sur ce plan au moins, je ne laisserai personne dire que c'était mieux avant.

C'était pire. Mais tous ces « grands hommes » voyaient loin. Qu'ils fussent ou non portés sur la chosette, ils préparaient la suite. De Gaulle nous a donné Pompidou, lequel nous a donné Chirac qui a lui-même inventé Juppé, Séguin, Balladur, Sarkozy, Pécresse, Wauquiez, Bertrand, Kosciusko Morizet, Barnier, etc. Une liste interminable qui n'a d'égale que celle des jouvencelles et jouvenceaux portés, souvent à bout de bras, par Mitterrand : Védrine, Jospin, Fabius, Strauss-Kahn, Aubry, Royal, Joxe, Bianco, Guigou, etc.

Tout bourrelé de complexes et rongé par la haine de soi qu'il fût, Chirac avait une supériorité sur ses contemporains, y compris sur Mitterrand : son incroyable esprit de dérision. Il l'appliquait à tout, notamment à lui-même, une personne qu'il trouvait, sans exagérer, moche et stupide. « Moi qui suis moche et con, l'ai-je entendu dire un jour, j'ai quand même eu une belle vie. » Il ne comprenait pas bien ce qu'on pouvait lui trouver. C'est ce qui faisait son charme et qui a conduit tant de ses conseillers à se tromper sur lui. En 1977, après qu'il eut remercié Pierre Juillet de lui avoir donné la riche idée de se présenter à la mairie de Paris qu'il avait conquise, son conseiller lui avait répliqué : « C'est la première fois qu'un cheval remercie son jockey. »

Marie-France Garaud, la complice de Juillet, une belle machine intellectuelle à la langue délicieusement fourchue, disait de leur cheval nommé Chirac : « Nous lui avons appris à courir. Nous lui avons appris à sauter les obstacles. Il sait le faire. Mais quand il court tout seul sur le plat, il continue de sauter les obstacles. » Plus d'une fois, il a fait tomber son cavalier, alors qu'il ne s'y attendait pas, avant de lui marcher dessus.

C'est ainsi que culbutèrent tour à tour Juillet, Garaud ou Villepin, jetés du jour au lendemain alors qu'ils croyaient dominer leur monture et qui, des années plus tard, ne comprenaient toujours pas ce qui leur était arrivé. Dans tous les cas, il s'agissait de personnalités sûres d'elles et de leurs convictions.

Chirac, qui pensait en millénaires, doutait de tout sauf de l'inanité de la postérité, ce « discours aux asticots », comme disait Céline. Mitterrand, qui, lui, pensait en siècles, avait tendance à croire qu'il aurait une place dans l'Histoire. Veillant à garder autour de lui une noria de biographes ou d'hagiographes, il y travaillait au demeurant très activement, comme Napoléon en son temps.

En 1989, plusieurs mois après son deuxième échec à

l'élection présidentielle face à Mitterrand, Chirac connaît une dépression qui n'est pas sans rappeler, toutes proportions gardées, celles qui, souvent, tourmentaient de Gaulle. Le grand homme ne se poussait jamais longtemps du col, qui aimait puiser dans une panoplie de citations de Nietzsche, grand pourfendeur de la vanité, la plus misérable des petitesses. Celle-ci, par exemple : « Contre la vanité, ne t'enfle pas, autrement la moindre piqûre te fera crever. »

C'était en 1989. Chirac et moi sommes dans le coin salon de son bureau lambrissé, grand comme un hall de gare, de maire de Paris, autour de la table basse, signée Yves Klein, appelée *Monogold*, datée de 1961 et, bien sûr, numérotée. C'est un meuble magnifique, non dépourvu de vulgarité, où gisent, au fond d'un coffret transparent en verre et plexiglas, des centaines de feuilles d'or qui ont la particularité de bouger, voire de danser, quand on pose du plastique dessus. Chirac déteste qu'on le fasse. Quand pendant un rendez-vous il s'absentait du bureau, il m'est arrivé de le faire.

Sur son fauteuil doré, Chirac est effondré, comme un clochard qui va piquer du nez. « J'ai raté ma vie, dit-il. Dans ce métier, on est comme Sisyphe qui remonte sans arrêt son rocher, on a beau faire, il retombe toujours. J'aurai passé ma vie à peigner la girafe. Franchement, qu'est-ce qui restera de tout ça dans cent ans ou même dans cinquante ? Rien, peau de balle. »

Vieux réflexe de journaliste, je ne réponds pas. La peur du vide, du silence, est souvent notre meilleur allié. Dans ces moments d'abandon, si on souhaite extorquer une confidence, il ne faut surtout rien dire.

« Même quand on a été un grand personnage historique, poursuit-il, on ne laisse pas grand-chose, compte tenu de la taille de notre pays et de l'immensité de l'univers. C'est ce que pensait de Gaulle qui, pourtant, a fait tant de choses. Mais moi, alors... »

Il se reprend, soudain :

« J'ai quand même formé pas mal de gens, personne ne pourra jamais dire le contraire. C'est sans doute ce que j'ai fait de mieux. (*Rire.*) Je crois même que je n'ai fait que ça. »

29

PAROLES, PAROLES

> Ne gâtons-nous pas les choses en les exprimant ?
>
> VIRGINIA WOOLF

Pendant plus de cinq ans, j'aurai été le caniche de Mitterrand. Je me flatte : en matière de chiens de compagnie, c'est l'une des races les plus intelligentes. La preuve, Louis XVI en avait un, tondu en lion. Moi-même, j'ai une grande crinière noire qui coule sur ma nuque.

J'accompagne Mitterrand partout, à pied, en voiture, en train. D'humeur joviale comme tout caniche qui se respecte, j'ai parfois de brusques poussées d'insolence que Mitterrand réprime en se murant dans le silence : c'est ma punition. Alors, j'essaie de me rattraper. Il a tout du chien dominant – possessif, sans gêne, se tenant toujours très droit – alors que je suis, à l'évidence, un dominé, discret, les oreilles basses, la queue entre les jambes. Il n'en faudrait pas beaucoup, parfois, pour que j'urine de peur quand son regard se noircit. J'imagine qu'il sourit en lisant ces lignes au-dessus de mon épaule.

Je l'accompagne souvent aux fêtes de la Rose, des kermesses organisées par le PS, jusque dans des bourgs reculés. Mitterrand a accepté comme emblème du parti le logo mis au point par le CERES, à la fédération de Paris, dès 1969 : le Poing et la Rose, laquelle est rouge, symbole de l'espérance. Chez les socialistes, il y a désormais des roses partout – désépinées, il va de soi. En dessins sur les tracts ou sur les affiches. Sans parler des vraies fleurs vivantes, que l'on tient comme des cierges, à la main, sur les estrades, quand, à la fin des réunions publiques, on chante « L'Internationale ».

C'est l'avènement de la gauche cucul, sentimentale. Comme s'il l'avait écrit pour eux, les militants sont émus jusqu'aux frissons quand ils entendent le titre du gaulliste Gilbert Bécaud « L'important, c'est la rose », sorti en 1967, un classique de la chanson, sur des paroles de l'ancien préfet Louis Amade, qui passe sans cesse à la radio.

En relisant les innombrables notes ou articles du *Nouvel Observateur* que j'ai consacrés à Mitterrand, j'éprouve un sentiment de gâchis, de vacuité. Au lieu de m'épuiser à « immortaliser » ces fadaises et ces rognures idéologiques, que n'ai-je couru dans les forêts, joué avec mes enfants, écrit d'autres romans, nagé dans les calanques, bu l'eau des cascades ! J'ai galvaudé ma jeunesse à noircir du papier qui sent aujourd'hui une odeur un peu aigre, ammoniaquée. J'ai beau y chercher un quelconque intérêt, je n'en trouve aucun. Quand je pense à ces réunions ou à ces congrès du PS que j'ai suivis, la plume à la main, la première image qui me vient à l'esprit est celle d'un bal masqué.

Au parti, tout le monde ou presque déambule derrière un loup, ce demi-masque de velours ou de satin, quand ce n'est pas dans un déguisement de circonstance : la fausseté prévaut, l'idéologie n'est qu'une arme pour prendre le pouvoir – ou le garder. J'aime beaucoup Rocard que j'interviewe souvent pour le journal : entre dominés, on se comprend, on est solidaires... Pour l'empêcher de prendre le parti, Mitterrand a trouvé la meilleure parade. Il a opéré un virage à gauche toute. Toujours rétif à la logomachie marxiste, il commence à truffer ses discours d'envolées léninistes. À la fin des années 1970, alors que le premier secrétaire du PS est assiégé par les « modernes », c'est-à-dire les rocardiens, il me semble percevoir des affinités électives entre Lénine et lui.

J'ai compris pourquoi, longtemps après, en compulsant l'exemplaire de la *Vie de Jésus* d'Ernest Renan que Lénine a lu et annoté en français. Il l'avait emprunté à la bibliothèque de la Société de lecture de Genève, où je l'ai découvert, superbe institution que le père de la Révolution russe fréquentait quand il séjournait en Suisse avant 1917. La filiation entre Lénine et Mitterrand est possible si elle passe par Renan, linguiste, historien et philosophe, l'un des auteurs fétiches du député de la Nièvre.

« *De leur prie-Dieu, ils font une chapelle* »

Pour en avoir souvent parlé avec Mitterrand, je peux dire qu'il se sentait proche de Renan qui avait perdu la foi au séminaire avant de provoquer une énorme polémique quand, en 1863, il avait publié sa *Vie de Jésus*, l'un des livres les plus lus en France dans la seconde moitié du XIXe siècle. Il y racontait le parcours du fils de Dieu avec sobriété, j'allais dire scientifiquement, comme il l'aurait fait pour n'importe quel grand personnage sans caractère divin. Qu'il ait reconnu que cet homme était « incomparable » n'était pas suffisant pour l'Église qui, scandalisée, mit l'ouvrage à l'index, tandis que le pape Pie IX traitait l'auteur de « blasphémateur ».

Cet iconoclaste fut ainsi annexé par les laïcs, les bouffeurs de curés, de bondieuseries. À tort. Lors d'une conférence à Londres, alors que, au couchant de sa vie, il se rapprochait de la foi, Renan avait dit : « Une seule chose est certaine, c'est le sourire paternel qui, à certaines heures, traverse la nature, attestant qu'un œil nous regarde et qu'un cœur nous suit. » Du Mitterrand avant la lettre. Il y avait chez le « prophète de Tréguier » le même sens de l'au-delà que chez le député de la Nièvre.

Qui, comme moi, a vu Michel Onfray ou François Mitterrand déambuler dans des églises peut témoigner de leur sens du sacré : leurs préventions ne tiennent pas devant les vitraux, les pierres vivantes ou les jeux de lumière dans la nef. Les athées ou les agnostiques sont souvent des croyants qui s'ignorent. Ils ont beau multiplier les dénégations, ils croient à quelque chose qui les dépasse, qu'ils appellent, c'est selon, l'immanence, la transcendance ou les forces de l'esprit.

Quand, dans son livre, Renan écrit que Jésus voulait anéantir le pouvoir et la richesse mais pas pour les accaparer, Lénine avait noté en français, dans la marge et au crayon, ces mots que j'ai lus sur l'exemplaire de la *Vie de Jésus* de la Société de lecture : « Comme le socialisme moderne ». On ne peut pas mieux dire que le combat anticapitaliste est moral sinon religieux. D'une réunion publique l'autre, Mitterrand joue à fond cette dimension. Il y a en lui du Luther, du Bossuet. Il prêche, il convertit. C'est un évangélisateur qui fait l'amour avec son pupitre.

Même l'un de ses pires contempteurs comme l'écrivain-journaliste Jean Cau est bien obligé de le reconnaître : Mitterrand qu'il juge néanmoins « impudique » et « insincère » reste à ses yeux un immense orateur. Muni d'une fiche avec quelques mots-clés qu'il pose devant lui, parfois d'un discours tapé à la machine sur lequel il ne jettera pas un œil, il improvise. Qu'il murmure, siffle ou éructe crescendo, il ne cesse d'improviser, porté par les mots et la houle qu'il soulève, dans les salles.

Mitterrand commençait presque toujours ses discours à voix très basse, il fallait tendre l'oreille. « C'est un vieux truc d'avocat pour capter l'attention, expliquait-il. Quand j'arrive sur la scène, les gens m'applaudissent, certes, mais ils parlent souvent avec leur voisin, ils sont distraits. Je chuchote donc, pendant quelques minutes, pour les obliger à se taire et imposer le silence. Si je veux les emmener, il faut qu'ils entendent ce que je dis, vous comprenez. »

Fabuleuse est la description de Jean Cau, en forme de déconstruction, de l'éloquence mitterrandienne : « D'abord, un œuf à la tribune. Puis des bruits étouffés. Des coups de bec sourds. Ce n'était qu'un œuf qui parlait, mais l'animal logeait à l'intérieur. Ensuite, les coups se firent plus nets, plus rapides – et la paroi fut percée –, plus rageurs, et le bec de l'oiseau, sa tête, ses plumes, ses ailes s'arrachèrent de l'œuf qu'ils firent voler en mille éclats qui retombèrent sur l'assistance et sur moi-même qui avais ma veste criblée de fragments de coquille pendant que l'oiseau, maintenant, sur la tribune-perchoir roulait des trilles, poussait des cris, sifflait des anathèmes, du bec pinçait toutes les cordes de sa lyre [...]. Les *spectateurs* étaient conquis[1]. »

Emporté par l'élan qu'il déchaîne, il m'arrive d'applaudir Mitterrand, même quand je ne suis pas d'accord. C'est l'ar-

1. J. Cau, *Croquis de mémoire*, *op. cit.*

tiste que je salue et il fait penser à un vieil acteur quand, parfois, sentant qu'il a été moins bon, il me demande, pour être rassuré, comment je l'ai trouvé. « Très bon », réponds-je. Il aime les compliments, même quand il sait qu'ils sont faux. Le monarque perce déjà sous le premier secrétaire.

Mitterrand n'est pas seulement un orateur de haute volée, c'est aussi un prosateur qui a la passion du beau style, du mot juste. Je m'en rends compte à chaque interview qu'il donne au *Nouvel Obs*. Une fois qu'il était dans un bon jour, il m'a dit qu'il préférait que ce soit moi qui fasse avec lui les entretiens pour le journal : « Vous et moi, nous avons le même goût pour l'écriture. » Tu parles ! Pinailleur et perfectionniste, il me fait toujours vivre un enfer. Le rite est immuable. Il donne rendez-vous chez lui, après le dîner, et son travail sur mon texte que tape et retape sa secrétaire, Marie-Claire Papegay, une sainte, peut durer jusqu'à plus d'heure. Le supplice de Tantale. Combien de fois suis-je rentré chez moi à 2 heures du matin avec une forte migraine et le sentiment d'avoir perdu mon temps ?

Quand il est inspiré, il écrit de beaux morceaux de bravoure. Dans *La rose au poing*, recueil de ses chroniques de *L'Unité*, il observe ainsi que « la tentation permanente de la gauche, c'est la tentation cathare : l'exigence des Parfaits qui les conduit à rejeter comme impure toute démarche qu'ils jugent au millimètre, à la virgule, étrangers au commandement de leur conscience et aux prescriptions de la lettre. [...] De leur prie-Dieu, ils font une chapelle et de leur chapelle une Église. Ils rêvent de communion universelle et ne supportent pas un voisin qui se mouche ».

Si fasciné que je fusse par Mitterrand, je n'aimais pas son machiavélisme ni son rapport trouble, finalement très catholique, à l'argent. J'ai longtemps cherché à obtenir une photo prise par un des piliers de l'UIMM (Union des industries et métiers de la métallurgie) lors d'un déjeuner auquel le premier secrétaire du PS avait convié Jacques Ferry, le président de la Chambre syndicale de la sidérurgie française qui avec l'UIMM arrosait les partis et les syndicats. Cela se passait dans la salle à manger de la maison nouvellement acquise de la rue de Bièvre, en remerciement de l'aide sonnante et trébuchante qu'aurait apportée ledit Ferry.

J'ai appris plus tard qu'à peine élu, Mitterrand avait vendu les parts qu'il détenait chez L'Oréal, le groupe de cosmétiques créé par Eugène Schueller, financier de la Cagoule, organisation clandestine d'extrême droite dans les années 1930, puis de partis collaborationnistes pendant l'occupation nazie : à la Libération, à l'instigation de François Dalle, l'un de ses amis de fac, le futur chef de l'État avait travaillé dans la société comme directeur de *Votre Beauté*. Je ne sais sous quel patronyme de prête-nom il figurait dans le capital de l'entreprise, mais après son élection à la présidence en 1981 il avait demandé à André Bettencourt, le mari de l'héritière du fondateur, de lui apporter « en liquide » le résultat de la vente de ses actions.

André Bettencourt a souvent raconté la scène. Il avait marché, l'œil aux aguets, le cœur battant, sur le gravier de l'Élysée avec deux valises pleines de billets avant de gravir l'escalier et de laisser au premier étage, au secrétariat du chef de l'État, ses précieux bagages. Sur ce plan, il n'était certes pas très collet monté, ce n'était pas sa première livraison de « liquide » à un politicien, mais là, dans le saint des saints de la République, sous l'œil averti des huissiers à chaîne, ç'avait été l'une des grandes corvées de sa vie.

D'origine normande, le nez pincé, la lippe toujours un peu dégoûtée, caractéristique du Grand Siècle, Bettencourt était un homme d'une grande distinction, prince de l'*understatement*, qui aurait pu passer pour un aristocrate britannique en perdition dans la politicaillerie. Après avoir été enrôlé par la Cagoule, il avait dirigé un hebdomadaire financé par le IIIe Reich, *La Terre française*, entre 1940 et 1942. Il y avait notamment écrit à propos des Juifs : « Pour l'éternité, leur race est souillée par le sang du Juste », avant de se précipiter in extremis dans la Résistance. Il avait fait amende honorable. Secrétaire d'État de Mendès France sous la IVe République, l'époux de Liliane, la fille d'Eugène Schueller, avait ensuite été un ministre plus ou moins important sous de Gaulle, puis sous Pompidou.

Apparemment, il n'était pas bien assorti avec Liliane, l'une des femmes les plus riches du monde, qui avait quelque chose de délicieusement excentrique. Je me souviens qu'après un divorce, alors que j'errais dans des mondanités, l'âme en peine, rongé par la culpabilité, avec une tête de déterré, elle m'avait pris par le bras et remonté le moral : « Surtout, ne regrettez rien. La vie est à peine commencée qu'elle est déjà finie et que l'on doit songer à partir. Il faut la faire passer avant les convenances et les devoirs qu'on s'invente. »

Quelques années plus tard, j'étais dans le même état après un nouveau divorce et Liliane qui, là encore, en avait eu vent, m'avait encore emmené à l'écart, puis chapitré avec humour : « Qu'est-ce que c'est que cette tête ? Une rupture, ce n'est pas la mort. C'est une nouvelle naissance. Et maintenant vivez, que diable ! »

Mitterrand ne faisait rien d'autre. C'est pourquoi André Bettencourt l'admirait. Dans les années 1980, bien avant que soit connue sa liaison avec Anne Pingeot, il était fasciné par le pacte qu'avaient passé François et Danielle Mitterrand. « Ce n'est pas le premier de ce genre, lui disais-je un jour. Autour de nous, il y a tellement de mariages arrangés et pas consommés. » Alors, Bettencourt : « Vous n'y êtes pas ! Dans cette histoire, Mitterrand est sincère : il aime les deux femmes, d'une manière certes différente, mais il n'est pas question pour lui d'en abandonner une seule. C'est un homme qui ne cesse de pousser les limites et qui veut toujours tout, sans jamais s'embarrasser du qu'en-dira-t-on. »

Même si je n'étais pas bégueule, j'étais toujours étonné, voire choqué, que Mitterrand pût être l'ami proche de tant de personnes riches comme les Bettencourt ou de grands patrons à la Jean Riboud, François Dalle, etc. Non que je méconnusse leur charme, leurs qualités, bien au contraire. Mais je ne pouvais m'empêcher de trouver dans ses fréquentations une contradiction avec sa célèbre diatribe contre l'argent, proférée lors du congrès d'Épinay, en 1971, avant qu'il fasse main basse sur le Parti socialiste. Une déclaration complotiste, d'inspiration molletiste, autrement dit sans rapport avec ses convictions ou sa façon de vivre, qu'il reprenait, depuis, à l'occasion, devant les militants.

Écoutons Mitterrand dans ses œuvres : « Le véritable ennemi, j'allais dire le seul, parce que tout passe par chez lui, le véritable ennemi si l'on est bien sur le terrain de la rupture initiale des structures économiques, c'est celui qui tient les clefs, c'est celui qui est installé sur ce terrain-là, c'est celui qu'il faut déloger... c'est le monopole ! terme extensif pour signifier toutes les puissances de l'argent, l'argent qui corrompt, l'argent qui achète, l'argent qui écrase, l'argent qui tue, l'argent qui ruine et l'argent qui pourrit jusqu'à la conscience des hommes ! »

Comment Mitterrand avait-il pu prononcer d'une voix vibrante, comme si elles venaient du cœur, des paroles auxquelles il ne pouvait manifestement pas croire ?

30

LE JOUR OÙ « LA GAUCHE » M'A TRAHI

> Les seules vérités qui vaillent sont les vérités lentes.
>
> ERIK ORSENNA

Un jour, je me suis réveillé dans un état proche de celui de Gregor Samsa, le héros de *La métamorphose* de Kafka, transformé en « monstrueux insecte » : je n'étais plus socialiste.

C'était en Normandie, un dimanche matin, pendant l'hiver 1977. Je suis resté longtemps au lit, à ruminer ma mélancolie : soudain, le camp du Bien me faisait horreur, je ne supportais plus ses impostures. L'histoire qui m'amena à cette apostasie mérite d'être racontée, tant elle en dit long sur le cynisme qui prévalait alors à gauche, repaire de grimpions et de petites frappes arrivistes.

Avant d'exposer les raisons concrètes de ma rupture, je voudrais évoquer les glissements progressifs du PS vers un système monarchique avec une cour et un culte de la personnalité, sur fond d'hubris et d'ambitions personnelles. Ils expliquent la suite, notamment la course aux places où tous les coups étaient permis.

Quelque temps avant sa publication, j'avais été porter à François Mitterrand les bonnes feuilles de mon premier livre sur lui qui, s'il n'était pas hagiographique, restait bienveillant, beaucoup trop bienveillant[1]. Alors que je le retrouvais à une réunion de l'Internationale socialiste, à Genève, avec Willy Brandt et Harold Wilson, le premier secrétaire du PS me fusilla du regard : « Comment osez-vous m'adresser encore la parole après les horreurs que vous avez écrites sur moi ? »

Puis Mitterrand tourna les talons avant de me battre froid le reste du séjour. Ça ne m'avait pas ému. C'était un hypersensible qui avait une haute idée de lui-même. J'étais habitué à ses sautes d'humeur : pour une phrase ou même un adjectif dans un article, il était capable de ne plus vous adresser la parole pendant plusieurs semaines.

Un jour, alors qu'il m'avait donné rendez-vous à Nevers pour une longue interview, il m'éconduisit, après un long trajet en train, sous prétexte que le journal de la semaine avait publié un article qui lui déplaisait. Je m'étais indigné :

« Pourquoi me traitez-vous ainsi ?

— La politique, c'est une question de rapports de force. C'est aussi comme ça que je vois les relations avec les journalistes. Au revoir, monsieur ! »

Avec ce genre de représailles, il croyait vous impressionner. Je me disais que ça lui passerait avant que ça le reprenne. Peu après la bouderie de Genève, il m'adressa par courrier une carte de visite où étaient résumés tous ses griefs contre ma première biographie de lui : « Giesbert n'a pas su remettre dans son contexte mon attitude pendant

1. Franz-Olivier Giesbert, *François Mitterrand ou la tentation de l'histoire*, Éd. du Seuil, 1977.

l'Occupation. Je n'ai jamais été pétainiste. Il n'a rien compris à cette période qu'il n'a pas vécue, comme il n'a rien compris à la guerre d'Algérie qu'il n'a pas connue. Sinon, il aurait écrit que j'ai eu un rôle apaisant quand j'étais garde des Sceaux sous la présidence du Conseil de Guy Mollet. Contrairement à ce qu'il prétend, je n'étais pas “Algérie française”. Enfin, je récuse totalement sa version partisane de l'affaire de l'Observatoire. »

Pour ne pas porter tort à ses secrétaires particulières que j'appréciais, je n'ai jamais parlé à Mitterrand de ce mot que j'avais, à l'évidence, reçu par erreur. Je ne doutais plus qu'il était destiné à ceux qui allaient chroniquer mon livre quand, quelques jours plus tard, je découvris les critiques de ses affidés, notamment celles de Jean-Pierre Cot dans *Le Matin de Paris*, le quotidien de la gauche, et de Claude Estier dans *L'Unité*, l'organe du parti : elles reprenaient les éléments de langage du bristol mitterrandien.

En révolte contre mon père, j'avais passé mes jeunes années à chercher des pères de substitution : après Alberto Giacometti, on l'a vu, je m'étais replié sur Jean Daniel et François Mitterrand. Je décidai de les tuer tous les deux cette année-là, alors que la gauche, leur gauche, était aux portes du pouvoir, après le déclic que voici. Il avait la voix traînante, des cheveux de jais, une bonne bouille souriante et s'appelait René Youinou.

« Quand on charge trop la barque, elle coule »

Rien ne peut arrêter les fleuves qui vont à la mer : la même irrépressible force emmène la gauche vers la victoire. René Youinou, mon héros, grande figure de Mai 68, ouvrier à l'entretien et chef de la CFDT à l'usine Renault de Cléon, s'est inscrit au PS. Aux municipales de 1977, il a arraché à la droite la ville d'Elbeuf, feu la reine du drap et du textile, en passe de devenir un cimetière, un ramas d'usines mortes.

« Napoléon » Youinou a insisté pour nous atteler à son char, ma mère et moi. Elle s'est lancée et a été bombardée ajointe au maire, bientôt chargée du social, après avoir été la deuxième meilleure élue de la liste socialiste. Quant à moi, toujours réfractaire au métier politique, je préfère continuer à gribouiller des livres et des articles entre Paris et la Normandie, tout en nourrissant de grandes espérances pour l'ami René.

Il s'impose comme futur député de la circonscription, même si le sortant socialiste, le vieux Tony Larue, ancien expert-comptable, qui guigne le Sénat, se tortille toujours comme un diable pour se trouver un successeur digne. Un ouvrier pour le remplacer ? Mais vous n'y pensez pas ! Qu'importe son aversion pour lui, je vois déjà Youinou député, ministre, chef du gouvernement.

Inconsciemment, j'ai peut-être transféré sur lui mes ambitions politiques, si j'en avais, ce dont je doute. Autodidacte, René apprend vite, il a même déjà tout compris. Il n'a rien à voir avec la gauche telle que l'a définie Flaubert, notre grand Normand national, dans une lettre à Louise Colet, écrite dans la nuit du 2 au 3 mars 1854 : « Le rêve du socialisme, n'est-ce pas de pouvoir faire asseoir l'humanité, monstrueuse d'obésité, dans une niche toute peinte en jaune, comme dans les gares de chemin de fer, et qu'elle soit là à se dandiner sur ses couilles, ivre, béate, les yeux clos, en digérant son déjeuner, et faisant sous elle ? »

Aussi hostile au totalitarisme qu'à « la démocratie tyrannique et envieuse » promue par Rousseau – dixit Flaubert –, Youinou est un moderne qui est surtout attaché à l'égalité des chances. Il est, bien sûr, séduit par Rocard, l'énarque qui incarne ce qu'on appelle la deuxième gauche, moins idéologique que la première, et parcourt la France en répétant : « Quand on charge trop la barque, elle coule. » Sans oublier d'évoquer continuellement « les contraintes ». Ma mère est sur la même ligne que son ami le maire d'Elbeuf.

Un jour que je demandais à Maman pourquoi elle était devenue une pétroleuse rocardienne, cavalant d'une réunion à l'autre entre Rouen et Le Havre, elle me répondit : « Parce que Rocard est intellectuellement honnête et que c'est une chose très rare en politique. Son problème : il n'y a pas, chez lui, une once de démagogie, de malignité. Donc, il perdra. C'est peut-être pour ça que je l'aime. »

Rocard n'avait certes pas la rouerie, dans deux genres différents, du Général ou de Mitterrand. Il disait ce qu'il pensait et pensait ce qu'il disait, non sans angélisme parfois. C'est sans doute pourquoi il n'est pas entré dans l'Histoire qui, à quelques exceptions près, préfère toujours les monstres, les madrés ou les canailles. Il était ontologiquement condamné à cause de sa sincérité.

Si ma mère aimait le « parler vrai » de Rocard, je la soupçonne aussi de s'en être amourachée à cause de sa psyché doloriste, voire christique. D'origine protestante, son grand homme d'1 mètre 72 infligeait toutes sortes de sévices à sa carcasse, toujours en surchauffe. Il fumait comme un pompier et buvait comme un Polonais. Après ses meetings, obsédé par l'idée de ne pas pouvoir rentrer à Paris, il se faisait ramener dans la capitale par des camarades dans des breaks où il dormait, couché dans le coffre, en chien de fusil.

Malgré les apparences, Rocard n'était pas de son temps, ni d'aucun : en politique, la candeur est toujours une erreur. Elle interdit de jouer les premiers rôles.

31

LA PROMESSE DE L'AUBE

> Il ne faut pas avoir peur du bonheur. C'est seulement un bon moment à passer.
>
> ROMAIN GARY

Après l'élection présidentielle de 1974, Mitterrand, conscient d'avoir fait une mauvaise campagne, demanda à Georges Dayan, son alter ego, l'ami de Camus, de lui trouver des têtes d'œuf, c'est-à-dire des hauts fonctionnaires qui lui permettraient de préparer l'alternance et de mettre sur pied une gauche de gouvernement.

Maître des requêtes au Conseil d'État, Dayan ne chercha pas longtemps : il se servit sur place. En tête de gondole apparut Laurent Fabius, énarque, il va de soi, et fils d'un grand antiquaire parisien, qu'il me présenta comme « l'un des hommes les plus intelligents qu'il ait jamais rencontrés ». « Il faut que vous le voyiez, m'intima-t-il. C'est de la graine de président. »

Je l'ai vu. Un charme fou. Il a certes le timbre enjôleur, trop doucereux pour être honnête, de ceux qui prennent le reste du monde pour quantité négligeable et qui croient vous embobiner, rien qu'en vous prêtant un peu de leur auguste attention. Mais il y a quelque chose en lui du gendre idéal. Il est beau, solaire, lettré et pas encore ravagé par l'ambition politique, mélange de rapacité et de convoitise, qui ruine presque toujours les âmes et les visages. Nous prenons l'habitude de déjeuner souvent ensemble. Un jour, alors que nous avions rendez-vous au Louis XIV, un ancien restaurant de la place des Victoires, il arrive avec trois quarts d'heure de retard.

« Je suis désolé, m'explique-t-il. Mitterrand qui recevait Tony Larue, le député de ton coin, m'a demandé de les rejoindre…

— Je t'arrête tout de suite. Si Tony t'a demandé de lui succéder, ce qu'il m'a déjà proposé, sache qu'il y a déjà quelqu'un sur place, prêt à prendre la suite : un ouvrier, un vrai, un grand bonhomme, René Youinou, qui est très populaire. »

Fabius fait l'étonné, comme s'il ne le savait pas. Lors des primaires organisées dans les sections du PS de la circonscription, Youinou l'a emporté largement à peu près partout, sauf au Grand-Quevilly, « bourg pourri », dont Tony Larue aura été maire pendant quarante-sept ans et où les nombreux employés municipaux socialistes ont voté comme un seul homme pour… Laurent Fabius, le candidat de leur patron. Ce jour-là, j'ai perdu mes dernières illusions.

Quand Fabius s'est assis sur un ouvrier

Désigné sur le fil, Laurent Fabius a daigné concéder que René Youinou soit son suppléant aux législatives de 1978 avant de l'éjecter aux suivantes, en 1981. Que voulez-vous, il ne pouvait pas garder auprès de lui une personnalité forte, un ouvrier de surcroît. L'incarnation de sa mauvaise conscience, s'il en avait une. L'œil de Caïn. C'était, avant la victoire présidentielle trois ans plus tard, le signe de la dégénérescence qui avait gagné le PS avant même qu'il arrive aux affaires.

Mitterrand avait conquis le PS par le haut avant de placer à tous les échelons ses anciens fidèles, souvent très intelligents, toujours bien nés s'ils n'étaient pas tous cravatés, de la CIR, microparti et confédération de clubs de gauche, qu'il avait fondée en 1964. Il fallait chercher longtemps avant de trouver un dirigeant socialiste d'origine populaire et quand, enfin, on dénichait l'oiseau rare, il n'était pas ouvrier comme Youinou, mais presque toujours petit fonctionnaire.

Déjà coupé du peuple, le PS était en train de devenir, dès la fin des années 1970, un parti d'enseignants, cadres, avocats, où se retrouvait la crème des cols blancs à la CIR, avant de rassembler, trois décennies après, les « bobos » (ou bourgeois bohèmes). Préfigurant dans sa composition sociologique la désindustrialisation qui allait vider le pays de sa substance, son évolution sociologique l'empêchera de saisir l'impact social de la grande dégringolade manufacturière. Les socialistes laisseront le champ libre au Front puis au Rassemblement national qui, plus tard, engrangera sur sa désertion des classes populaires. Ils finiront même par jeter par-dessus bord toutes les valeurs que leur parti avait portées depuis près d'un siècle : la République, le travail, l'assimilation. Ils s'adresseront de plus en plus aux communautés et de moins en moins à la nation.

Je me console en rendant souvent visite à Pierre Mauroy, une belle personne, devenu maire de Lille. Fils d'instituteur et petit-fils de bûcheron, c'est le numéro deux du parti. Il porte sur ses larges épaules un socialisme populaire, c'est-à-dire social-démocrate, un mot qui est une grosse injure pour les communistes et les sectateurs de la gauche du PS, qui le lui jettent souvent à la tête. En réponse, il aime leur rappeler qu'en 1940, le PC s'était inscrit aux abonnés absents après la signature du pacte germano-soviétique entre Hitler et Staline. Sans parler de la gauche du Parti socialiste...

Quand Mauroy m'a demandé d'écrire son autobiographie pour les Éditions Stock, je n'ai pas pu refuser. Avec un confrère du *Nouvel Obs*, Lucien Rioux, nous nous sommes donc lancés dans cette aventure qui s'avéra périlleuse pour ma ligne et ma balance. J'allais interviewer le maire de Lille plusieurs dimanches de suite dans sa résidence secondaire, au Cateau, près de Cambrai, la région de son enfance, dont il me proposa que je devienne député.

« Qu'est-ce que vous avez tous à vouloir faire de moi un politicien ? protestai-je. J'ai un tout petit surmoi, je ne peux jamais m'empêcher de dire ce que je pense. Je serais très mauvais. En plus, moi qui n'aime que lire et écrire, je serais tellement malheureux ! »

Tout, chez Mauroy, est prétexte à musarderie. Il m'emmène dans de petits restaurants du Nord où nous déjeunons et buvons comme des disciples de Rabelais jusqu'à plus d'heure, puis nous nous promenons, avant la tombée du soir, dans la forêt humide et sombre de Mormal où plane encore, entre les chênes, les hêtres, les charmes, l'ombre légendaire de la reine Ursa qui, à la tête de son armée de femmes, avait défait les troupes du roi de Trèves.

J'aime écouter Mauroy : dès qu'elle concerne sa région, ses forêts, son histoire, ainsi que l'Europe ou le socialisme, sa culture est sans limites. Quand nous rentrons chez lui pour travailler, il est déjà temps de repartir et il m'offre chaque fois un grand maroilles, fromage à pâte molle du Nord, divin et puant, une tuerie, qui parfume toute la voiture et me fait saliver comme un chien affamé, pendant le voyage du retour.

Raconter sa vie et parler de ses idées le barbait et, finalement, le maire de Lille a peu contribué à l'écriture d'*Héritiers de l'avenir*[1]. Mais il batailla contre nous pour que nos noms figurassent sur la couverture et que nos rémunérations fussent à la hauteur de notre labeur. Jamais je n'avais vu un « auteur » se préoccuper à ce point de ses « nègres ». Tel était Mauroy, l'homme sans ego. S'il en avait un, il résidait dans sa ville, sa région ; il s'était immolé dedans.

Il *était* Lille, comme Georges Frêche a été Montpellier, Alain Juppé Bordeaux, Gérard Collomb Lyon ou Christian Estrosi Nice, villes qu'ils ont réinventées. Quand Mitterrand s'était emparé du PS, au congrès d'Épinay, en 1971, avec sa coalition de bric et de broc, Mauroy lui avait laissé, à sa grande surprise, la place de premier secrétaire alors qu'il était entendu entre eux qu'elle lui reviendrait en cas de succès. Pas banal. À un destin national, il préférait le Nord et Lille dont il guignait la mairie. En 1994, sous les pins de Latche, alors qu'il s'apprêtait à quitter le pouvoir, Mitterrand me disait : « Le meilleur pour me succéder, ce serait Mauroy, de loin. J'en ai parlé avec lui. Eh bien, figurez-vous qu'il ne veut rien entendre : il ne veut pas quitter sa mairie. C'est un cas, celui-là, il a toujours préféré Lille à la France ! »

1. Pierre Mauroy, *Héritiers de l'avenir*, Stock, 1977.

« Il n'y a qu'à rompre avec les contraintes ! »

Mauroy est le seul personnage à côté duquel Jean Cau est passé dans son éblouissante galerie des portraits au scalpel des *Croquis de mémoire*. L'homme que j'ai connu n'a rien à voir avec l'olibrius au front bovin qu'il décrit et dont, quand il prononce le mot « droite », « la joue s'enfle, le regard se durcit, la poitrine se gonfle d'un air mauvais qu'expulse une bouche dégoûtée. Il dit, en vérité, Satan, le Diable, le Mal, l'Informe, Léviathan, Belzébuth [...]. Comment la droite ose-t-elle et peut-elle exister[1] ? »

Après quoi, Cau résume drôlement l'état d'esprit général à la fin des années 1970 et au début des années 1980 : « La gauche ? Le Bien [...]. La droite : une maladie et il suffit d'une minuscule égratignure pour que l'infection, si l'on n'y prend garde, gagne le corps tout entier. » Mais Mauroy est bien trop subtil et pas assez sectaire pour penser ainsi. S'il peut donner cette impression, c'est parce qu'il est, avec Chirac, l'un des plus mauvais orateurs de cette fin de siècle. Il a du coffre et de la voix, mais il est affligé d'un vocabulaire pauvre et d'une incapacité pathologique à improviser. Il cherche à les cacher derrière des formules ronflantes, une solennité qui, souvent, frise le ridicule. Sans parler de sa pente double-langagière.

Contrairement à Rocard, son vieil ami, il ne dit pas toujours ce qu'il pense et ne pense pas toujours ce qu'il dit, en tout cas en public. Une tradition nordiste. Guy Mollet, son ex-voisin du Pas-de-Calais, excellait dans l'art de tenir un discours archéo-marxiste en contradiction totale avec sa pratique droitière. La dichotomie entre le logos et la

1. J. Cau, *Croquis de mémoire*, *op. cit.*

praxis remonte au moins à Robespierre : après avoir discouru contre la peine de mort, le vertueux Incorruptible n'hésitait-il pas à faire voter la loi du 22 prairial an II qui, en supprimant notamment les avocats pour la défense dans les tribunaux révolutionnaires, lui permit d'ouvrir la voie à la Grande Terreur et d'envoyer plus vite à l'échafaud, sans la moindre honte, des charrettes d'anciens alliés ?

Mauroy n'est pas, loin s'en faut, aussi schizophrénique que Mollet. Mais, avec son parti, il cultive le principe patriotique anglo-saxon : *Right or wrong, my country !* (« Qu'elle ait raison ou tort, c'est ma patrie ! ») Même quand il est révulsé par la politique du PS, il le dit à voix basse, sans faire d'esclandre. Après la rupture de l'union de la gauche à l'occasion de la « réactualisation » du Programme commun, le 24 septembre 1977, Mitterrand a demandé à Chevènement, le chef de son aile gauche, voire gauchiste, de préparer un nouveau projet socialiste susceptible de plaire aux électeurs communistes et de mettre en porte à faux les militants rocardiens : 110 propositions qui seront votées au congrès de Créteil, le 24 janvier 1981.

Je jubile quand j'entends Mauroy tonitruer un jour au téléphone :

« Le projet socialiste et les 110 propositions, c'est un festival d'âneries, de débilités. Avec la promesse des cinquante mille embauches de fonctionnaires la première année, on touche le fond ! Ces gens-là sont tombés sur la tête. Des pitres ! Des dangers publics ! Des économistes de jardin d'enfants ! Ils se foutent de la France ! À croire qu'ils ont recopié un mémorandum du Soviet suprême. Il ne manque plus que le retour du Gosplan, pendant qu'on y est. Si, par malheur, nous étions élus, ça ne pourra jamais marcher. Je l'ai dit à Mitterrand.

— Alors, tu vas voter contre ? »

Un silence, puis :

« Non. Ce n'est pas l'envie qui m'en manque mais, pendant la campagne présidentielle à venir, ça risquerait d'être utilisé contre nous. Je ne veux pas gêner Mitterrand, tu comprends. Je crois que je vais m'abstenir. »

Ironie de l'histoire, c'est à Mauroy, le soldat loyal du PS, qu'échut quelques mois plus tard, à l'été 1981, après qu'il fut nommé Premier ministre, la tâche de mettre en œuvre le projet socialiste assorti des 110 propositions dont il se hâta d'envoyer au rebut, dès qu'il le put, les plus absurdes. Chevènement, son auteur, est un énarque tenté un temps par « l'Algérie française », devenu le chef du CERES, l'aile gauche du parti. Un homme de qualité, qui aurait pu prétendre aux plus hautes destinées s'il n'avait été un militant anti-européen frénétique, rongé comme par des puces par les obsessions à la mode du moment, la germanophobie et l'anti-américanisme, ce socialisme des imbéciles, comme l'a écrit alors mon ami l'historien Jacques Julliard.

Sur le plan du style, le projet socialiste en impose. C'est un texte enlevé, percutant, sans ces amphigourismes rasoirs, propres à la littérature politique. Mais il en émane un fumet archaïque avec des formules ronflantes ou croquignolettes, dignes de l'ancien patron de la SFIO, Guy Mollet, marxiste la nuit, centriste le jour, qui sous la IVe République n'avait pas peur de gouverner avec la droite après avoir exalté la lutte des classes devant les militants.

Le projet socialiste commence fort : « Fût-il autogestionnaire, le socialisme ne fera pas l'impasse sur la stratégie de rupture ou bien il périra. » Ou encore : « Le choix du Parti socialiste, c'est l'arrêt de l'augmentation, puis la réduction de la part du commerce dans le PNB [produit national brut, l'ancêtre du PIB]. Notre objectif est que ce rapport, à l'horizon de 1990, soit ramené au-dessous de 20 %. » Voilà une stratégie digne des « démocraties populaires » du bloc de l'Est : si on a du mal à exporter, il n'y a qu'à cesser de commercer avec l'étranger et le tour est joué !

« La rupture ! » « La rupture ! » Les socialistes mitterrandiens et leurs alliés du CERES n'ont que ce mot à la bouche. Quand on ose leur parler des contraintes économiques, mot rocardien s'il en est, ils répondent, tel Loïc Hennekinne, homme au demeurant affable, conseiller proche de Chevènement : « Il n'y a qu'à rompre avec les contraintes ! » Il suffisait d'y penser.

La gauche socialiste frappée de sinistrisme

Sous Mitterrand, les socialistes sont devenus sinistrogyres, mot latin qui signifie qu'ils penchent de plus en plus à gauche. Il faudrait s'en inquiéter si le sinistrisme n'était, depuis la première moitié du XIXe siècle, consubstantiel à la politique française.

Néologisme mis au point par un monument de la politologie, esprit littéraire de surcroît, Albert Thibaudet, dans *Les idées politiques de la France*, publié en 1932, le sinistrisme se manifeste, selon lui, par une glissade permanente des partis vers la gauche, les radicaux étant poussés à droite par les socialistes auxquels les communistes font bientôt subir le même sort et ainsi de suite.

C'est une course à l'échalote qui ne s'arrête jamais, la gauche se gauchisant toujours, tandis que la droite répugne à être reléguée... à droite et que le traditionalisme est condamné au déclassement. « L'évolution vers la gauche répond à une sorte de mouvement pur », écrit drôlement Thibaudet, ajoutant que les enfants sont toujours plus à gauche que les parents. C'est sa connaissance de l'histoire politique française qui a permis à Mitterrand d'accompagner le mouvement, lors de la campagne présidentielle.

Mitterrand est au demeurant un bon connaisseur de Lamartine, un homme toujours en marche, qui symbolise le sinistrisme et dont Thibaudet cite ces vers :

Marchez ! L'humanité ne vit pas d'une idée !
Elle éteint chaque jour celle qui l'a guidée,
Elle en allume une autre à l'éternel flambeau.

Autant dire que, pour ma part, je ne suis pas sinistrogyre. J'ai écrit pour le journal une tribune au vitriol sur le projet socialiste : « Un Diên Biên Phu idéologique ». Jean Daniel, qui l'a lue devant moi, l'a trouvée « bien tournée », puis me l'a rendue. Elle ne paraîtra pas. Dans un journal où, jusqu'à présent, l'on pouvait tout dire et où Sartre, Barthes, Foucault avaient écrit tant de bêtises, c'est le seul de mes articles qui ne sera jamais publié.

J'en suis marri et le dis à Jean Daniel. Il s'en fiche. Habité par une sorte de prescience, il me semble qu'en attendant l'arrivée de Mitterrand au pouvoir il a une ambition trop vaste pour se contenter du seul journal où elle étouffe. Elle a besoin de grands espaces, comme si elle entendait désormais se déployer sur la gauche, la France et même le monde. Il a changé de dimension. Une seule solution : l'exil. J'ai décidé de mettre un océan entre le journal et moi. Convaincu que le journal a la maladie, je dis à Jean Daniel :

« Je vais partir aux États-Unis. Si vous voulez me garder,

continuez à me payer. Sinon, ne vous inquiétez pas, je saurai me débrouiller.

— C'est une très bonne idée, répond-il. J'aimerais que vous deveniez un prolongement de moi-même en Amérique. »

J'ai bien entendu. Je lui fais répéter la phrase et il y consent, mais avec un sourire cette fois, en précisant qu'il voudrait que je lui fasse régulièrement des notes sur « tout ce qui se fait de nouveau en Amérique, fabrique de notre futur ». Même quand il déambule dans les sommets de l'égotisme, il ne perd jamais son sens de l'humour. C'est son charme.

Nous sommes à l'été 1979. Quelques mois plus tard, je m'esbignerai avec femme et enfants pour devenir correspondant de *L'Obs* aux États-Unis où je troquerai la compagnie de Fabius, Jospin, des perroquets et autres bêtes à plumes du PS pour celle d'Américains de toutes sortes, en couvrant tout le pays à travers de grands reportages. Je gagnerai au change et, au moins, ne vivrai pas le triomphe de cette fausse gauche, si pressée d'arriver aux affaires.

La victoire de Mitterrand est programmée, je le sens, je le sais. Il suffit de relire Gramsci : Giscard a tout, sauf l'essentiel, la société civile et culturelle. Comme le prétend sans rire le projet socialiste qui n'est pas à une contradiction près, le président sortant est soutenu par « l'idéologie dominante » de la « classe dominante » qui est cependant « minoritaire » et même « de plus en plus minoritaire » !

32

LES COUTEAUX SONT TIRÉS

> Tout pouvoir est une conspiration permanente.
>
> BALZAC

À la fin des années 1970, il y a, en France, une envie de Rocard et ce n'est pas ma mère, militante de son courant, qui dira le contraire. Elle reste néanmoins lucide : « Michel m'inquiète, il est trop gentil et intellectuellement trop honnête pour réussir. Je le lui ai dit. Il m'a regardée avec un grand sourire, comme s'il n'en avait rien à battre. »

En attendant, Rocard ringardise Mitterrand. Il n'a pas été, lui, onze fois ministre sous la IVe République et, ancien élève de l'ENA, il est incollable sur la plupart des sujets, à commencer par l'économie. Espiègle, visionnaire et juvénile, il a le charme des petits et un beau timbre de voix que sa tabagie a rendu caverneux.

Arrivé quatre ans plus tôt au PS, c'est un marginal qui prétend parler vrai et faire de la politique autrement. Incarnant la deuxième ou nouvelle gauche, il combat la fébrilité nationalisatrice des hiérarques du parti et, avec sa modernité, exerce un attrait certain sur les nouvelles générations, en rupture avec la politicaillerie du monde d'avant.

Rocard passe à l'offensive le 19 mars 1978, lors de la soirée électorale du second tour des législatives qui s'est soldé par une nouvelle défaite de la gauche (277 députés pour la droite et le centre, 199 pour le PS, le PC et les radicaux de gauche). « Un certain style de politique, un certain archaïsme sont condamnés, déclare-t-il. Il n'y a pas de fatalité à l'échec de la gauche. » C'est sa déclaration de Rome. Préparée et répétée avec une équipe de communicants, elle est efficace mais un peu surjouée.

Le surlendemain, Jean Daniel me téléphone au petit matin, ce qui n'est pas dans ses habitudes, pour me demander de réaliser de toute urgence une interview de Rocard. Le patron du journal est toujours à son meilleur quand il s'agit de commander un article. Impossible de lui résister. Même à l'agonie, je pourrais, sous son emprise, escalader l'Everest. « Au restaurant, dans la rue, partout, les gens ne parlent que de la sortie de Rocard, me dit-il. C'est un phénomène important, le grand évènement de la semaine, peut-être de l'année, il faut le mettre en couverture. S'il n'a pas envie de s'exprimer, tant pis, forcez sa porte, faites-le parler quoi qu'il en coûte, débrouillez-vous, je le veux dans le journal, je le veux, vous comprenez. »

Que Daniel ne me ferait-il pas faire ? Le temps de finir ma toilette, je fonce chez Rocard. « J'ai déjà tapé très fort, me dit-il. Je ne vais pas remettre ça. » Je reste dans la salle d'attente et fais son siège. Dès qu'il sort de son bureau, j'accours, éperdu, comme si ma vie dépendait de lui. Finalement, au bout de quelques heures, je reviens au journal avec une interview à laquelle j'ai trouvé un titre qui barrera, deux jours plus tard, la une du numéro du 25 mars : « À qui la faute ? »

À personne et surtout pas à Mitterrand, bien sûr. Rocard est trop malin pour le mettre en question : « Notre parti est encore jeune, déclare-t-il. Les petits ruisseaux qui font la grande rivière n'ont pas encore mêlé toutes leurs eaux. » Il incrimine d'abord le PC qui s'est « raidi » et la prétendue gauche du PS, le CERES, qui s'est « trompée » par naïveté sur les intentions communistes. Il réclame la construction par les socialistes d'un « projet autonome » a-marxiste après avoir multiplié les génuflexions devant le premier secrétaire, « l'homme qui a su rassembler les socialistes et leur redonner espoir ».

La philippique de Rocard a donné un grand coup de vieux à Mitterrand. Il s'est racorni d'un coup. S'accrochant comme l'Harpagon de Molière à sa cassette, il s'arc-boute au pouvoir qui lui est contesté : en grand professionnel, il trouve la meilleure parade possible. Expliquant aux siens que Rocard est un « droitier », il se claquemure à gauche toute. Au PS, c'est toujours l'endroit le plus sûr, même quand on pense à sa droite.

La gauche du PS mène à tout à condition d'en sortir. L'un des proches prédécesseurs de Mollet, le « marxiste » pacifiste Paul Faure, avait été secrétaire général de la SFIO de 1920 à 1940 avant de sombrer dans le vichysme : Pétain le nomma même au Conseil national de l'État français. En remerciement de ses bons et loyaux services ? Parmi les élus socialistes de la chambre du Front populaire qui ont voté pour les « pleins pouvoirs » au Maréchal figuraient en bonne place, comme aimait le rappeler Mauroy, les tenants de l'aile gauche du parti. Sauf Paul Faure que son courage avait appelé à ne pas prendre part au vote.

Si fossilisé fût-il, Mollet n'était pas un homme méprisable. J'ai été le voir plusieurs fois dans son petit bureau de la SFIO, cité Malesherbes, où il enfilait les clopes et les banalités, le visage blême, à peine visible derrière les volutes de fumée, le regard funèbre, la voix rauque. Jamais il ne parlait de la France. Sur la *combinazione* au sein du parti, en revanche, il était intarissable et sur la ligne idéologique à tenir… inflexible.

Le Parti socialiste se prend et se conserve à gauche. Resté plus de vingt-deux ans (1946-1969) à la tête de la SFIO, Mollet aura été un modèle de survie politique. Mitterrand n'a donc pas le choix : il se mettra dans les pas de l'ancien président du Conseil qui a précipité la France dans la guerre d'Algérie ; il se molletisera sans vergogne. Et les rapports avec *Le Nouvel Obs* deviendront de plus en plus exécrables. C'est cet homme-là que Jean Daniel, jouant les bons offices, rencontre à Latche, le 26 août 1978. Une bête blessée avant l'hallali.

« Quelle fièvre, ce Rocard ! Et quelle impatience ! »

Paranoïaque, Mitterrand ? Dans le compte rendu que l'hypermnésique Jean Daniel fait de son rendez-vous de Latche, le premier secrétaire du PS dénonce un « complot » qui serait fomenté contre lui. En ces moments de grande solitude, il ne sait même pas sur « quel petit rameau » il pourrait se poser pour trouver quelque réconfort, tandis que *Le Nouvel Obs* tente de le « détruire » en s'appuyant sur la « sensibilité chrétienne » portée par Rocard : « Vous puez la sacristie. Il faut démystifier tout ça. Moi, je suis chrétien mais j'en ai marre qu'on me donne des leçons de christianisme ! »

Il ne supporte pas mes articles qu'il juge pervers et me reproche, entre autres, de chercher à le déconstruire « par des petits mots ». Entre les lignes, accuse-t-il, « on comprend que je ne réussis pas mais que je ne pense qu'à réussir, ce qui est terrible. Et puis, en plus, que si je réussissais, ce serait dangereux ». Il prétend n'être pas obsédé par Rocard, même si le successeur potentiel est toujours perçu, reconnaît-il, « comme une agression ». Il confie lui avoir souvent dit, « peut-être de façon maladroite », de « ne pas se presser ». « Mais quelle fièvre ! éructe-t-il. Et quelle impatience ! Une impatience organisée » qui a convoqué tout à la fois « la morale, le gauchisme, le giscardisme, le technocratisme ! Qu'il arrête un peu ! ».

Rocard et Mauroy, qui mènent la contestation contre lui, travaillent, affirme encore Mitterrand, à « l'affaiblissement total du Parti socialiste ». Prétendant ne pas instruire contre eux de « procès d'intention », il se dit convaincu que leur logique les conduit à la collaboration avec Giscard en 1981 : ils veulent mettre à bas l'union de la gauche, pour le grand bonheur du PC qui n'attend que de retrouver sa liberté pour redevenir le grand parti du mécontentement. Si le premier secrétaire du PS reconnaît qu'il s'est toujours tenu à distance du marxisme, il admet qu'il est en train de changer : « Plus on le critique, plus j'ai tendance à devenir marxiste. »

Rocard a beau gigoter en tous sens, il est comme une musaraigne entre les crocs du vieux matou qui l'emporte, pour la dévorer, au fond du jardin. La suite est écrite. Chargé de suivre ses faits et gestes, je le vois souvent et, chaque fois, je suis frappé par son absence de jugeote politicienne. Il s'intéresse aux grands sujets, pas à la cuisine. Et il se laisse peu à peu déporter à droite par Mitterrand qui, dans ce domaine, reste un maître incontesté, sans doute alors le meilleur popotier de France depuis Mollet.

S'il avait été plus jeune, du moins d'esprit, Mitterrand aurait pu contrer Rocard en pratiquant la triangulation des idées. Méthode pratiquée depuis longtemps, elle sera théorisée quinze ans plus tard par Dick Morris, un conseiller de Bill Clinton à la Maison-Blanche. Inspirée de la dialectique hégélienne (pour caricaturer, thèse, antithèse, synthèse), elle consiste à reprendre ce qu'il y a de mieux chez l'adversaire pour l'assécher et dépasser les vieux clivages droite-gauche. Objectif : inventer une troisième voie.

Mais le premier secrétaire préfère sombrer dans la régression idéologique, s'entourer de tocards et se cramponne comme une ganache à son siège de premier secrétaire en s'appuyant sur l'extrême gauche du parti qui lui sauvera la mise. Il vaut mieux que ça. Il me fait de la peine. Je dois aussi lui faire de la peine. Sans doute Mitterrand s'imagine-t-il que je suis monté dans le char de Rocard parce que j'étais sûr qu'il gagnerait. Or j'étais convaincu du contraire. Le fringant député des Yvelines ne semblait pas assez clanique pour pouvoir faire la grande carrière à laquelle il aspirait. Comme l'a très bien dit, un jour, son vieux camarade Jacques Julliard, il n'aime pas beaucoup ses amis et ne déteste pas ses ennemis. Une faiblesse en politique, elle vaut même condamnation à mort.

Mais, dans la fable de La Fontaine comme dans la vie, j'ai toujours préféré Jean Lapin à Raminagrobis. « Alors, s'amuse Mitterrand quand il me voit, toujours aussi droitier ? – Et vous ? » je demande. Il sourit, amusé. Il l'avait bien cherché.

33

LA LEÇON PARTICULIÈRE DE RONALD REAGAN

On n'a rien inventé de mieux que la bêtise pour se croire intelligent.

AMÉLIE NOTHOMB

L'été 1979, je suis en vacances avec Christine, ma femme, et mes enfants à Mérindol, dans le Vaucluse, sur les flancs du Luberon, dans le mas isolé, battu par le mistral et pioché par le soleil, que mes parents ont acheté, il y a longtemps, pour leur retraite.

Ils avaient de grands projets pour cette retraite : décidé à devenir enfin un artiste peintre à plein temps, mon père avait notamment prévu de passer sa fin de vie au pays de Cézanne au milieu des « plus belles couleurs du monde » qui, comme il disait, « sont toujours propres, sans cesse lavées par le vent ». Du moins quand le soleil brille. Au chômage à cinquante-huit ans, il ne va pourtant pas beaucoup à Mérindol. Il reste en Normandie où il fait de longues siestes sur le fauteuil du salon, en ronflant doucement : il est en dépression.

Cet été-là, quand je fais les courses, j'appelle souvent

d'une cabine téléphonique ma mère qui est restée à la ferme de La Capelle, avec mon père, pour prendre des nouvelles. Un jour, c'est ma sœur Fabienne qui décroche : « Il y a un problème... Papa est mort. » Aussitôt, j'éclate en sanglots avant de pleurer sans discontinuer ou presque jusqu'à la mise en terre de mon père au cimetière Saint-Jean, à Elbeuf. Il n'a pas laissé de dernières volontés, mais il était si anticlérical que Maman a préféré qu'il ne soit pas inhumé religieusement.

Même si c'est absurde, je me sens coupable de n'avoir jamais pardonné à Papa les violences faites naguère à ma mère qui me suppliait de faire la paix avec lui. Psychologiquement, je suis comme un assassin qui a tué sa victime par mégarde, à l'insu de son plein gré. Mais j'éprouve aussi un sentiment de liberté, comme si j'étais enfin débarrassé de la haine qui, jusqu'à présent, menait mes pas. Soudain, j'aime mon père et une nouvelle vie commence pour moi, peu après, comme correspondant aux États-Unis.

Je cherche toujours un père de substitution. Après avoir liquidé, on l'a vu, Jean Daniel et François Mitterrand, je m'amourache de Norman Mailer, un écrivain qui ressemble à mon père mais en plus petit : lui aussi a été transformé en une boule de fureur par la Seconde Guerre mondiale ; il est toujours prêt à cogner, quitte à laisser de la cervelle sur les murs. J'avais adoré son roman *Un rêve américain*, « d'après une histoire vraie », un bijou d'autodénigrement : racontant, en la sublimant, sa tentative de meurtre sur une de ses femmes, alors qu'il était sous l'effet de substances, il se décrivait comme un personnage dostoïevskien, mystique et débile, comique malgré lui.

« Quand un politicien passe à la télé, les gens vont pisser »

Pourquoi parler de Ronald Reagan dans cette *Histoire intime de la Ve République* ? Parce qu'il est l'une des personnalités qui surplombent le XXe et que ses contemporains, à commencer par moi-même dans un premier temps, ont écrit à son sujet beaucoup de bêtises que je n'aurais pas la cruauté de recenser. Surtout, parce que avec ses mots simples et crus, il m'a expliqué la politique. Son cours particulier eut lieu en 1980, dans cette Nouvelle-Angleterre qui aligne des paysages à tomber par terre, les forêts du Massachusetts, les neiges du Vermont, les plages du Maine, les lacs du New Hampshire. J'aime son Ouest, mais sans l'Est, l'Amérique serait un contresens.

J'ai toujours rêvé de mourir sur l'île de Martha's Vineyard, paradis luxuriant entre ciel, terre et mer, l'un des endroits les plus merveilleux du monde, au large de Cape Cod. Patrie de la courtoisie, des baleines bleues, des bateaux à voile, de la contredanse folklorique et de Thoreau l'Insoumis, la Nouvelle-Angleterre, c'est mon Amérique à moi.

Au début de l'année, je m'y trouve dans le bus de campagne de Ronald Reagan en vadrouille, avant les primaires républicaines du New Hampshire, avec une poignée de grands journalistes américains comme l'excellentissime Diane Sawyer, Marilyn Monroe du journalisme politique, qui profitent des arrêts pour appeler leur rédaction en chef à New York – il n'y a pas encore de portables. Ils sont très contrariés : leur direction les a envoyés sur le mauvais cheval.

Pour mes prestigieux confrères, il n'est plus question de suivre la campagne des primaires de Reagan qui, en quelques jours, est passé du statut de grand favori à la présidentielle à celui de perdant assuré. Un vieux schnock, diagnostiquent les commentateurs. À l'occasion de ce voyage, je recevrai, entre autres, une violente leçon qui me servira pour la vie : en politique, rien n'est jamais écrit, tout est toujours possible jusqu'au bout.

Comme ma profession, je suis convaincu que tout est joué : Reagan sera battu à plate couture et George (Herbert Walker) Bush Senior, le père de George W. Junior, remportera les primaires du Parti républicain avant d'être élu président des États-Unis contre le sortant Jimmy Carter. Ça ne se discute pas, c'est ce que disent tous les sondages. Dans un article du *Nouvel Observateur*, copiage de portraits à charge publiés par des journaux comme le *New York Times*, j'ai écrit, entre autres gracieusetés, que Reagan était « une vieille plaisanterie ».

À l'avant du bus, ce n'est pas la cohue habituelle : tandis que les autres boudent derrière, nous ne sommes que trois ou quatre journalistes à nous être dévoués, par pitié plus que par conscience professionnelle, à écouter l'ancien acteur de série B et ex-gouverneur de la Californie. À ma grande surprise, Reagan, d'humeur badine, est sûr d'être élu : « Vous avez vu les autres ? Ils sont sympas et même, pour certains, compétents mais ils ne donnent pas envie. Or, la politique, ça consiste d'abord à donner envie. »

Moi, sceptique : « Mais comment allez-vous donner envie ? »

Reagan : « J'ai une recette qu'ils seraient tous bien inspirés de me chiper mais ils sont tellement sûrs d'eux qu'ils ne le feront pas, vous verrez. Je pars du principe que tout candidat est quelqu'un d'assommant. Un homme politique, c'est une pollution dans un journal télévisé. Quand il arrive, entre les images de guerre ou de tremblements de terre, c'est comme pour les pubs : tout le monde en profite pour aller aux toilettes. La preuve, une étude l'a montré, quand un sujet est consacré à un politicien dans un journal télévisé, le niveau des eaux monte, dans les égouts de New York. »

Un confrère, perplexe : « Vous avez la référence de cette étude ? »

Reagan : « Demandez à mes collaborateurs, ils vous donneront tous les éléments. En tout cas, j'ai tiré de cette étude la conclusion qu'il fallait que j'intéresse le spectateur avec autre chose que ma bouille. C'est pourquoi, chaque fois que je le peux, je parle à côté de quelque chose de symbolique ou de pittoresque qui attirera l'œil. Un drapeau américain, un monument historique ou un arbre, par exemple le plus vieux baobab du pays. Ou bien une peluche de Mickey. Ou encore les chutes du Niagara. Comme ça, j'ai une chance que l'on me regarde un peu. »

Un deuxième confrère, acide : « Vous avez peur que les gens soient trop bêtes pour s'intéresser à votre discours ou pour le comprendre ? »

Reagan : « Pas du tout. Mais j'ai peur qu'ils n'y prêtent pas assez attention. Nous autres politiques, nous faisons du bruit pour rien. Dans mes interventions, je répète tout le temps la même chose. Il y a une chance qu'on retienne ce que je dis. »

Le même deuxième confrère, de plus en plus agressif : « Mais comment pouvez-vous espérer remonter quand votre cote de popularité est si basse que vous allez bientôt trouver du pétrole ? »

Reagan : « J'exécuterai tous mes concurrents dans les débats télévisés. Ce sont des innocents. La télé est une arme de destruction massive. Ils ne savent pas s'en servir. Tenez, moi, par exemple, quand je me trouve, à la télévision, devant des journalistes comme vous, je baisse toujours la tête, pas en signe de soumission, mais pour mettre les gens de mon côté. Je veux leur montrer que je reste modeste, que je ne perds pas mes nerfs devant votre haine ou vos préjugés, et qu'en même temps, je reste de bonne humeur, une façon de montrer que rien ne me fera jamais dévier du chemin que je me suis fixé. »

Il était honni par quasiment tous les artistes, intellectuels, journalistes, avocats, élites du pays. Par tous mes amis aussi. Rien ne semblait l'ébranler, ni l'hystérie, ni le mépris qu'il provoquait. Il les attisait même, avec un mélange d'indolence et d'indifférence. Avec son éternelle bonne humeur aussi. « Les chiens aboient, la caravane passe », plaisantait-il, une formule ontologiquement gaullienne.

Tel était Ronald Reagan : humble, drôle et prosaïque. Implacable aussi, on s'en rendra compte peu après son élection quand, à la surprise générale, il licencie onze mille aiguilleurs du ciel qui, violant la loi, se sont mis en grève et les remplace provisoirement par des militaires. Personne n'avait cru qu'il mettrait sa menace à exécution, ce qui, de l'avis général, devait provoquer des catastrophes aériennes. Elles ne se produisirent pas : l'armée fit le nécessaire.

« Chérie, j'ai oublié de me baisser »

J'avais passé une journée avec lui, dans le bus du *Reagan trail* sans songer un seul instant, comme les autres reporters, à profiter de l'occasion pour l'interviewer. Pourquoi perdre son temps ? Il était donné battu à tous les coups, on vous le dit. En plus, à en croire les confrères, il était stupide. C'est ce jour-là que je compris qu'on ne peut bien faire ce métier qu'à condition de prendre ses distances avec les moutons de Panurge du journalisme.

Parce qu'ils la confondent souvent avec le cynisme, fût-il lourd, les mêmes s'extasiaient devant « l'intelligence » de Henry Kissinger que j'ai rencontré à plusieurs reprises au cours de mes années américaines. Ses Mémoires sont épatants. Pour le reste, kleptomane de grands chemins, pilleur d'hôtels, de bonnes formules, d'analyses stratégiques, ce Narcisse avantageux et péremptoire était la preuve vivante qu'il n'y a pas plus bête qu'un homme très intelligent.

Mitterrand, bien sûr, admirait Kissinger. Dans les années 1990, alors que je lui parlais de Reagan, le président français m'avait dit en dessinant un zéro avec son pouce et son index : « Il n'a aucune conversation. J'avais l'impression qu'il ânonnait des phrases apprises, sans comprendre ce qu'on lui avait dit de dire. Même les blagues qu'il racontait et qui n'étaient pas toutes mauvaises, il n'était pas capable de les improviser. Elles étaient écrites sur des petits cartons qu'il tirait de temps en temps de sa poche, pour les consulter. »

Débile, Reagan ? Je n'en croyais rien, après avoir vu l'ancien gouverneur de Californie, as du tac au tac, improviser dans son bus des tirades sérieuses ou des histoires drôles que j'eus le tort de ne pas noter. J'y croyais moins encore quand je l'ai ensuite vu exécuter George Bush père dans le débat qui précéda la primaire du New Hampshire, en amenant avec lui, grand seigneur, les autres candidats qui avaient été exclus par les organisateurs. Ou encore quand il fuma, c'est le mot, John Anderson, rival qu'il appela « John » tout au long de leur duel télévisé et qui lui donnait du « Mister Governor » jusqu'à ce qu'il lui demande à la fin, l'air innocent, pourquoi il prenait ses distances avec lui alors qu'ils étaient des amis de toujours.

À l'observer, aucun tourment n'habitait son visage buriné de cow-boy, calciné comme du bois mort par le soleil californien. C'était à peine si une pensée passait parfois dessus, comme une mouche furtive, et ça provoquait alors un petit froncement de sourcils, comme s'il n'avait pas l'habitude. Mais son regard n'était jamais vide, qui pétillait, et il souriait sans cesse en dodelinant de la tête. Il était trop heureux pour réfléchir longtemps.

Conscient de ses limites, il cherchait à compenser ses déficits cognitifs ou conceptuels en s'entourant toujours des meilleurs. Avant de trancher, il se faisait expliquer les choses, plutôt deux fois qu'une. S'il surjouait le bon gars, il ne lui déplaisait pas de passer, comme Chirac, pour un imbécile, notamment auprès des journalistes, profession qui le détestait et qu'il ne cherchait pas à séduire, la cause était perdue, mais qu'il feignait de respecter.

Reagan a rapidement été dépassé par son propre personnage. Après l'attentat par revolver de calibre 22 Long Rifle dont il fut victime, le 30 mars 1981, au début de sa présidence, et qui aurait pu lui coûter la vie, il est entré dans la légende parce que, gravement blessé, il a fait preuve d'un grand sang-froid tout en improvisant des blagues qui ne pouvaient pas lui avoir été préparées par ses conseillers en communication. Un festival de « reaganeries ».

Souffrant d'une perforation du poumon et de plusieurs hémorragies internes qui lui ont fait perdre beaucoup de sang, Reagan s'excuse d'abord auprès de sa femme : « Chérie, j'ai oublié de me baisser. » En entrant au bloc, il lance aux chirurgiens qui vont l'opérer : « J'espère que vous êtes tous républicains. » À son réveil, alors qu'il est encore intubé et ne peut pas parler, il écrit sur un papier à une infirmière : « Si j'avais fait l'objet d'autant d'attentions à Hollywood, je serais resté là-bas. »

S'il avait le sens du sacré, Reagan ne s'est jamais laissé étouffer par l'esprit de sérieux. Le 11 août 1984, il commence ainsi son discours hebdomadaire à la radio : « Chers concitoyens, j'ai le plaisir de vous annoncer que j'ai signé une loi qui va bannir la Russie pour toujours : nous lançons les bombardements dans cinq minutes. » Croyant faire un test son avant sa déclaration, il ne savait pas qu'il était déjà en direct. L'Union soviétique s'est aussitôt mise en état d'alerte avant de comprendre son erreur.

Quelques semaines plus tard, Reagan, candidat à sa succession et largement favori, est sérieusement malmené par son rival démocrate, Walter Mondale, lors d'un débat télévisé. Il reprend facilement la main au suivant. Au présentateur-journaliste qui lui pose la question de son âge (soixante-treize ans à l'époque), il déclare avec componction devant Mondale qui éclate de rire, comme tous les Américains : « Vous devez savoir que je ne ferai pas de l'âge un élément de cette campagne. Je ne suis pas disposé à exploiter, à des fins politiques, la jeunesse et le manque d'expérience de mon adversaire. »

Il a soixante-dix ans quand il entre, en 1981, à la Maison-Blanche dont il sortira, après deux mandats, en 1988. Son âge aura été le principal point d'attaque de ses opposants mais aussi, sans doute pour désarmer ceux-ci, l'un des sujets les plus fréquents des blagues de Reagan. « Vieillir, c'est trois choses, s'amuse-t-il. La première, c'est perdre la mémoire. Les deux autres, je ne m'en souviens plus. » Dans une réunion internationale, alors qu'une rumeur le dit atteint de ramollissement cérébral, il tient un discours incohérent de quelques minutes avant d'éclater de rire devant les mines consternées de ses homologues.

Éternel farceur, Reagan aura été, avec Roosevelt et Kennedy, l'un des grands présidents américains du XXe siècle. Sans doute parce que, sous son air bonasse, voire bêta, de *good guy* à la James Stewart, l'un de ses meilleurs amis acteurs, il y a une volonté de fer. C'est tout le contraire d'un « arrangeur », mot qui était une insulte dans la bouche du général de Gaulle. S'il garde son humanité d'ancien démocrate rooseveltien, il va toujours au bout de ses nouvelles convictions et se fiche de l'opinion des médias.

« J'aime encore beaucoup Roosevelt pour qui j'ai voté quatre fois, m'a-t-il dit lors de notre mémorable voyage en bus. Mais j'ai quitté les démocrates en 1962 parce que je pensais qu'il fallait donner de l'air au pays. Il y a un temps pour tout, un temps pour réguler, un autre pour déréguler. » Malgré sa philosophie relativiste, il y a du don Quichotte, quand il se lance à l'assaut des moulins à vent, ceux du communisme en particulier, n'hésitant pas à appeler l'Union soviétique « l'Empire du Mal ». Reagan ou l'homme qui n'a jamais peur de rien.

La plupart des médias du monde se sont ridiculisés en présentant le président américain comme un « va-t-en-guerre » quand, le 23 mars 1983, il lança son Initiative de défense stratégique (IDS), communément appelée « guerre des étoiles », un projet qui, rendant caduque la doctrine de l'équilibre de la terreur, était censé « protéger les États-Unis par un bouclier spatial, identifiant et anéantissant tout missile venu de la haute atmosphère ». Ce n'était pas un leurre. Il faisait suite à l'observation par Reagan, lors de la visite d'un bunker de commandement, que les États-Unis étaient incapables de stopper les missiles qu'ils détectaient.

La « guerre des étoiles » a rendu tout le monde fou. Les Soviétiques qui comprenaient qu'elle ruinerait leurs anciennes stratégies d'accumulation de missiles nucléaires. Le chanteur Sting qui, dans son titre « Russians », fredonnait des paroles de paix pour prévenir le conflit mondial qu'il voyait venir. La gauche et la droite européennes qui avaient peur de tout, qui répétaient en chœur les mêmes fadaises. Nos chers intellectuels qui annonçaient déjà avec trémolos la troisième guerre mondiale qu'allait provoquer Reagan, c'était écrit.

Quand il apparut que l'Union soviétique ne pouvait plus suivre le rythme, Reagan abattit ses cartes. Au sommet de Reykjavík, le 11 octobre 1986, il proposa la botte à Mikhaïl Gorbatchev, numéro un soviétique, secrétaire général du Parti communiste : un traité de désarmement éliminant d'Europe tous les missiles à portée intermédiaire dont la plupart seraient ensuite détruits. Un grand pas vers la paix.

« Ce jour-là, me raconta Youri Doubinine, l'ambassadeur soviétique à Washington qui participait au sommet, il y eut des mouvements divers dans la délégation : apparemment, à part George Shultz, le secrétaire d'État, personne n'était au courant de l'initiative que prendrait leur président. » « Sans une personnalité aussi forte que Ronald Reagan, je ne crois pas que le processus se serait développé », me confirmera Gorbatchev dans un entretien au *Figaro*[1]. Les médias s'étaient encore fourvoyés : l'abominable belliciste n'était, en réalité, qu'une blanche colombe.

Le coup de bluff de Reagan a fonctionné : il a précipité la chute de l'empire soviétique. En observant de près le président américain, j'ai compris que les Français étaient dans l'erreur

1. *Le Figaro*, le 1er juin 1993.

quand ils privilégiaient « l'intelligence » en politique. Ils la confondent avec le brio, l'aisance ou la vista alors que les trois qualités premières, dans le métier des gouvernants, sont la volonté, la capacité à déléguer et, comme dans toutes les autres professions, l'aptitude à changer d'avis – soit dit en passant, trois attributs dont de Gaulle était bien pourvu.

34

POUR UNE POIGNÉE DE DIAMANTS

> Je n'ai jamais détesté un homme après une rupture au point de lui rendre ses diamants.
>
> ZSA ZSA GABOR

Comme s'il avait besoin de haïr pour gagner, Mitterrand est doté d'un trait de caractère qui n'a jamais cessé de me fasciner : sa capacité à diaboliser l'adversaire qu'il cesse d'agonir à l'instant même où cet adversaire est à terre. Il exècre Giscard avec une rage qui, souvent, me semble surjouée.

Sous Giscard, la démocratie est menacée, tout comme la République, l'économie, l'esprit français, voire l'avenir du pays. À écouter Mitterrand, on dirait que le président est un trafiquant de diamants qui s'apprête à restaurer la monarchie despotique : la victoire de la gauche est une affaire de vie ou de mort pour la France.

Pour l'emporter, Mitterrand a d'autres atouts dont le moindre n'est pas son alliance objective avec Chirac qui entend faire tomber Giscard, en espérant prendre la suite. Le maire de Paris est habité par la même détestation. Il a été jusqu'à dîner avec le premier secrétaire du PS, en novembre 1980, chez une amie commune, Édith Cresson.

C'est, bien malgré lui, grâce à Chirac que j'ai pu confirmer, avec moult détails, dans une biographie à lui consacrée, la rumeur qui courait depuis plusieurs années sur ce fameux dîner. J'acquis la conviction qu'il avait rencontré secrètement Mitterrand, à la fin d'un entretien avec lui, à l'Hôtel de Ville. Alors qu'il me raccompagnait à la porte de son bureau, je lui demandai négligemment, avec l'air de penser à autre chose, une méthode qui n'est pas sans rappeler celle du lieutenant Columbo de la série télévisée :

« Je commence à avoir des éléments très intéressants sur votre dîner avec Mitterrand en 1980. »

C'est ce qu'on appelle prêcher le faux pour savoir le vrai. Il serra les dents, prit mon bras, m'entraîna dans un coin et murmura, à quelques centimètres de mon visage :

« Ne me dites pas que vous croyez à cette histoire à la mords-moi-le nœud. »

Puis, les yeux dans les yeux, quasi haletant, en me tapant dans la main, paume contre paume :

« Je vous donne ma parole d'honneur que cette rencontre n'a eu lieu que dans l'imagination de personnes qui me veulent du mal. »

Certes, il ne m'avait pas juré que c'était faux sur la tête de ceux qui lui étaient les plus chers, mais c'était tout comme. Je sens encore son souffle dans mes narines. Le maire de Paris mentait beaucoup, mais souvent mal, en particulier quand il utilisait le ton péremptoire, exagérateur, qu'il avait ce jour-là. C'est alors que j'acquis la conviction qu'il avait dîné avec Mitterrand. Il ne me restait plus qu'à voir tous les protagonistes, en espérant que l'un d'eux laisserait traîner le bout de fil qui me permettrait un jour, en vérifiant auprès des autres, de tirer toute la pelote.

De quoi Chirac et Mitterrand ont-ils parlé ce soir de novembre 1980 ? À en croire les confidences de Mitterrand à Giscard, trois semaines avant sa mort et qui confirment mes informations publiées une dizaine d'années plus tôt, le maire de Paris lui aurait dit que VGE était « un danger pour la France », laissant entendre qu'il ferait tout pour le faire battre à la prochaine présidentielle[1].

À moitié allongé sur son lit médicalisé, Mitterrand, pour retourner le couteau dans une plaie toujours saignante, assura à Giscard qu'il devait sa victoire au maire de Paris : « Je n'ai été élu que grâce aux 550 000 voix que m'a apportées Chirac au deuxième tour. Vous n'avez qu'à regarder les chiffres. Sans ces [...] voix qui ont changé de camp, je ne pouvais pas être élu. »

Le deuxième atout de Mitterrand est l'inflexibilité de Giscard qui n'a envisagé à aucun moment de tendre la main à Chirac pour négocier avec lui les conditions de son ralliement au second tour. « De Gaulle le Petit » n'entend pas s'abaisser à échafauder des compromis avec un personnage qu'il exècre et qui le lui rend bien. Un jour que j'évoquais cette « erreur », mal m'en a pris, VGE se mit en colère :

« Il y a longtemps que je n'ai pas entendu une telle stupidité. Vous ne comprenez rien à la politique, mais rien de rien ! Voyons, c'était totalement impossible de faire quoi que ce soit ensemble !

— À cause du niveau de haine entre vous deux, oui ! Mais quand on veut gagner, la haine, on l'enterre avec la

1. V. Giscard d'Estaing, *Le Pouvoir et la Vie*, *op. cit.*, t. III, *Choisir*, 2006.

hache de guerre. Vous étiez en position de force. C'était à vous de faire le premier pas, si besoin en prenant la droite à témoin. »

Après qu'il eut proféré, la mine atrabilaire, une série de considérations très désagréables sur ma jugeote politique, la conversation s'arrêta là et Giscard m'infligea une bouderie mitterrandienne qui dura plus d'un an.

Le troisième atout de Mitterrand : contre toute attente, Giscard a gardé Barre à Matignon. Alors que le deuxième choc pétrolier frappe le pays de plein fouet, la popularité du Premier ministre est en berne, comme l'économie, même si l'équilibre des comptes, le contrôle de l'inflation et le redressement du commerce extérieur font de la France, pour peu de temps encore, un modèle de bonne gestion.

Pressé par les siens, Giscard songe à changer le locataire de Matignon. Trois noms s'imposent à ses yeux : Alain Peyrefitte, Jean Lecanuet et Joël Le Theule, un député gaulliste antichiraquien dont il a fait son ministre de la Défense et qui a sa préférence. Au début de l'année 1980, quand il évoque avec Barre la perspective de son remplacement, l'intéressé se cabre. « Il voulait rester à Matignon de toutes ses fibres, m'a rapporté Giscard. Je n'ai pas voulu lui donner le sentiment que je le désavouais. J'étais tellement d'accord avec sa politique ! »

« Vous n'imaginez pas le général de Gaulle s'expliquer ! »

Le quatrième atout de Mitterrand est la succession de faux pas de Giscard. Parmi ses fautes, la moindre n'est pas sa passivité devant la campagne abjecte lancée contre lui après l'attentat à la bombe contre la synagogue de la rue Copernic, le 3 octobre 1980, qui a fait quatre morts dont « trois passants » selon VGE – « des Français innocents », avait précisé Barre, rappelons-le, dans une déclaration improvisée, restée tristement célèbre, où il se déclare « plein d'indignation à l'égard de cet attentat odieux qui voulait frapper des israélites qui se rendaient à la synagogue et qui a frappé des Français innocents qui traversaient la rue Copernic ».

L'inconscient a-t-il parlé ? On croirait entendre un ministre de Pétain pendant l'Occupation. Mais bon, quand il prononce ces paroles, Barre, de retour de Lyon, semble épuisé, ailleurs. C'est Giscard qui va prendre pour lui. L'opposition reproche au chef de l'État de n'avoir pas réagi alors qu'il a écrit sans attendre son « indignation » au grand rabbin Kaplan. Il est surtout accusé, à mots couverts, d'avoir été complice de cette attaque antisémite.

Longtemps attribué à grands cris et sans preuve à une fantomatique internationale néonazie alors qu'il a été établi, depuis, qu'il relevait du terrorisme palestinien, l'attentat de la rue Copernic a permis à la gauche qui ne recule plus devant rien de dénoncer, à l'instar de Chevènement dans *Le Monde*, « la véritable osmose » entre l'extrême droite et « une partie du personnel dirigeant giscardien ». On touche le fond. Si Mitterrand, prudent, s'est contenté de laisser dire, il a beaucoup engrangé sur cette affaire.

Le premier secrétaire du PS n'a pas peu profité aussi du tropisme soviétique de Giscard qui, en matière de politique étrangère, s'est souvent mis dans les pas du Général. VGE se targue trop d'avoir une bonne relation personnelle avec Leonid Brejnev, le secrétaire général du Parti communiste d'URSS, un Slave alcoolique et « affectueux », qui se dit convaincu que le communisme régnera sur la terre... jusqu'en « 1995 ».

Après l'invasion de l'Afghanistan par l'Armée rouge, le 24 décembre 1979, Giscard tarde à dénoncer l'opération russe, qualifie les combattants afghans de « rebelles » et se rend quelques mois plus tard à Varsovie, au grand dam de la communauté occidentale, pour y rencontrer le numéro un soviétique. Un sommet où VGE n'obtient rien, même pas une promesse de retrait, mais dont Brejnev sort avec l'auréole d'une caution occidentale, politique, sinon morale. Six mois plus tard, il fait savoir au chef de l'État français qu'il va retirer certaines troupes en Afghanistan et que Giscard peut l'annoncer, ce qu'il s'empressera de faire. Mauvaise pioche : si des unités ont été effectivement rapatriées en URSS, elles ont été aussitôt remplacées. C'était une basse opération d'intox qui permettra à Mitterrand de traiter le président sortant de « petit télégraphiste de Brejnev », un surnom qui fera florès.

Quant à la *Pravda*, le journal officiel du pouvoir soviétique, elle ne cesse de s'extasier devant Giscard dont elle vante le « sang-froid » et célèbre, à quelques jours du scrutin, « l'autorité personnelle » qui aurait permis de consolider les positions de la France dans le monde. N'est-ce pas la meilleure preuve que le candidat de l'URSS est bien VGE et non pas Mitterrand ? Le candidat de la gauche saute sur l'occasion pour éloigner le spectre socialo-communiste et annoncer qu'en cas de victoire, l'entrée des communistes ne serait « ni raisonnable, ni juste [...] tant que les dirigeants du PCF resteront éloignés de l'union de la gauche qu'ils ont brisée ».

Enfin, le cinquième atout de Mitterrand est de taille, si j'ose dire : l'affaire des diamants que l'opposition a utilisée contre Giscard sans retenue ni vergogne. Lancée par *Le Canard enchaîné* qui l'accuse, le 10 octobre 1979, d'avoir reçu une plaquette de trente carats un an avant son élection à la présidence, elle prend une dimension systémique quand *Le Monde* s'en empare et la traite comme un scandale d'État avec, en prime, un éditorial assassin.

Giscard est sonné, sidéré. Il a dîné la veille avec Jacques Fauvet, le directeur du *Monde*, qui était tout sourire et ne lui avait rien dit. Alors que les médias le pressent de répondre, il demande à ses collaborateurs de s'en tenir à la « vérité » : « Que Bokassa m'a remis des cadeaux comme il le faisait à ses visiteurs. Que je n'y ai pas attaché d'importance. Et que cela n'a pas pesé sur mes décisions. D'ailleurs, on l'a bien vu[1] ! »

En effet. Au pouvoir depuis son coup d'État de 1965, l'empereur Bokassa Ier, par ailleurs maréchal et président de la République centrafricaine, a été renversé quelques semaines plus tôt, lors de l'opération Caban organisée par la France, puis emmené de force au Tchad avant d'être exfiltré en Côte d'Ivoire. Celui qui appelait, pour leur grand déplaisir, de Gaulle « papa » et Giscard « mon cher parent », symbolise les errements de la politique de la France en Afrique.

Giscard se dit « ensorcelé par l'Afrique », « immense continent maternel et immuable, exactement semblable à ce qu'il était avant l'apparition de l'homme[2] », qui est aussi, depuis des années, son terrain de chasse. À l'antilope et à l'éléphant. « L'Afrique m'avait donné tant de bonheur, disait VGE. Il fallait bien qu'un jour, elle m'apporte un

1. V. Giscard d'Estaing, *Le Pouvoir et la Vie*, *op. cit.*, t. II, *L'Affrontement*, 1991.
2. V. Giscard d'Estaing, *Le Pouvoir et la Vie*, t. III, *Choisir*, *op. cit.*

malheur. » Ce malheur aura le visage de Jean-Bedel Bokassa pour qui la vengeance est un plat qui se mange chaud, voire bouillant. Il pourrira la fin du septennat de Giscard.

On est loin de l'affaire du siècle : en fait de diamants de trente carats, il s'agit de pierrailles, sans doute distribuées à la venvole à une photographe et à d'autres petites amies du moment. On est dans la légèreté, pas dans la prévarication. Si cette affaire a coûté cher à Giscard, c'est parce qu'il a d'abord opposé un silence méprisant aux questions de la presse avant de s'en tenir à des formules creuses : « Il faut laisser les choses basses mourir de leur propre poison. » Souvent présenté comme un as de la communication, il a aggravé son cas en donnant le sentiment qu'il était coupable, par ses évitements, ses dérobades.

« Contre l'évidence, il n'arrivait pas à croire que les Français pourraient prendre cette affaire au sérieux, se souvient Anne Méaux, alors jeune conseillère de l'Élysée. Il balayait toutes les objections d'un revers de main et, hélas, le courage de dire n'était pas la vertu première de ses collaborateurs. »

À juste titre, Giscard n'était pas peu fier de son bilan où s'imposaient, en dehors du redressement économique, le programme nucléaire qui devait assurer l'indépendance énergétique de la France, la révolution des télécoms ou la création de l'Agence spatiale européenne. Sans parler du musée d'Orsay et de la Cité de la Villette qui seraient inaugurés par son successeur.

Cette affaire de diamants, c'était à ses yeux de la pure calomnie, du mauvais journalisme. Après sa défaite, le 4 juin 1981, quand Philippe Sauzay, son ancien chef de cabinet devenu préfet de la Sarthe, lui demande pourquoi il ne s'est jamais défendu, Giscard s'indigne : « Mais enfin, vous n'imaginez pas le général de Gaulle s'expliquer ! Un président de la République ne répond pas à des attaques d'une telle bassesse. »

Battu au second tour par Mitterrand qui obtint 51,76 % des suffrages exprimés, Giscard était sûr, jusqu'au bout, qu'il serait réélu. Décidément d'un autre âge, il croyait à la méritocratie, à ce qu'il appelait « le bon gouvernement ». Dix ans plus tard, Philippe Boucher, le dandy très doué, favori du directeur, qui avait mené la campagne antigiscardienne du *Monde*, était nommé au Conseil d'État par la grâce du président Mitterrand. Le crime était enfin signé.

Après quoi, Giscard a passé le reste de sa vie, soit trente-neuf ans et demi, au Purgatoire. C'est long, surtout vers la fin. Mais son biographe, Georges Valance, a sans doute raison de conclure sa grande biographie en soulignant que la rémission des péchés a fini par faire œuvre, laissant apparaître aujourd'hui, par-dessus les erreurs et les caricatures, « l'action réformatrice » et la « vision » qui a nourri « de Gaulle le Petit » : « plus de démocratie, plus de libéralisme, plus de modernité[1] ».

1. G. Valance, *VGE, une vie*, *op. cit.*

35

LE SACRE DU PRINTEMPS

> Trop de morceaux de musique se terminent trop longtemps après la fin.
>
> IGOR STRAVINSKY

Sous le soleil de la ferme familiale, à La Capelle, la vie reprend son cours après le grand sommeil de l'hiver : une constellation de pâquerettes a envahi le clos où les merles donnent leur concert annuel, accompagnés par les pinsons, les mésanges charbonnières et, le soir, les hirondelles de retour qui balaient et nettoient le ciel.

« Oh, je sens qu'on va bien rigoler », dit ma mère, chapeau de paille sur la tête et binette à la main, un brin d'herbe entre les dents. La victoire de Mitterrand ne la rend pas folle de joie. Pour elle, c'est le triomphe du cynisme sur la morale. Ma mère, je l'ai dit, est une militante rocardienne enragée mais, contrairement à moi, elle a voté pour le candidat de la gauche et fait contre mauvaise fortune bon cœur.

« Mitterrand n'a pas tort, consent-elle. On ne fait rien en politique avec des bons sentiments. J'espère qu'il va liquider les communistes et la gauche de la gauche. Si la victoire pouvait débarrasser à jamais le PS de tous ses connards, Guevara de cour d'école, demi-sel marxistes, tarés du Grand Soir, ce serait une aubaine. Après, tu verras, viendra le temps des gens raisonnables, peut-être même de Rocard. »

Venu des États-Unis pour une visite rapide, je retiens surtout de mon passage dans la France mitterrandienne de 1981 une chanson avec laquelle je reviens aux États-Unis et que je fredonnerai pendant des mois, dans la salle de bains, en voiture, partout : « Vertige de l'amour » d'Alain Bashung.

Désir fou que rien ne chasse
Le cœur transi reste sourd
Aux cris du marchand de glace
Non, mais t'as vu ce qui passe
J'veux le feuilleton à la place
Vertige de l'amour[1]

Sortie quelques semaines avant la victoire de Mitterrand, « Vertige de l'amour » exprime bien le grand frisson que ressent alors la France. Vertige du triomphe, vertige de la défaite aussi : Giscard a raté sa sortie. Le 19 mai 1981, il fait une apparition lunaire à la télévision pour dire ses adieux aux Français. Si l'air et la voix sont lugubres, ce qui peut se comprendre, il n'y a rien à redire sur le texte de l'allocution, excellente contrairement à ce qui a été beaucoup dit, où il souhaite bonne chance à Mitterrand avant d'espérer que la Providence veille sur la France, « en ces temps difficiles où le mal rôde et frappe le monde ».

1. Alain Bashung et Boris Bergman, « Vertige de l'amour », extrait de l'album *Pizza*, Philips Records, 1981.

La faute originelle du Panthéon

L'erreur de Giscard est d'avoir encore voulu faire « original » et dérogé aux soi-disant règles de la bienséance en se levant de son fauteuil, le discours terminé, après un « au revoir » solennel qui s'est fait attendre, précédé qu'il fut par un blanc avec un plan fixe. Filmé de dos, le président sortant, c'est le cas de le dire, s'est ensuite esbigné par la porte du salon de l'Élysée d'un pas lent, sous l'œil de la caméra, soit une quinzaine de secondes de silence assourdissant. Effet mélodramatique garanti…

Et tempête dans le verre d'eau médiatico-parisien. Quand on a perdu, il est recommandé de prendre la porte de service, bouche cousue, de préférence la tête basse, et qu'on n'en parle plus ! Un communiqué aurait suffi. Le 21 mai, après la passation de pouvoir avec Mitterrand, Giscard récidive en décidant de partir à pied pour rejoindre son fils Henri qui l'attend dans une voiture. Sur le chemin, dernière humiliation : les huées de socialistes déchaînés couvrent les applaudissements des giscardiens venus le saluer.

Comparé au chef de l'État sortant, le nouveau se comporte en professionnel, comme s'il avait fait le métier de président toute sa vie. Il est vrai que ses amis de la CIR comme Louis Mermaz l'appelaient depuis longtemps « président » et qu'il aimait ça, à en juger par les légers rengorgements que je croyais voir sur son cou quand il entendait ce mot. On aurait pu penser que Mermaz se moquait, tant l'homme est subtil et drôle, mais non, il voulait faire plaisir, non sans ironie, bien sûr.

Président, oui, mais de quoi ? Mitterrand n'avait présidé que des organisations politiques comme la CIR ou bien… le conseil général de la Nièvre. En tout cas, en cette journée historique du 21 mai, l'homme qui était déjà président avant de devenir président garde le menton levé, tient tout le monde à distance et respecte le protocole à la lettre. Ponctué par vingt et un coups de canon tirés depuis les Invalides, son discours d'investiture est d'une grande sobriété. Avec une phrase à retenir pour les générations futures : « C'est au peuple que le pouvoir est donné. »

Sur la liste des invités au déjeuner figurent tous ses amis de l'Internationale socialiste avec lesquels Mitterrand me conviait régulièrement à partager un repas lors des réunions de la social-démocratie : Willy Brandt, Felipe González, Mário Soares ou Olof Palme, qui sont devenus mes copains, pardonnez cette bouffée de fatuité, mais je les aimais tant. Manquent à l'appel deux fortes têtes, héros du président élu et de la guerre d'indépendance d'Israël, Golda Meir et Yigal Allon. Ils ont été rappelés au Ciel depuis peu. Jack Lang a également convié à la fête plusieurs visages de la littérature mondiale et nobélisable : William Styron, Elie Wiesel, James Baldwin ou Gabriel García Márquez. Sans oublier Françoise Sagan que, comme Pompidou, le nouveau chef de l'État adore.

Le président se perd dans la crypte

Tout se serait bien passé sans la faute de goût du sacre du Panthéon, l'une des cérémonies les plus grotesques de la présidence de Mitterrand qui en comptera pas mal. Il souhaitait qu'un évènement marquât le coup, en fin d'après-midi, en symbolisant la première journée de son règne. L'architecte Christian Dupavillon, qui fait déjà office de boîte à idées de Lang, avait bien suggéré de planter des arbres de la Liberté, une vieille tradition de la Révolution qui condamnait même à mort les arracheurs, comme ce cas à Bedoin, dans le Vaucluse. « On ne plante pas des arbres en mai », trancha le nouvel élu, ami des forêts.

Dupavillon avait aussi proposé la visite d'un lycée du Quartier latin, ce qui aurait permis de faire de « belles images », montrant le nouveau président à la rencontre de la jeunesse de France. Apparemment, c'était trop banal pour Mitterrand qui voulait quelque chose de grandiose. Quand Jack Lang avance l'idée qui circule depuis quelques jours de rendre hommage aux grands personnages de l'Histoire enterrés au Panthéon, il reçoit l'assentiment immédiat du président élu. Sur le papier, c'était parfait. À condition de rester simple. Mais tout s'est gâté quand il fut décidé de faire compliqué, d'autant que l'évènement devait être couvert par les chaînes de télévision, quasiment en mondovision. Selon l'acteur Roger Hanin qui a fait la répétition à la place de Mitterrand, son beau-frère, c'était « une mise en scène à la Eisenstein », un temps cinéaste officiel du stalinisme, une succession de plans fixes, qui avait été imaginée. Tout est dit.

Il était prévu que Mitterrand emprunte la rue Soufflot pour arriver seul, deux roses à la main, devant les marches du Panthéon. Mais derrière lui, la foule déchaînée des huiles et de la piétaille mitterrandistes le rattrape, le pousse, n'est pas loin de le submerger. Les organisateurs sont dépassés. Et voilà que surgissent, soudain, les douze motards de la Garde républicaine qui accompagnent la voiture dans laquelle le chef de l'État montera après la cérémonie. Première catastrophe.

Le chef d'orchestre Daniel Barenboïm est furieux. Un peu de respect pour les artistes, saperlotte ! Chargé de diriger l'interprétation de l'« Hymne à la joie » de Beethoven, il avait prévenu : si les ronflants ou vrombissants motards passaient devant ses musiciens, il arrêterait de les faire jouer. Il met sa menace à exécution. C'en est fini du savant minutage qui avait programmé que Mitterrand sortirait du Panthéon, après son dépôt de roses, au moment où retentiraient les notes du final du dernier mouvement de la 9e Symphonie.

Dupavillon avait décidé que le président se rendrait dans la crypte sans personne autour de lui pour déposer une rose sur chaque tombe de trois héros de l'Histoire de France : Jean Moulin, Jean Jaurès et Victor Schœlcher. Un fonctionnaire du Panthéon devait guider ses pas sans apparaître à la caméra, tandis qu'un jeune militant socialiste, caché derrière une colonne, lui glisserait une fleur entre les mains. À un moment donné, panique : le président a disparu des écrans de contrôle de Serge Moati, le metteur en scène du spectacle, il s'est perdu dans les sous-sols. Deuxième catastrophe.

On le retrouvera. Quand, enfin, Mitterrand apparaît en haut des marches du Panthéon après avoir fleuri les trois tombes, l'orchestre vient à peine de reprendre l'exécution de l'« Hymne à la joie ». Le président ne peut pas rester à poireauter, le temps que le morceau se termine : il a l'air fin, avec sa rose, fin et prudhommesque. Troisième catastrophe. Ordre est alors donné à Barenboïm d'accélérer le rythme, ce qu'il refuse, il va de soi, quand une pluie salvatrice emporte tout, les émotions, les cafouillages.

Ce qui a rendu la déambulation mitterrandienne si comique, ce ne sont pas tant les incidents de parcours que l'emphase ubuesque du cérémonial et l'expression grave, très pénétrée, du nouveau président, la fleur à la main. En tout cas, le ridicule n'a pas tué Mitterrand, il tue rarement à gauche où l'on a eu tôt fait de le transformer en épopée, ce à quoi s'employa Barbara qui, dans sa chanson « Regarde », s'extasie que « l'air semble léger » alors que l'homme seul, une rose à la main, « étoile à son destin », est devenu des milliers qui marchent émerveillés dans la lumière.

Barbara n'a pas eu la berlue. Elle ne s'est pas forcée non plus pour célébrer le président des artistes, écrivains, cinéastes, théâtreux, architectes, cultureux. Il les aime et ils l'aiment – enfin, pour le moment. S'il est un domaine où Mitterrand réussira, ce sera bien celui-là, avec éclat qui plus est, grâce, entre autres, à Jack Lang.

36

DE L'OMBRE À LA LUMIÈRE

> L'amour, c'est comme le potage : les premières cuillerées sont trop chaudes, les dernières sont trop froides.
>
> JEANNE MOREAU

Selon que l'on était de droite ou de gauche, l'air n'avait pas la même saveur, le ciel n'était pas de la même couleur. Après la victoire de la gauche, un vent de folie a soufflé sur la France, réveillant ses passions tristes, mettant les vérités d'avant cul par-dessus tête. Une partie du pays était convaincue que l'heure des soviets avait sonné, que les chars russes arriveraient bientôt place de la Concorde ; l'autre partie croyait que le régime qui venait d'être renversé était monarchiste et fascistoïde.

Toutes proportions gardées et les morts en moins, ce fut l'une de ces périodes paranoïaques de l'histoire de France où, comme pendant la Révolution de 1789, la Commune de 1870 ou la Libération de Paris, les passions ont aveuglé la raison. Tout le monde régresse, la presse devient folle, les anathèmes volent, les délateurs et les calomniateurs sortent de leur repaire pour dénoncer les mauvais citoyens.

Je me souviens de m'être éloigné d'amis socialistes dont je ne pouvais pas souffrir l'inextinguible babillage, les obsessions purificatrices.

Quand on se voyait à dîner, ils ne cessaient de pester contre la « faiblesse » insane du pouvoir : qu'attendait cette gauche molle, disaient-ils, pour virer les présentateurs télé, les hauts fonctionnaires, les professeurs d'économie, tous ces serviteurs de l'ancien régime qui continuaient tranquillement d'exercer leurs fonctions, comme s'il ne s'était rien passé le 10 mai ? Ils rêvaient de limogeages, de procès en place publique, de séances d'autocritique, d'épuration idéologique. Pour un peu, ils auraient réinventé les Tribunaux révolutionnaires.

Il y avait dans le fond de l'air des miasmes d'un maoïsme qui n'aurait pas été criminogène, en tout cas dans un premier temps. Nous vivions un psychodrame à la française où la droite accuse la gauche – et inversement – de vouloir instaurer la dictature. Mais, à l'aube du règne de Mitterrand, ce qui pouvait rassurer, c'était que le socialisme se résumait alors, comme toutes les idéologies, à la plus vieille d'entre elles : « Ôte-toi de là que je m'y mette ! » Pécores, frivolets ou panouilles, les vainqueurs avaient tous faim de titres, de pouvoir. Sans oublier la voiture de fonction. L'air important, les yeux plissés vers l'avenir radieux et les sourcils froncés pour affirmer la profondeur de leur pensée, ils se croyaient au premier rang de l'Histoire en marche. Souvent, ils avaient l'expression grave et concentrée que j'appellerai mitterrandienne des enfants en train de pousser sur le pot. Ils étaient si tendus qu'ils ne souffraient pas la vue des fâcheux et des méchants qui les empêchaient de finir leur besogne. Pourvu qu'on leur donnât la place qu'ils convoitaient, ils allaient tout changer, la vie, la société, le monde, les panneaux indicateurs.

« Des têtes vont tomber »

C'était à rire et à pleurer. La machine à bêtises tournait à plein. Je m'étranglerai quand j'apprendrai que Jack Lang, le nouveau ministre de la Culture de la gauche, homme apparemment sensé, avait assuré, en présentant son budget devant l'Assemblée nationale : « Le 10 mai, les Français ont franchi la frontière qui sépare la nuit de la lumière. » Une phrase qui figurait dans son discours – qu'il n'avait sans doute pas écrit lui-même, il rédige rarement ses livres, articles ou discours – distribué aux journalistes mais qu'il n'a finalement pas prononcée, l'honneur est sauf.

Dans le genre boursouflé, Jean-Pierre Chevènement, le ministre de l'Industrie et de la Recherche, n'aura pas été en reste : « Si nous n'étions pas arrivés, la France était condamnée à disparaître en 1990. » Ces mots-là sont vraiment de lui. On se pince. C'était encore le temps où l'on croyait que la politique pouvait tout avant de décider trop vite qu'elle ne pouvait rien.

Jean Poperen, l'un des chefs de file de l'aile gauche du PS, aura bien mérité du « socialisme » à la mode soviétique pour avoir osé déclarer à l'Assemblée nationale, le 9 juillet 1981 : « La propriété privée des moyens-clés de l'économie nationale apparaîtra à nos descendants comme une curiosité aussi aberrante que nous semble aujourd'hui le système féodal. »

Au cours du débat sur les nationalisations, André Laignel, député socialiste, répondra à Jean Foyer, l'ancien garde des

Sceaux du Général, qu'il a « juridiquement tort, car il est politiquement minoritaire ». Et d'expliquer : « Est nécessité publique ce que le peuple souverain qualifie tel. Il n'existe aucune définition préalable, immanente, de la nécessité publique. »

Le pompon reviendra à Paul Quilès qui a rallumé les braises de 1793. Secrétaire national du PS, des yeux d'inquisiteur enfoncés dans les orbites, le visage si émacié qu'on dirait une tête de mort, le député de Paris est une caricature d'apparatchik. C'est avec l'autorité de la conviction qu'il agite le spectre du soupçon qui envoya tant de monde sur l'échafaud pendant la Terreur. Celui qui sera bientôt surnommé Robespaul proférera, au congrès socialiste de Valence, le 23 octobre 1981, des paroles qui feront froid dans le dos : « La naïveté serait de laisser en place des gens qui sont déterminés à saboter la politique voulue par les Français (recteurs, préfets, dirigeants d'entreprise nationale, hauts fonctionnaires). Il ne faut pas non plus dire : "Des têtes vont tomber", comme Robespierre à la Convention, mais il faut dire lesquelles et le dire rapidement. » Le jocrisse !

Je ne reconnais plus Mitterrand. Ce n'était pas un homme à laisser faire ce genre de choses. La purification idéologique, les listes noires, très peu pour lui ! Il se délecte pourtant un moment de ces jeux, ceux des révolutionnaires d'antan qui mangeaient leurs ennemis avant de dévorer leurs enfants. Sa jouissance est alors si grande qu'elle lui monte à la tête et lui brouille la vue. D'autant que, depuis quelques années, il avait laissé se former autour de lui un climat courtisanesque nourri par tous les fayots de la onzième heure. Plus ils étaient récents dans son entourage, plus ils en rajoutaient dans la flatterie afin, sans doute, de prendre le dessus sur les vieux grognards : les jeunes Fabius ou Attali, as de la louange, avaient détrôné les antiques Hernu ou Estier, stentors, gratte-papier et porte-cotons.

D'entrée de jeu, il s'est installé dans un système de cour qui ressemble à celui qu'il dénonçait dans *Le coup d'État permanent*, pamphlet contre la tyrannie que de Gaulle aurait mise en place, selon lui, en 1958 mais qui, on l'a vu, tenait de la fable : si autoritaire fût-il, le Général, toujours en recherche, sollicitait en permanence la critique, voire la contestation des siens. Au lieu de quoi, Mitterrand les fait taire, quand il ne les infantilise pas. Il instruisait ainsi son propre procès, par anticipation, en écrivant à propos de la manière de gouverner du grand homme : « Les membres du gouvernement savent qu'ils dépendent d'une humeur, et pour s'y adapter, s'entraînent au dressage qui assouplit les échines. La plupart y réussiront sans forcer leur nature. Certains en souffrent, mais tirent un mérite supplémentaire de leur difficulté à se montrer serviles. »

À la fin des années 1970, un jour que son chauffeur nous avait amenés au Palais-Bourbon, au retour de Nevers, Estier accourut, essoufflé et effusant, devant la voiture de Mitterrand alors qu'elle venait de se garer, avant même que les bagages fussent sortis du coffre : j'imagine qu'il guettait par une fenêtre, peut-être depuis très longtemps, l'arrivée de son grand homme. Un hochement de tête en guise de bonjour et le premier secrétaire du PS lui montra sa valise qu'il devait porter, avec le geste désinvolte du colon à son homme à tout faire qui, en l'espèce, courba l'échine, comme dévasté qu'il le traitât comme un portefaix devant un infâme gazetier comme moi. Pour lui éviter une humiliation, je décidai de montrer à Mitterrand que j'étais un meilleur valet que son factotum, plus docile encore, et je pris la valise.

Quand je lis les pages qu'ont consacrées à Mitterrand ses pires contempteurs comme Michel Onfray, Catherine Nay ou Jean-François Revel, je leur rends volontiers les armes sur cet aspect de sa personnalité. En le suivant, j'ai souvent été témoin de comportements de ce genre, sortis tout droit des *Mémoires* de Saint-Simon : comme Giscard, il était déjà président et monarque avant d'arriver à l'Élysée. De Gaulle avait une certaine idée de la France qu'il entendait incarner. Les deux autres avaient d'abord une haute idée d'eux-mêmes. Ne pas confondre.

Il n'y a pas à tortiller, Mitterrand est un dominant. Gardant de la distance avec les êtres et les choses, il sait se faire respecter, admirer, vénérer, encenser. C'est un métier. De tous les successeurs du fondateur de la Ve République, il aura été, avec Giscard, celui qui respectait le plus, pour le meilleur et pour le pire, l'un des plus célèbres préceptes gaulliens, tiré du *Fil de l'épée* : « L'autorité ne va pas sans prestige ni le prestige sans éloignement. »

37

SOUVENIRS D'AVENIR

> L'art de la prophétie est extrêmement difficile, surtout en ce qui concerne l'avenir.
>
> MARK TWAIN

C'est pendant mon « exil » aux États-Unis que je pris conscience de la contraction de la France, de son déclin aussi. Elle était rarement citée ou évoquée dans la presse écrite américaine et encore, seulement dans des articles en bas de page, tandis que les grands journaux télévisés ignoraient son existence même.

Vue des États-Unis, la France était déjà, dans les années 1980, un frêle esquif, perdue dans les brumes, à moitié engloutie par l'Histoire. Une vieille chose du passé. Parmi toutes les personnalités que j'ai rencontrées, la seule qui s'intéressa à elle fut George Bush père qui, avant un entretien pour *Le Nouvel Observateur*, me posa tout à trac une question d'initié : Mitterrand et Rocard avaient-ils « vraiment » des divergences, en dehors de l'économie ? Il n'était pas l'ancien patron de la CIA pour rien.

Internet n'existant pas encore, qui supprimera les distances et les continents, j'ai suivi la campagne électorale française de très loin, comme si j'habitais sur une autre planète. La veille du deuxième tour, ne supportant plus le suspense, j'appelai Jean-Pierre Soisson, l'un des lieutenants du président sortant, qui avait le nez creux. « Giscard sera battu, pronostiqua-t-il, mais c'est l'une des rares personnes qui ne le sait pas encore. »

Contrairement à ce que prétendait la presse française, souvent mal informée sur les États-Unis, l'administration Reagan n'était pas du tout paniquée à la perspective d'une victoire de Mitterrand. Au contraire, elle en voulait à Giscard d'avoir joué au de Gaulle de poche en faisant des pas de deux avec les Soviétiques. Elle souhaitait même tellement sa défaite que, sitôt les résultats connus, je fus invité à sabler le champagne, le soir même, par un conseiller de la Maison-Blanche, à son domicile.

Au moins deux de ses proches avaient dit à Ronald Reagan qu'il n'y avait rien à craindre du candidat socialiste, anticommuniste machiavélique, plus atlantiste que Giscard : son vieux camarade Vernon Walters, commandeur francophile de la CIA, et son ex-chouchou Edward Luttwak, as de la stratégie, un israélo-roumain, auteur d'un livre génial, *Le coup d'État : manuel pratique*. Las ! Plus vif et anticonformiste que Kissinger, Luttwak aurait fait une grande carrière sous Reagan s'il avait obtenu à temps la nationalité américaine, condition sine qua non pour pouvoir travailler dans l'administration républicaine.

Dans les jours qui suivirent la victoire de Mitterrand, je fus harcelé de coups de téléphone par le secrétariat de Pierre Mauroy. Toujours en reportage par monts et par vaux, je n'étais jamais joignable et, quand je le rappelais, il ne l'était pas. Il est vrai que le portable n'existait pas encore et que je ne fis pas preuve non plus d'un grand empressement pour lui parler. Je savais ce qu'il allait me proposer. Je n'aimais pas l'idée d'avoir à lui refuser. Il finit par se lasser.

Mauroy :
« Mitterrand se prend pour Lénine ! »

De passage à Paris après les élections législatives, quelques semaines plus tard, fin juin, je rendis visite à Mauroy, en début d'après-midi, à l'hôtel Matignon. Les fenêtres de son bureau étaient grandes ouvertes et les oiseaux chantaient à tue-tête dans le parc, le plus fleuri de la République. Premier ministre depuis à peine plus d'un mois, il avait beaucoup forci. Des joues, du goitre, de tout, sauf des mains, toujours aussi fines, des mains longues de jeune fille qui aime jouer du piano. Les soucis bouffissent. Malgré le raz-de-marée socialiste à l'Assemblée nationale, il semblait mal luné. La cravate de travers, une bugne sur sa chemise, il avait l'expression butée du sanglier quand, avant la curée, il fait encore face aux chiens courants.

« C'est dur ? demandai-je.

— Pire que ça. Tout le monde est devenu fou. Même le président. Tu sais comme je l'aime, Mitterrand, mais, ces temps-ci, il se prend pour Lénine. Oui, Lénine, je ne blague pas, Lénine ! Ne rigole pas, c'est horrible ! »

Une parenthèse. J'eus la confirmation de tout cela huit ans plus tard, en 1989, quand Mitterrand décida de mettre fin à la proscription qu'il m'avait infligée et m'invita à venir le voir à l'Élysée. Je m'étais muni de deux magnétophones afin d'enregistrer la conversation, pour l'Histoire.

« Quand la gauche est arrivée au pouvoir, dit-il, j'aurais pu être Lénine. La situation était révolutionnaire, vous savez.

— Contre-révolutionnaire aussi, osai-je.

— C'est vrai. Je ne voulais pas faire couler le sang. J'ai donc calmé les miens. »

Mitterrand m'avait dit cela avec une voix dans laquelle je crus déceler une nuance de regret. Après l'échec de sa politique économique, il en avait beaucoup rabattu. Mais il me semblait qu'il gardait une sorte de nostalgie de cette période de quelques semaines pendant laquelle tout avait semblé possible en France.

Pardonnez cette digression et revenons à la philippique de Mauroy dont le visage rougeoyait à vue d'œil. Puits de loyauté, il prenait la précaution d'absoudre le président qu'il aimait d'une affection sincère, et cherchait finalement à protéger contre lui-même.

« Bon, Mitterrand a des excuses. Il est entouré de lèche-cul, commissaires politiques, pseudo-marxistes d'école primaire, comme Attali, Fabius ou Bérégovoy qui ont pris le contrôle de son cerveau. Tous réclament une politique économique et sociale plus à gauche. Je me battrai contre eux jusqu'au bout mais je sais bien que je vais finir en loques, dans la boue, au fond d'un trou, sous les tomates pourries. Plus nos résultats seront mauvais et ils le seront, plus ils voudront gauchir l'action gouvernementale. La pression est forte. C'est pourquoi j'ai besoin de gens comme toi auprès de moi : il faut que tu rejoignes mon cabinet.

— Si c'est pour être ton attaché de presse, oublie. Je n'ai pas une vocation de nounou de journalistes. Je n'aurais jamais la patience.

— Non, je voudrais que tu deviennes mon conseiller politique.

— C'est impossible. »

J'avais dit ça spontanément, sans réfléchir. Il se frotta vigoureusement les mains, signe chez lui d'une forte contrariété. Je répondis qu'il avait déjà un conseiller politique, de haute volée qui plus est : Thierry Pfister, ancienne grande plume du *Monde*, fils spirituel de Pierre Viansson-Ponté, qui était devenu, plus ou moins par mon entremise, chef du service politique du *Nouvel Observateur* avant mon départ pour les États-Unis comme correspondant.

« Je sais que tu t'entendras bien avec Thierry qui est un chic type, dit Mauroy. Et, crois-moi, je n'aurai pas assez de deux hommes comme vous. Des madrés, des vicieux. Si ça peut te rassurer, avant de quitter Matignon, je m'occuperai de toi, j'en prends l'engagement. Je pourrais te faire nommer ambassadeur de France à Washington, si ça t'intéresse. Mitterrand n'aura rien à me refuser.

— Non, mais franchement, Pierre, tu me vois ambassadeur, courant les mondanités du matin au soir ? Je ne suis pas fait pour ça. »

Mauroy se leva et me proposa d'aller faire un tour dans le parc où, devant un massif de fleurs blanches, il commença à faire les cent pas autour de moi.

« L'heure est grave, dit-il. Il en va de l'avenir de la France. Que la gauche reparte sous les horions, ça n'a pas d'importance, elle s'en remettra un jour. Mais dans quel état va-t-on laisser le pays ? Les dégâts que provoquera notre politique ne risquent-ils pas de lui boucher l'avenir ? C'est ça qui m'inquiète, vois-tu. Que l'on commette des erreurs irréparables. Je me sens cerné par les fous, je te répète. Des bourgeois d'extrême gauche dont le modèle est, tiens-toi bien, Cuba, et qui parlent comme les manuels d'économie soviétiques. Nous sommes en train de creuser comme tu n'imagines pas les déficits du budget, du commerce extérieur, des comptes sociaux. Et ces connards que j'affronte tous les jours, nous disent que c'est bon pour la croissance, que ça va relancer l'économie. Tu parles ! Ce sont les importations chinoises qui vont bondir grâce à notre relance par la consommation populaire. S'il n'y a pas des gens pour mettre le holà aux dérives, on risque d'entrer dans le cycle maudit des révolutions qui dévorent toujours les plus modérés, les plus raisonnables, jusqu'à la Terreur. T'ai-je convaincu maintenant ?

— Désolé, Pierre, mais je suis sûr que je serai beaucoup plus utile à l'extérieur. Dans ton équipe, je ne ferai que te créer des problèmes. Tout le monde sait que je n'ai même pas voté Mitterrand à la présidentielle.

— Ce n'était pas la peine de me le dire. Je le savais. J'ai besoin de gens qui pensent comme moi et qui, quand viendra l'heure de vérité, sauront faire basculer les choses du bon côté.

— Je ne suis pas fait pour la politique, métier qui consiste, pour une grande part, à écouter les cons avec un air absorbé. Je t'ai vu faire, tu as une patience d'ange. Moi, je ne saurai pas me contrôler, je vais tout le temps m'énerver et ça te retombera dessus.

— Pense à la France. »

Ce fut proféré sans emphase, d'une voix douce, avec modestie.

« La France vaut bien que je me sacrifie pour elle, reprit-il. Je ne suis qu'une petite chose et, après tout, je lui dois tant. »

Depuis lors, je me suis souvent ramentevu l'exhortation de Mauroy, qui faisait écho à une profession de foi qu'il répétait volontiers : « Moi, je n'ai pas de destin national.

Jusqu'à mon dernier souffle, Lille restera la priorité de ma vie. »

Il a posé sa main sur mon épaule, comme s'il effectuait le rituel d'adoubement d'un chevalier.

« Pense à la France, répéta-t-il avec une certaine solennité. On ne peut pas laisser tous ces fous la saccager. »

La politique peut devenir une activité admirable, et je pèse ce mot, quand elle est habitée par quelque chose qui la dépasse : un canton, une ville, une cause, son pays. Toutes mes défenses sont toujours tombées devant les personnages qui, comme Mauroy, faisaient passer l'intérêt général avant le leur.

C'est sans doute pourquoi Mauroy avait toujours plusieurs coups d'avance sur les autres. Il voyait loin et, même s'il savait donner le change en public, cette conversation montre qu'il préparait déjà en douce le tournant de la rigueur de 1982 et, surtout, celui de 1983, alors que ses camarades socialistes, au comble de l'euphorie après leurs victoires à la présidentielle puis aux législatives, étaient sûrs que leurs lendemains chanteraient.

De Gaulle ne fut donc pas le seul dans son genre. Au fil des ans, j'ai rencontré sous les lambris des palais officiels d'autres personnalités « inspirées » comme Mauroy, dont l'ambition n'était pas personnelle : Simone Veil, une obsédée de l'Europe, Michel Rocard, Pic de La Mirandole du socialisme, qui œuvra toute sa vie pour la réconciliation entre la gauche et l'économie.

Mauroy était emblématique de cette espèce. Professionnel de la langue de bois au verbe souvent lourd, le petit-fils de bûcheron n'était pas, comme Rocard, un adepte du parler vrai et pouvait annoncer sans tiquer que le jour se levait alors que la nuit tombait. Mais il s'était mis au service de valeurs qui surplombaient sa personne. C'est pourquoi il a résisté jusqu'aux limites de ses forces, non sans rouerie, au rouleau compresseur de la bêtise socialo-triomphante.

Ce jour-là, après mon rendez-vous avec Mauroy, je suis allé directement à pied à l'Hôtel de Ville de Paris où j'avais rendez-vous avec Jacques Chirac. Il sentait la clope mais son visage était reposé, rayonnant, bronzé aux UV. Toujours la même tête d'acteur américain, le même sourire irrésistible de vainqueur éternel, dans son vaste bureau lambrissé. Certes, le RPR, son parti, avait essuyé un gros revers aux législatives, mais après la défaite de Giscard à la présidentielle la voie était libre, il trônait enfin seul au milieu des décombres de la droite.

Chirac : « Mitterrand est un rad-soc »

Sans lui dire que c'était Mauroy qui venait de m'alerter sur les dangers que courait l'économie française, je lui dressai un tableau très noir de la situation, que j'attribuai à un soi-disant haut fonctionnaire de gauche. Il m'interrompit rapidement en riant :

« Pfuit ! Il faut se calmer et arrêter d'écouter les énarques, surtout quand ils sont de gauche, car ce sont les moins vifs et les plus conformistes. Vous lisez trop *Le Figaro*, Franz. C'est vrai que le programme de la gauche est débile et qu'il y a, autour de Mitterrand, une bande de vibrions qui, si on ne les arrête pas, seraient capables de mettre la France à feu et à sang. Seulement voilà : il ne les laissera pas faire.

— Aussi cyniques soient-ils, objectai-je, les politiciens finissent souvent par croire les fadaises qu'ils profèrent. Pour l'heure, Mitterrand semble hors-sol...

— Ça lui passera avant que ça me reprenne. (*Rire.*) Il a inventé la monarchie socialiste avec sa cour, ses princes, ses baronnets. À la cérémonie du Panthéon, il ne manquait plus que l'encens. J'attends maintenant le sacre du président à la cathédrale de Reims. (*Nouveau rire.*) Quand je pense à toutes les horreurs qu'il a pu dire sur le Général, il ne manque pas d'air avec ses chichis et ses poses de monarque absolu ! En même temps, il me fait de la peine. Depuis sa victoire, voyez comme il plane, il a la grosse tête, c'en est comique, mais elle va vite dégonfler, vous allez voir. Quand les orages viendront, il redescendra sur terre et redeviendra ce qu'il a toujours été, au fond : un rad-soc, plus radical que socialiste et beaucoup moins à gauche que moi, avec la même boue crottée que la mienne sur ses souliers. (*Troisième rire.*)

— Mais des mesures comme la retraite à soixante ans vont peser cher et longtemps sur l'économie française.

— La France est un grand bateau qui n'en est pas à sa première avarie. Pour la couler, il faudrait travailler à sa perte pendant plusieurs décennies. Je ne doute pas un instant que Mitterrand se ressaisira bien avant que l'eau pénètre dans les écoutilles.

— Qu'est-ce qui vous permet d'être optimiste ?

— La France et les Français. Ils ne lui feront pas de cadeau. Tout tordu ou canaille qu'il soit, Mitterrand sera vite balayé s'il reste dans ses rêves. Il finira par s'en rendre compte et saura écouter son intérêt personnel qui lui commandera d'arrêter les conneries. Les gens comme ça ne sont pas suicidaires, ils ne restent jamais longtemps perchés sur leur nuage. »

Chirac et Mauroy m'avaient fait confiance et je leur étais redevable. Ils avaient tenu devant moi le type de propos qu'un journaliste ne peut en aucun cas rapporter, sous peine de se suicider professionnellement en perdant tout contact avec ceux qui les ont proférés. Je n'en ai donc jamais fait état sur-le-champ, mais ils m'aidèrent à mieux comprendre la période qui s'ouvrait. En relisant, pour ce livre, les deux entretiens que j'avais consignés sur le même cahier à spirale, j'ai été frappé par l'incroyable prescience des deux hommes, pourtant considérés comme gourds et empotés par nos « élites ».

S'ils disaient à peu près le contraire l'un de l'autre, les prophéties de Mauroy et de Chirac étaient toutes deux justes : le pire était devant nous mais il n'était pas sûr, Mitterrand pouvait toujours se reprendre. À l'époque, je venais de découvrir la philosophie chinoise et ce couple indissociable qui rythme nos vies, le yin et le yang : la nuit et le jour, la terre et le ciel, l'hiver et l'été, la faiblesse et la puissance, le silence et la parole, etc. En ce qui concerne la politique, il n'est de pensée digne de ce nom que binaire.

En ce temps-là, j'étais de droite *et* de gauche. Quand j'avais une idée, il fallait que je cherche à la démonter pour vérifier qu'elle tenait le coup. Si j'avançais un point de vue avec assurance, une petite voix intérieure me disait que j'étais dans l'erreur et je finissais toujours par hésiter, quitte, parfois, à rebrousser chemin. Je changeais d'avis comme de chemise. Comme disait Jules Renard que j'aimais citer, « c'est une question de propreté ».

Je me souviens avoir longtemps marché, ce soir-là, dans Paris que je retrouvais après un an et demi d'Amérique. J'aimais la douceur de l'air, les rires francs qui fusaient des terrasses des cafés, les tintements des verres de vin, les notes douloureuses d'un accordéon au loin, les scintillements orangés du soleil couchant sur la Seine, les amoureux qui se bécotaient sur les bancs publics.

Sur le pont des Arts, je restai longtemps en arrêt, interdit, devant l'un des plus beaux panoramas qui soient, surgi du Moyen Âge : l'île de la Cité, l'origine de Paris, hérissée de ses deux joyaux, la prison de la Conciergerie et la cathédrale Notre-Dame. La vieille France m'avait trop manqué. Le lendemain, j'acceptai la proposition de Jean Daniel de prendre la succession de Thierry Pfister à la tête du service politique du *Nouvel Observateur*.

Avant de retourner aux États-Unis, je remplaçai Thierry pendant un mois, au pied levé. Au fil des jours, je redécouvrais le ciel bas, l'extrême nervosité des Parisiens, les coups de klaxon à répétition, les insultes proférées depuis la vitre ouverte des voitures comme à New York. Washington m'avait appris la lenteur, la patience, la sagesse sudistes. J'avais pris goût là-bas à ce que les Dalmates appellent le *pomalo* : on se calme, relax, rien ne vaudra jamais l'heure que l'on passe à boire son café du matin en regardant la mer Adriatique. Inadapté au rythme fourmilier des grandes villes industrieuses, j'étais sans cesse bousculé, dans la rue, le métro : « Lambin, dégage, pousse-toi donc ! »

Quelque temps plus tard, alors que je rentrais à Paris avec toute la famille, Aurélien et Claire, nos deux aînés, respectivement six et quatre ans, avaient piqué une grosse crise de larmes dans l'avion. Christine, leur mère, et moi n'étions pas parvenus à apaiser leur chagrin. Ils ne voulaient pas quitter Washington et regrettaient leur école, le pop-corn, les films, les fêtes, etc. L'Amérique était le pays des enfants-rois, supposés heureux : là-bas, la terre tournait déjà autour d'eux. Les miens en ont longtemps gardé la nostalgie, une pinçure qui les tourmenta jusqu'à ce qu'ils découvrent longtemps après, comme mon père en son temps, que les États-Unis s'étaient installés en France, avec les films, les jouets, Halloween, le Black Friday et, plus tard, les bêteries « wokistes » ou racialistes que les autochtones avaient adoptées.

Épilogue (provisoire) avant l'entrée dans le toboggan

En 1981, un nouveau chapitre de l'histoire de France a commencé, pour le meilleur et pour le pire. Grâce à Mitterrand, la gauche, si longtemps éloignée du pouvoir, a pu enfin accéder au pouvoir. Du point de vue de la démocratie, on ne peut que s'en féliciter.

Mais il est dommage pour la France que Mitterrand n'ait pas été élu lors de sa tentative précédente, en 1974. Si ses équipes d'« experts » étaient, cette année-là, maigrelettes, il faisait alors preuve d'une grande lucidité et portait un regard sévère sur le Programme commun signé par le PS, le PC et les radicaux de gauche. L'État socialiste n'aurait pas, comme ce fut le cas en 1981, mis à genoux l'économie en l'accablant de dépenses et en versant dans les délires de la « consommation populaire », une belle idée sur le papier mais qui a fait, comme prévu, le bonheur de la balance commerciale de la Chine et creusé le déficit de la nôtre.

Sept ans plus tard, Mitterrand conquérait le pouvoir, entouré d'une nuée de technocrates courtisanesques, agenouillés devant lui, l'encensoir à la main, et guettant le moindre papillotement de paupières comme une promesse de promotion. Leur credo était à gauche toute. Pour contenir la percée de Rocard et de ses « Modernes », le nouveau président s'était costumé, depuis peu, en gardien du Temple des « Anciens », préfet pour la congrégation de la Doctrine de la Foi socialiste. Grâce à quoi, il a tenu le choc. Et, comme la politicaille, la prêtraille ou la pédantaille, il a fini par croire aux fadaises qu'il racontait, d'autant que ses « experts » l'encourageaient en ce sens.

Plus tard, quand on évoquait devant lui le fiasco économique provoqué par les premières mesures de la gauche, Mitterrand laissait entendre que ç'avait été le prix à payer pour montrer à son camp que ce type de politique n'était pas possible. Certains de ses thuriféraires ont même été jusqu'à écrire, sans doute sous sa dictée, que tout avait été prévu, programmé : les dépenses aberrantes du commencement, puis le repli stratégique qu'on appela la « rigueur ». Mais laissons cette querelle : s'il était machiavélique, le premier président socialiste de la Ve République n'était pas si démoniaque. En quelques mois, le mal était fait, l'économie se vengea. C'est à partir de là que le pays a été frappé de scotomisation, phénomène bien connu des psychiatres, quand, par un système de défense, le névrosé évacue de sa conscience tous les faits ou souvenirs angoissants.

Après ça, sous la gauche comme sous la droite, le peuple français, converti à la religion du déficit et de l'endettement, s'est enfermé dans la dénégation et la pensée magique, relayée, sur le modèle gramscien, par les élites, les médias, l'école de la République. Au lycée, l'enseignement de l'économie relève désormais trop souvent, contrairement à ce qui se passe dans les autres pays européens, de la propagande pseudo-marxiste. La France se détache peu à peu du monde. Elle plane. Cause et conséquence de notre pernicieuse addiction aux dépenses publiques qui représentent bon an mal an 55 % de la richesse nationale, le budget de l'État est composé de tonneaux des Danaïdes qui ne sont jamais assez remplis. C'est ainsi que notre système se rapproche de plus en plus, d'une certaine façon, d'un communisme mou alors que ses contempteurs l'accusent d'avoir sombré dans un « ultralibéralisme » qui n'existe que dans leur imagination.

Même chose pour l'immigration, champ clos des falsificateurs qui se tortillent pour minorer les flux, allant parfois jusqu'à affirmer, contre l'évidence, qu'elle est en baisse. Si l'on s'en tient aux chiffres de l'Insee qui font foi, la proportion d'immigrés qui tournait autour de 7,4 % au cours du dernier quart du XXe siècle s'élevait à 10,2 % en 2020. Ajoutez à ces immigrés au sens propre ceux qui sont nés en France d'au moins un parent immigré, vous obtiendrez, toujours selon l'Insee, le chiffre de 21,4 % de personnes d'origine étrangère sur deux générations, soit plus d'un cinquième de la population ! Pourquoi continuer à nier ces évidences ? Dans tous les domaines, le déni fait office d'idéologie dominante. Il sera responsable de l'immobilisme français qui prévaudra désormais. Pourquoi faire des réformes s'il n'y a plus de problème ?

Quand je vais me recueillir sur la tombe de mes parents, en haut du cimetière Saint-Jean, à Elbeuf, avec vue sur la ville et la Seine, je pense à tout le temps que ma mère a perdu à écouter les calembredaines de ses camarades socialistes ou à démonter leurs complots. Était-il bien nécessaire que, roulant sa pierre comme Sisyphe, elle se décarcassât à ce point pour eux comme Rocard, son héros, transformé aujourd'hui en tas de cendres reposant au cimetière de Monticello, en Haute-Corse ? De Gaulle n'avait-il pas raison de traiter ses compatriotes de « veaux » et de dénoncer à tout bout de champ leur « avachissement » ?

De mon bureau, j'entends le Général rouscailler d'outre-tombe en reprenant le fil de ses imprécations contre la IVe République : « Nous sommes un pays qui chancelle au bord d'un abîme financier, économique et social. Nos budgets sont des fictions [...]. Pauvre France à genoux qu'il faut relever ! Nous assistons à la décomposition des élites [...]. Les Français n'ont plus de ressort. Le ressort d'un peuple, c'est l'ambition. La France ne peut se passer d'une grande ambition nationale [...]. On ne fait rien avec un peuple couché. Les Français sont couchés et, voyez-vous, plus ils seront couchés, plus ils seront heureux [...]. Tout a une fin. Pourquoi la France n'aurait-elle pas une fin ? Oh ! Je ne dis pas que si les Français prenaient peur, que si on les égorgeait, il n'y aurait pas un nouveau sursaut. Mais les Français n'ont pas l'ambition d'une politique, parce qu'ils pensent ne plus avoir les moyens de cette politique[1]. »

Confirmant le mythe mésopotamien de « l'éternel retour », l'Histoire ne cesse de repasser les plats : nous attendons « le nouveau sursaut ». Au cours des années 1980, alors qu'a commencé le début de la fin et que l'affreux XXe siècle égrène les premières notes de son glas, tout est en place pour le délitement qu'on sent venir sans oser encore l'énoncer.

1. Jean-Raymond Tournoux, *La Tragédie du Général*, Plon, 1967.

Index

Remerciements

Ce fut un grand bonheur de travailler sur cette période où la France s'aimait et se voyait un bel avenir. Pour la restituer, je me suis replongé dans les succès littéraires des années 1970 en écoutant les chansons qui ont marqué la décennie, de Véronique Sanson aux Eagles en passant par Joe Dassin, sans oublier de m'inspirer, bien sûr, du testament politique de Georges Pompidou, *Le nœud gordien*, et des incroyables Mémoires de Giscard d'Estaing, *Le pouvoir et la vie*, en trois volumes. J'ai eu la chance d'avoir mes entrées chez la plupart des principaux protagonistes de ce deuxième tome et je tiens à les remercier, en leur adressant un salut là où ils sont, s'ils y sont : VGE, bien sûr, mais aussi Jacques Chirac, François Mitterrand, Michel Rocard, Simone Veil. En me permettant de partager une certaine intimité avec eux, ils m'ont permis de mieux comprendre les évènements que nous vivions. Après avoir rendu hommage à mes amis Nicolas Brimo et Jean-Marie Rouart qui m'ont ouvert des pistes, je veux dire ma gratitude à Ran Halévi, mon éditeur, et à Arnaud Jamin. Je tiens, enfin, à remercier Françoise Vernat et Jean-Marc Turc, documentaliste émérite, qui sont depuis longtemps mes béquilles dans ce monde de brutes.

Œuvres de Franz-Olivier Giesbert (suite)

JACQUES CHIRAC, 1987.

LE PRÉSIDENT, 1990.

LA FIN D'UNE ÉPOQUE, 1993 (Fayard/Seuil).

FRANÇOIS MITTERRAND, UNE VIE, 1996.

Aux Éditions Flammarion

LA TRAGÉDIE DU PRÉSIDENT, 2006.

L'IMMORTEL, 22 balles pour un seul homme, 2007. Grand Prix littéraire de Provence.

LE LESSIVEUR, 2009.

M. LE PRÉSIDENT, 2011.

L'AMOUR EST ÉTERNEL TANT QU'IL DURE, 2014.

CHIRAC, UNE VIE, 2016.

Aux Éditions Fayard

L'ANIMAL EST UNE PERSONNE, 2016.

Aux Éditions Autrement

MANIFESTE POUR LES ANIMAUX (avec des contributions de Boris Cyrulnik, Élisabeth de Fontenay, Michel Onfray, etc.), 2014.

Aux Éditions du Cherche-Midi

LE DICTIONNAIRE D'ANTI-CITATIONS, 2013.

Aux Presses la Cité

BERNARD TAPIE. Leçons de vie, de mort, et d'amour, 2021.

Aux Éditions J'ai Lu

LE JOUR DE GLOIRE EST ARRIVÉ, avec Éric Jourdan, 2007.

Aux Éditions Albin Michel

LE THÉÂTRE DES INCAPABLES, 2017.

RIEN QU'UNE BÊTE, 2021.

EN ATTENDANT DE GAULLE..., 2022.

Achevé d'imprimer
sur Roto-Page
par l'Imprimerie Floch
à Mayenne, en novembre 2022.
Dépôt légal : novembre 2022.
1er dépôt légal : octobre 2022.
Numéro d'imprimeur : 101515.
ISBN 978-2-07-296929-4 / Imprimé en France.

593359